跨文化广告传播学

Cross-cultural Advertising Communication

林升梁 著

总　序

1983年6月,是中国广告界具有里程碑意义的日子——中国大陆第一个广告专业在厦门大学成立。之后,广告专业从星星之火到燎原之势,发展速度之快是新闻传播类其他专业无法比拟的。这是广告业发展的结果,是媒介市场发展的需要,也是高校适应市场化办学改革的结果。

与此相反,中国广告教育发展的步伐远远跟不上广告行业。主要问题是:

第一,缺少有中国特色的广告理论构建。中国目前的广告理论多数来自美国,中国学者作引进、评述或研究西方广告理论的工作,当然必不可少,但它并不表现为中国广告学的研究水平。在"本土化"旗帜的感召下,有人开始关注并分析本土的资料,有人开始挑战西方的广告理论。他们推崇中国经验的独特性,试图找出西方广告理论不能恰当解释的中国广告现象,从而对西方广告理论提出批评或进行局部观点的修正,但其所拥有的依然是"西方"的视野,依赖的仍然是西方学术界建构的问题意识。当前中国广告学的研究(其他领域也是)事实上存在着西方的话语霸权,这种话语霸权消解了中国广告问题本身的重要性,而凸现了西方社会广告二元的思维模式。我们认为,正确的提法应该是建构"中国特色广告学",其关键在于确立"中国广告问题"的主体意识,而不仅仅把精力花在寻找中国经验的独特性然后将之作为西方广告学理论的注脚上。

第二,中国广告专业"封闭办学"的现象仍很严重,各院校各自为政,与外界缺乏联系。主要原因有:一是与实务界缺乏联系,教师、课程、教材等一定程度上与实际脱钩;二是同行之间缺少联系。随着形势的发展,院校势必要走向开放办学,争取各方面的支持,与外界积极沟通,有机整合院校、广告经营单位、社会三者,营造新的广告教育大环境——大广告教育圈。只有这样,才能改变目前院校广告专业画地为牢的状况,为广告学研究和教学提供沟通交流的园地。

第三，教材建设滞后，教材不能跟上鲜活的现实，对现实的指导意义还不是很大。当前许多广告系使用自编的广告教材，但多数教材模仿或脱胎于陈培爱教授1987年出版的第一本广告学教材《广告原理与方法》。这些教材多是一人主编、多人合著，鲜有鲜明的个人特点和一家之言；几乎是一次性的著作，很少根据时代变化再版修订，观点和内容难免陈旧。

作为新兴的教育领域，中国广告教育30多年来存在着上述不可忽视的种种瓶颈，阻碍着广告教育的进一步发展。这些瓶颈问题不解决，中国的广告教育永远无法与国际同步，永远是学习者、跟随者。中国的广告需要引进，这是毋庸置疑的，引进之后更需要消化，更需要建构。广告教材的建设，是一切"中国特色广告学"建构的根本。

基于此，我们推出"栋梁广告丛书"，这套丛书有以下特色：

第一，整合中国高校、企业、广告公司、媒体四大领域的新锐，让他们的激情和豪情为改革开放以来中国广告的下一波浪潮添砖加瓦。新锐的选择有三点，一是年轻；二是饱含写作的欲望；三是具备写作的能力。

第二，涵盖广告历史、理论和实务三大领域，分为"历史卷"、"理论卷"和"实务卷"。每卷又分为"科普类"、"教材类"和"专著类"。"科普类"面向大众；"教材类"面向高校本科专业；"专著类"面向研究生和高年级本科生。

第三，涉及传统的广告历史、理论和实务三大领域，但不与传统写法重叠，不重复建设。该丛书定位新领域、新观点、新方法，每本书必居其一。丛书吸收国内外广告的精华，以中西合璧、古今贯通为特色，真正实现对本土广告业的催动和提升。

中国广告教育对推动中国市场经济的发展发挥巨大的作用，今后仍应融入经济全球化的时代潮流，满足市场化对国际化广告人才的需求。改革开放20多年来，中国的广告教育已由一张白纸走向规模的扩大，又由"量"的扩大走向"质"的提高，现在到了由质的提高走向国际化发展的时候了。"栋梁广告丛书"的推出，迎合并满足了时代转型的要求。

栋梁兄弟
2008年1月

序

1978年以来的改革开放使中国社会发生深刻变化,经济体制的转轨和现代化的推进促使社会迅速改变。广告传播也推波助澜,不仅借助既有文化来推销产品,往往同时推销文化。

广告传播对社会各方面都产生巨大影响:瓦尔克和吉普(1996)证实了大众传媒(尤其广告)在产生全球性消费符号方面扮演核心作用。康迪特(1994)认为,媒介提供的景观,支撑起现实世界的主流意识。美国评论家波特在分析现代广告功能已不仅限于经济领域时曾说:"广告对社会的影响,目前已发展到可以与拥有悠久传统的教会和学校相匹敌。广告支撑了各种媒体的发展,在大众兴趣的形成上也起到了很大的作用,可以说,广告已成为当代重要的社会组成部分。"

广告传播与文化有着密切的关系,广告本身就是文化的载体。作为文化的重要组成部分,广告影响我们的生活、思想和定位。广告与文化的关系归纳起来有三种:

(1)"镜子"说:广告犹如社会的镜子,只是对社会现有生活和观念的反映和描绘。

(2)广告不是消极地反映现实生活和观念,而是塑造社会生活和观念的强大力量,深刻地影响着我们的文化。

(3)广告是"歪曲的镜子",夸大我们社会的一部分生活和观念,贬抑另一部分。

陈月明补充认为,广告与文化是反映关系、制约关系、利用关系或推助关系。广告传播对社会的影响可能是积极的,也可能是消极的。这点已得到人们的广泛认同。

不同国家有不同的文化系统,广告传播会因受众的文化语境差异而产生不同的效果。国际广告中的跨文化传播和文化冲突问题、广告的本土化与国际化策略、东西方国家广告文化比较等,成为欧美广告学术界关注的新热点。

　　跨文化广告传播就是将本来属于某个区域和国度的商品信息传达到自身以外的国度和区域,让区域以外不同认知的人们接受这些商品信息,产生相关的购买动机和行为,完全接受直至融合。不管跨区域还是跨国度,广告传播都不是信息单一的直线型传递,而是各种因素相互作用相互影响的结果。

　　跨文化广告传播按照大众传播模式进行,过程虽然很相似,但跨文化广告传播显得更复杂,涉及不同地区和国家,中间必然会产生误差。只有仔细了解每个传播的过程,才可能将传播误差减少到最小。另外,跨文化广告传播离不开媒介的作用,在通讯如此发达的今天,更应利用好媒介。受众也是不可忽视的因素,他们自身有各种各样的差异,区别他们的种种差异,减少分歧,可以提高传播的效率。

　　本书分八章:第一章跨文化广告传播研究概况,第二章跨文化广告传播理论基础,第三章跨国公司在华活动情况,第四章中西文化差异对比,第五章跨文化广告传播的语言翻译问题,第六章跨文化广告传播的民族情感问题,第七章跨文化广告传播的整合策略问题,第八章跨文化广告传播的意识形态问题。其中前四章为概述部分,后四章对广告界20多位资深人士进行深度访谈,针对跨文化广告传播过程中的四个问题进行深入阐述,相信本书的出版,可以为跨文化广告传播带来有益的启示。

目 录

第一章 跨文化广告传播研究概况 1
   第一节 文化、价值观与意识形态 1
      一、文化 1
      二、价值观 4
      三、意识形态 8
   第二节 广告与跨文化研究综述 13
      一、国外研究 13
      二、国内研究 16
   本章小结 24
   案例 24

第二章 跨文化广告传播理论基础 29
   第一节 跨文化广告传播的信息与效果理论 29
      一、信息与效果理论的概念 29
      二、信息与效果理论的实际作用 31
      三、信息与效果理论的影响 32
   第二节 跨文化广告传播的象征性社会互动理论 33
      一、跨文化传播中的中西文化差异 33
      二、跨文化传播中的语言翻译 38
   第三节 跨文化广告传播的媒介传播理论 41
      一、基于媒介的大众传播模式 41
      二、媒介发达带来的新发展 42
      三、受众的自身认知不同影响跨文化传播的效果 43
   第四节 跨文化广告传播的文化差异理论 44

一、文化差异 …………………………………………………… 44
　　二、价值观不同 ………………………………………………… 44
　　三、综合因素引起差异 ………………………………………… 49
　第五节　跨文化广告传播的心理学理论 …………………………… 49
　　一、民族心理情感 ……………………………………………… 49
　　二、基于心理学的心理结构差异 ……………………………… 51
　本章小结 ……………………………………………………………… 53
　案例 …………………………………………………………………… 54

第三章　跨国公司在华活动情况

　第一节　跨国公司在华发展历程 …………………………………… 59
　　一、跨国公司进入中国市场的背景 …………………………… 59
　　二、跨国公司在华发展历程 …………………………………… 60
　第二节　跨国广告公司在华发展概况 ……………………………… 62
　　一、跨国广告公司进入中国市场的背景 ……………………… 62
　　二、跨国广告公司在中国的发展阶段 ………………………… 64
　第三节　主要跨国公司在华活动概况 ……………………………… 71
　　一、跨国公司进入中国市场的途径 …………………………… 71
　　二、跨国公司在华影响力 ……………………………………… 72
　第四节　跨国公司在华发展战略分析——以宝洁公司为例 ……… 75
　　一、宝洁在华发展历程 ………………………………………… 76
　　二、从宝洁看跨国公司在华发展战略 ………………………… 79
　第五节　跨国公司在华传播策略与营销策略 ……………………… 82
　　一、跨国公司在华传播策略 …………………………………… 82
　　二、跨国公司在华营销策略 …………………………………… 85
　本章小结 ……………………………………………………………… 87
　案例 …………………………………………………………………… 88

第四章　中西方文化差异对比

　第一节　中西文化差异的土壤 ……………………………………… 99
　　一、农耕文化与海洋文化 ……………………………………… 99
　　二、封建制与城邦制 …………………………………………… 100
　第二节　中西方民族性格的差异 …………………………………… 101
　　一、含蓄与张扬 ………………………………………………… 101
　　二、集体与个人 ………………………………………………… 102
　　三、面子与务实 ………………………………………………… 103
　第三节　中西方的婚姻与家庭 ……………………………………… 104

- 一、婚恋观 ·················· 104
- 二、家庭模式 ················ 105

第四节 中西方的宗教信仰 ········ 107
- 一、宗教的精神领袖 ············ 107
- 二、人本性的善与恶 ············ 108
- 三、信徒的心态 ··············· 108

第五节 中西方的教育 ··········· 109
- 一、家庭教育 ················ 109
- 二、学校教育 ················ 110

第六节 中西方思维模式 ········· 112
- 一、整体思维与解析思维 ········· 112
- 二、归因理论 ················ 113
- 三、自然观 ·················· 114

第七节 中西方风俗的差异 ······· 115
- 一、服饰 ···················· 115
- 二、饮食 ···················· 117
- 三、建筑 ···················· 118
- 四、交通 ···················· 120
- 五、节日 ···················· 121

第八节 中西文化禁忌 ··········· 122
- 一、饮食禁忌 ················ 123
- 二、称谓禁忌 ················ 123
- 三、寒暄禁忌 ················ 123
- 四、数字日期禁忌 ············· 124
- 五、颜色禁忌 ················ 124
- 六、图案禁忌 ················ 125

本章小结 ······················ 125
案例 ·························· 126

第五章 跨文化广告传播的语言翻译问题 ···· 132
第一节 跨文化和广告翻译 ······· 132
- 一、广告的跨文化差异 ·········· 133
- 二、英汉/汉英广告互译难点 ····· 133

第二节 跨文化广告传播的汉英翻译 ···· 136
- 一、中国广告的英文翻译概况 ···· 136
- 二、中国广告英文翻译的原则 ···· 137

三、中国广告英文翻译的误用解析 …………………………… 140
       四、中国广告英文翻译的方法与技巧 …………………………… 145
    第三节 跨文化广告传播的英汉翻译 ……………………………… 148
       一、国外广告的中文翻译概况 …………………………………… 148
       二、国外广告中文翻译的原则 …………………………………… 149
       三、国外广告中文翻译的误用分析 ……………………………… 150
       四、国外广告中文翻译的方法与技巧 …………………………… 153
    本章小结 ……………………………………………………………… 159
    案例 …………………………………………………………………… 160

第六章 跨文化广告传播的民族情感问题 …………………………… 162
    第一节 文化、民族与民族情感 …………………………………… 162
       一、文化和民族 …………………………………………………… 162
       二、民族文化和民族情感 ………………………………………… 164
    第二节 跨文化广告传播民族情感问题的学科解读 ……………… 166
       一、传播学相关理论 ……………………………………………… 166
       二、广告的诉求方式和品牌来源国效应 ………………………… 169
       三、广告心理效应 ………………………………………………… 172
       四、接受美学和期待视野 ………………………………………… 173
    第三节 跨文化广告传播的民族情感与价值观体系 ……………… 175
       一、民族情感和价值观体系 ……………………………………… 175
       二、民族情感问题分类 …………………………………………… 177
       三、世界各地典型民族文化和广告禁忌 ………………………… 181
    第四节 民族情感问题的传播过程解构和原因解析 ……………… 183
       一、民族情感问题的传播过程解构 ……………………………… 183
       二、民族情感问题原因解析 ……………………………………… 186
    第五节 民族情感问题的规避和防控策略 ………………………… 187
       一、跨文化广告传播策略 ………………………………………… 187
       二、跨文化广告传播者的三阶段防控 …………………………… 189
       三、传受双方的"跨文化敏感能力" …………………………… 190
       四、全球传播能力模式 …………………………………………… 192
    第六节 文化帝国主义与民族中心主义 …………………………… 194
       一、文化帝国主义 ………………………………………………… 195
       二、民族中心主义 ………………………………………………… 196
    本章小结 ……………………………………………………………… 197
    案例 …………………………………………………………………… 198

第七章 跨文化广告传播的整合策略 ········ 203

第一节 跨文化广告中的一体化策略与本土化策略 ········ 203
一、一体化策略的概念及特征 ········ 203
二、本土化策略的概念及特征 ········ 204
三、跨文化广告中本土化与一体化广告策略的概况 ········ 205

第二节 一体化与本土化广告策略 ········ 206
一、一体化策略的理论支持 ········ 206
二、一体化策略的必要性与不足之处 ········ 207
三、一体化策略的适用性分析 ········ 209
四、本土化策略的必要性 ········ 210
五、本土化策略具体执行中面对的基本的文化差异 ········ 212
六、本土化广告策略中的文化融合问题 ········ 214

第三节 全球策略，本土表现
——一体化策略与本土化策略的互补 ········ 216
一、"全球策略，本土表现"策略的内涵 ········ 216
二、"全球策略，本土表现"策略的执行方式 ········ 217

第四节 跨国公司在中国市场的跨文化广告传播 ········ 217
一、中西文化差异 ········ 218
二、可口可乐在中国的跨文化广告传播 ········ 219
三、可口可乐的启示 ········ 223

第五节 中国企业的跨文化广告传播 ········ 224
一、中国企业在国外市场传播的弊端 ········ 225
二、跨国公司的成功对中国企业广告传播活动的启示 ········ 225

本章小结 ········ 227
案例 ········ 228

第八章 跨文化广告传播的意识形态问题 ········ 232

第一节 当代广告传播意识形态概论 ········ 232
一、意识形态——与权力相结合的价值观念 ········ 232
二、当代广告的意识形态化 ········ 234
三、广告的意识形态分析 ········ 236

第二节 广告跨文化传播对中国意识形态层面的影响 ········ 241
一、消费主义意识形态的历史演变和本土思想资源 ········ 241
二、广告意识形态的审视 ········ 243

第三节 对跨文化广告的意识形态及文化影响的对策 ········ 250
一、广告跨文化传播的宏观控制 ········ 250

二、跨文化广告传播中的文化安全对策 ………………………… 252
　　三、小结 ……………………………………………………………… 255
　本章小结 ……………………………………………………………… 255
　案　例 ………………………………………………………………… 256
参考文献 ………………………………………………………………… 261
后　记 …………………………………………………………………… 275

第一章 跨文化广告传播研究概况 >>>

第一节 文化、价值观与意识形态

一、文化

文化是人类特有的社会现象,是人与动物相区别的标志性特征。在创造文化的过程中,人创造了自己,因此人的世界就是"文化的世界"[①]。在中国古籍中,"文"既指文字、文章、文采,又指礼乐制度、法律条文;"化"是"教化"的意思。在西方,"文化"一词来源于拉丁文"cultura",在英文中为"culture",原义指农耕以及对植物的培育。经过演化,中西殊途同归,都指人类社会的精神现象,或泛指人类创造的一切物质产品和非物质产品。[②]

文化学奠基人泰勒:文化是一个复合的整体,其中包括知识、信仰、艺术、道德、法律、风俗以及个人作为社会成员而获得的任何其他的能力和习惯。[③]

人类学家马林诺夫斯基:(文化)显然是一个有机整体,包括工具和消费品,各种社会群体的制度宪纲,人们的观念和技艺、信仰和习俗。[④]

《美国传统词典》:人类群体或民族世代相传的行为模式、艺术、宗教信仰、

[①] 陈月明、金涛.文化广告学[M].北京:国际文化出版公司,2002:17.
[②] 关世杰.跨文化交流学[M].北京:北京大学出版社,1995:15.
[③] 刘世雄.中国消费区域差异特征分析:基于中国当代文化价值的实证研究[M].上海:上海三联书店,2007:44.
[④] [英]勃洛尼斯拉夫·马林诺夫斯基著,黄健波译.科学的文化理论[M].北京:中央民族大学出版社,1999:52.

群体组织和其他一切人类生产活动、思维活动的本质特征的总和。①

马尔金归纳了西方各类专家和学者对文化的定义,结果如下:②

(1)以林顿的定义为代表,林顿(1954)对文化的定义是:文化是习得的行为和行为结果的组合,构成行为的要素是为特定社会的成员所共享和传播的。这个定义强调文化的动态性和传播性,根据这个定义,文化是特定社会成员为适应周边环境而设计自己人生时所产生的独特的生活方式及一种社会性遗产。若社会是器皿,文化就是器皿里的内容。

(2)以郁勒曼的定义为代表,郁勒曼(1965)对文化的定义是:文化是解决未习得的问题的方案,这些方案为可识别的群体成员所获得并共享。这个定义强调文化在解决问题和决策方面的作用。

(3)以克拉勃和帕尔森的定义为代表,克拉勃和帕尔森(1958)对文化的定义是:传播和创造塑建人类行为和行为加工物的价值观、意见及其他象征性意义系统的内容和模式。这个定义强调价值系统的作用,它是特定社会成员的行动目标和向导,表明文化由代表行为规则的价值观构成。

我国学者对文化概念的界定,主要分为以下三种:

(1)意识形态主导型,这里的文化概念指向意识形态。如《辞海》(1989)把文化(狭义)定义为社会的意识形态,以及与之相适应的制度和组织机构。作为意识形态的文化,是一定社会的政治和经济的反映,又作用于一定社会的政治和经济。在有阶级的社会中,它具有阶级性。随着民族的产生和发展,文化具有民族性,通过民族形式的发展,形成民族传统。无产阶级文化是在批判地继承人类历史优秀文化遗产和总结阶级斗争、生产斗争和科学实验的经验的基础上创造发展起来的。中国社会科学院罗文东(2003)也认为,相对于经济、政治的"文化",其核心部分指建立在一定经济基础之上,与一定政治制度相适应的社会意识形态。③

(2)价值观主导型,这里的文化概念指向价值观,又细分为两种。一种既包含物质文化又包含精神文化,如刘云德(1988)认为,文化是价值观的体系,是"一个群体或社会所共有的价值观和意义体系。包括使这些价值观和意义体系具体化的物质实体"④。另一种只包含精神文化(含逻辑、语言和自然科学)而不包括物质文化。陈月明(2002)认为,文化包括人类关于自然、人类自

---

① 刘世雄.中国消费区域差异特征分析:基于中国当代文化价值的实证研究[M].上海:上海三联书店,2007:44.

② Markin,J.,Jr. *Consumer Behavior:A Cognitive Orientation*[M]. New York:Macmillan Pubishing Co.,1974:124.

③ 罗文东.中国特色社会主义文化理念论[M].北京:中国法制出版社,2003:110.

④ 刘云德.文化论纲——一个社会学的视野[M].北京:中国展望出版社,1988:17.

身、人与自然的关系、人与人的关系的认识,由此产生的各种观念、思想、情感和行为准则。① 张岱年(1988)认为,文化包括哲学、宗教、科学、技术、文学、艺术及社会心理、民间风俗等。②

(3)文化概念指向人类所有的相关活动,包括人类的物质文明和精神文明。《辞海》(1989)认为文化(广义)是人类社会历史发展过程中创造的全部物质财富和精神财富。③

赫尔玛特·施诸特(1998)认为,文化可以分为三个层次,处于顶端第一层的是可见的行为活动,第二层是表述的价值观、信念、偏好和规范,第三层是被认为理所当然的基本假设,研究第二、三层的文化更有利于深入理解消费者行为的根源。④

基于上述讨论,本书认为,文化是人类创造的物质文明和精神文明的总和,它包括物质文化、制度文化、观念文化和行为文化四个维度。文化的核心是观念文化(价值观念、价值观),观念文化的核心(核心价值观)是社会的特殊文化系统——意识形态。意识形态只能是占统治地位的阶级、政党的精神文化体系,在文化体系中居核心地位,对整个社会文化具有支配作用。就此而言,社会主义意识形态构成社会主义社会中人们的价值观的核心,并可能在不断提高的层次上更新人们的价值目标,确立新的、科学的价值标准,从而为人们提供更大的精神动力。

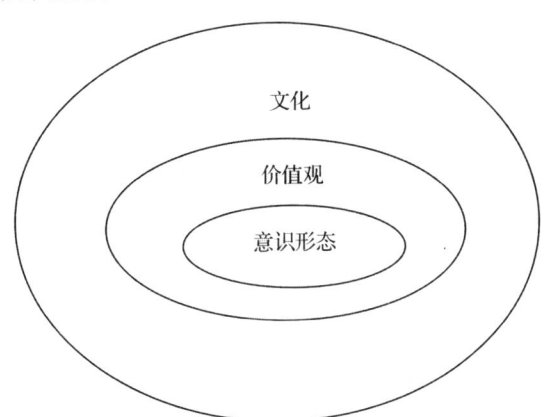

图 1-1 文化、价值观与意识形态关系

---

① 陈月明、金涛.文化广告学[M].北京:国际文化出版公司,2002:20.
② 张岱年.文化与哲学[M].北京:教育科学出版社,1988:81~82.
③ 辞海编辑委员会.辞海[M].上海:上海辞书出版社,1989:4022.
④ Hellmut Schütte, Deanna Ciarlante. *Consumer Behavior in Asian*[M]. New York University Press,1998:60~71.

本书认为：文化是人类物质文明和精神文明的总和；价值观是文化的核心，对文化具有支配作用；意识形态是价值观的核心，它对价值观和文化都具有支配作用。

二、价值观

"价值"原是经济学术语，指"具体事物的价值"。19世纪的哲学家延伸了其含义，用来探讨"抽象事物及观念的价值"，推展了"价值论"。心理学、社会学、人类学等又引申价值的概念，来代表一种"高度抽象化的概念性架构"，即所谓"价值观念"及"价值体系"，简称"价值观"。

对于价值观，不同专家有不同的看法，最著名的是米尔顿·罗基区和霍夫斯泰德的观点。

1. 罗基区价值观量表

米尔顿·罗基区（1968）认为，价值观是持久性的信念，每个人可以判断何种行为可为，何种不可为；何种目的或状态是良好的或不佳的。[①] 罗基区尝试统一以前学者对价值观的各种研究，发展出一套有关人类价值观的综合理论，站在自己的角度上阐释价值观与价值系统的内容、结构、形成、变迁等问题。他提出关于人类价值观本质的5项假设：[②]

（1）一个人拥有价值观的总数相当。

（2）居住在不同环境下的每个人都拥有同样的价值观念，但程度各有不同。

（3）价值观的先决条件可追溯文化、社会、社会制度及人格等。

（4）价值观通常组织成为价值体系。

（5）价值观造成的影响或后果会表现在社会科学家认为值得探讨和了解的现象中。

基于这些假设，罗基区认为，价值观就是持久的信念，这个信念使得个人或社会偏好某种特定的行为方式或存在目的状态，而较不喜欢与其相对的或相反的行为方式或存在目的状态。他同时认为，价值观经常构成有组织的阶层结构——价值体系。价值体系是由许多信念构成的持久组织，在这个组织中，为人所偏好的许多行为方式或存在目的状态，根据其相对重要性而排成一

---

① Miltor Rokeach. *The Nature of Human Values* [M]. New York: The Free Press, 1973:16.

② Miltor Rokeach. *The Nature of Human Values* [M]. New York: The Free Press, 1973:89.

个"连续带"。

由于价值观是"行为方式"或"存在目的状态"的偏好,因此,价值观可分为两种。

(1)关于"行为方式"的价值观,称之为"手段价值"或"工具价值"(罗基区编制了18种)。它包含"道德价值"和"能力价值"两类;前者是"人际"及"罪恶感"取向的,后者是"个人"及"羞耻感"取向的。

(2)关于"存在目的状态"的价值观,称之为"目的价值"或"终极价值"(罗基区编制了18种)。它包含"个人性价值"和"社会性价值"两类;前者以"自我为中心"及"个人内在"为重心,后者以"社会中心"及"人际之间"为重心。

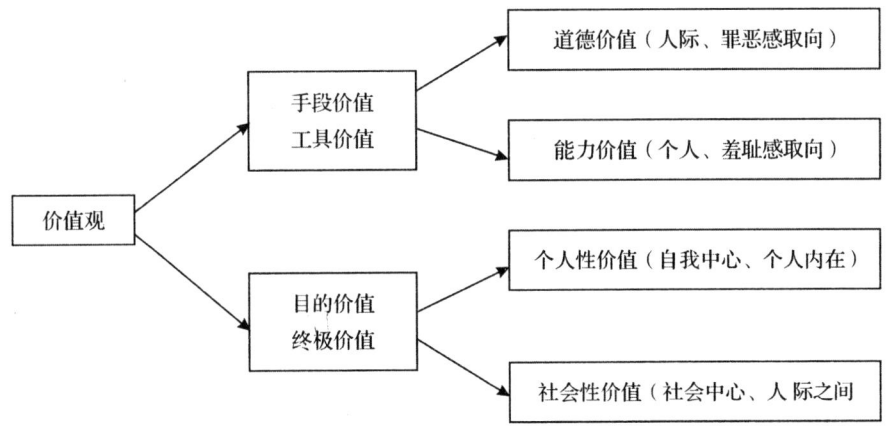

资料来源:宋同庆.电视观众的行为分析与研究[D].台北:台湾"国立"政治大学企业管理研究所,1984:24.

图 1-2 罗基区价值观理论

罗基区还认为,价值观或价值系统既可以作为因变量,也可以作为自变量。从因变量的观点看,价值观或价值系统受性别、年龄、智力、种族、地位、教育程度、宗教信仰等因素的影响,同时也受社会化进程的影响。前者各因素使个人价值观形成差异,后者使个人价值观趋同。从自变量的观点看,价值观或价值系统成为一种心理结构后,也会影响态度和行为,如生活方式、道德判断等。

2. 霍夫斯泰德文化价值观量表

霍夫斯泰德(1980,1983,1988)调查了分布在40个国家和地区的11.6万名IBM员工。通过分析大量数据,霍夫斯泰德发现民族文化对雇员的工作价

值观和工作态度的显著影响主要表现以下5个维度上：①

（1）个人主义/集体主义。个人主义与集体主义表示个人与群体间的关联程度。个人主义文化注重个体目标，集体主义文化更强调集体目标。个人主义文化中，人们照顾自己和直系家庭；而在集体主义文化中，人们期望内群体或集体来照顾他们，作为这种照顾的交换条件，他们对内群体拥有绝对的忠诚。个人主义没有圈内和圈外的明显差别，集体主义却有明显的圈内和圈外的差别。

（2）权力距离。权力距离表示人们对组织或机构内权力较小的成员对权力分配不平等这一事实的接受程度。权力距离大的文化成员视权力为社会的基本因素，强调强制力和指示性权力，权力差距小的文化成员则认为权力的运用应当合法，重视专家或合法性的权力。

（3）不确定规避。不确定性规避表示人们对未来不确定性的态度，对不确定性规避程度较强的文化往往有明确的社会规范和原则来指导几乎所有情况下发生的行为，而规避不确定性程度较弱的文化的社会规范和原则就不那么明确和严格。

（4）男性化/女性化。男性化/女性化表示人们对男性和女性社会角色如何分配的认识。阳刚型社会性别角色有明确的划分，阴柔型社会性别角色有所重叠。阳刚型社会的文化成员赞扬成就、雄心、物质、权力和决断性，阴柔型社会的文化成员则强调生活的质量、服务，关心他人和养育后代。

（5）儒家主义。儒家主义表示以孔子为代表的儒家思想对社会文化造成的影响，长期导向的文化价值观主要与"节俭"、"毅力"等价值观有关；短期导向的文化价值观主要与面子问题有关。

但是，上述两种量表都有一个问题：当在不同文化环境中测量价值观时，同一个价值观问题项目可能存在不同理解。如罗基区量表里的"舒适的生活"，在美国指"富裕的生活"，在中国则指宁静的生活；"家庭安全"在美国指照顾好伴侣，在中国则指和睦孝道。② 霍夫斯泰德量表里的"集体主义"指个人从属于社会集体（国家、民族、种族或阶级等）中的社会组织，在中国则指无产

---

① Hofstede, Greert. *Culture's Consequences*[M]. Beverly Hills, CA: Stage Publications, 1980: 99. Hofstede, Geert. The Cultural Relativity of Organizational Practices and Theories[J]. *Journal of International Business Studies*, 1983(14): 75~89. Hofstede, Geert and Michael Bond. The Confucius Connection: From Cultural Roots to Economic Growth[J]. *Organizational Dynamics*, 1988, 16(4): 4~21.

② Kindle, I. A Partial Theory of Chinese Consumer Behavior: Marketing Strategy Implications[J]. *Journal of Business Management*, 1982(1): 97~109.

阶级的意识形态，一切从集体出发，把集体利益放在个人利益之上。① 有些中国人的价值观（如礼尚往来）也难以体现在上述两种量表中。②

此外，罗基区关于价值观是"一种持久性的信念"的看法也有失偏颇。事实上，价值观会随着社会经济的发展而转化。这从我国改革开放后的变化就能看出，例如，对经商的看法、重集体轻个人、重义轻利、重协同轻竞争、重继承轻创新等传统价值观念，特别肯定了竞争意识。③

克拉克泓和斯特拉德特贝克（1961）调查了美国5个小社区，提出另一个价值观维度：人与宇宙导向、人与自己导向、关系导向、时间导向、活动导向。④ 奥立佛（1994）认为，中国的文化价值观主要是属于人际关系和社会导向的，因此，要描绘中国文化，应采用克拉克泓和斯特拉德特贝克的价值观理论。⑤ 诚然，人际关系对中国人的日常生活具有重大意义。中国学者黄光国（1991）⑥、杨国枢（1993）⑦、翟学伟（2008）⑧、杨中芳（2001）⑨等人都研究并肯定了这一点。

刘世雄（2007）根据各位专家的研究成果整理和归纳出中国人的文化价值观维度，包括10个方面：人与宇宙、集体主义与个人主义、权力距离、男性化与女性化、不确定规避、时间导向、长期与短期导向、归因导向与成果导向、情绪化与情绪中立、物质主义。⑩ 本书将借用刘世雄关于中国人价值观的10个维度（RDCCC量表）进行研究。

---

① 关世杰.跨文化交流学[M].北京：北京大学出版社，1995：164.
② Chinese Culture Connection. Chinese Values and the Search for Culture-Free Dimensions of Culture[J]. *Journal of Cross-Cultural Psychology*，1987(18)：143～164.
③ 关世杰.跨文化交流学[M].北京：北京大学出版社，1995：157.
④ Kluckhohn, F. R. and Strodtbeck, F. L. *Variations in Value Orientations*[M]. Evanston，Ⅲ：Row-Peterson，1961：66.
⑤ Oliver H. M. Yau. *Consumer Behavior in China：Customer Satisfaction and Cultural Values*[M]. T. J. Press(Padstow)Ltd，Padstow Cornwall，1994：111.
⑥ 黄光国.中国人的权力游戏[M].台北：台北巨流图书公司，1991：13.
⑦ 杨国枢.我们为什么要建立中国人的本土心理学[C].台北：中国台湾桂冠图书公司，1993：24.
⑧ 翟学伟.本土的人际传播研究："关系"的视角与理论方向[J].新闻与传播研究，2008(3)：40～95.
⑨ 杨中芳.中国人的人际关系、情感及信任[M].台北：远流出版事业股份有限公司，2001：20.
⑩ 刘世雄.中国消费区域差异特征分析：基于中国当代文化价值的实证研究[M].上海：上海三联书店，2007：78.

三、意识形态

"意识形态",英文翻译作"ideology",德文翻译作"ideologie",都源自法文"idéologie",它由"idéo"和"logie"构成。"idéo"源自希腊文"ιδεα",有"观念、思想、概念、构思、主意、念头、看法、见解、幻想"等意思。"logie"这个后缀源自希腊文"λσros",有"学说、理论、学科"等含义。在英汉翻译中,"ideology"也可译为"观念学"或"思想体系"。

在整个社会科学中,"意识形态"是最难把握的概念[①],所有关于意识形态的观点自身都是意识形态的[②]。《简明大不列颠百科全书》和邓肯·米切尔主编的《新社会学词典》都认为,法国大革命时的哲学家德斯图·德·特拉西在1801年出版的《观念学原理》一书中最早使用"意识形态"一词。[③] 由于马克思的批判,"意识形态"广为流传,五四时期引进中国。

1."意识形态"的褒贬之争

特拉西认为,"意识形态"是一个观念体系,强调"感觉"在认识论上的作用,同时强调感觉的生理性质。[④] 特拉西是彻底的理性主义者,在他看来,所有观念都以身体感觉为基础,一切观念都能还原为直接的感觉。自然和社会是重合的,这种重合可由思想起源的理性分析,由"意识形态"揭示出来,因此,"意识形态"唯一的任务就是这种包罗万象的还原。宗教意识和形而上学之所以是应当被拒绝的谬误,就是因为这类观念不能还原为直接的感觉。通过这样的还原,特拉西试图建立一种以数学的精确性为榜样的实证语言。实证主义创始人孔德也认为,社会同自然并无本质的不同,没有必要划分自然科学和社会科学。这一思想,被E.迪尔凯姆等人从不同方面加以继承和发展,成为100多年来西方社会学发展的主流,尽管存在长期的争议。

最初意义的"意识形态"是积极的、进步的,它产生于启蒙运动。启蒙运动是发生于17、18世纪欧洲的反封建、反教会的思想文化革命运动,它为资产阶级革命作了思想准备和舆论宣传。当时法国是启蒙运动的中心,在法语中,"启蒙"的本意是"光明"。当时进步的思想家认为,迄今为止,人们处于黑暗之中,应该用理性之光驱散黑暗,把人们引向光明。

---

① [英]大卫·麦克里兰著,孔兆政、蒋龙翔译.意识形态[M].长春:吉林人民出版社,2005:1.
② [英]大卫·麦克里兰著,孔兆政、蒋龙翔译.意识形态[M].长春:吉林人民出版社,2005:2.
③ 宋惠昌.当代意识形态研究[M].北京:中共中央党校出版社,1993:2.
④ 农华西等.意识形态与核心价值体系建设[M].长沙:湖南人民出版社,2007:2.

拿破仑统治初期,拿破仑与特拉西为首的"意识形态学派"尚能和睦相处,但后来特拉西对于拿破仑统治持不同政见,惹怒了拿破仑。拿破仑斥责"意识形态学派","就是这些空论家的学说——这种模糊不清的形而上学,以一种不自然的方式,试图寻出根本原因,据此制定各民族的法律,而不是让法律去顺应'一种有关人类心灵及历史教训的知识'——给我们美丽的法兰西带来不幸的灾难"①,"意识形态"被斥为空谈、虚幻。

"意识形态"既有法国的起源,也有德国的起源。德国浪漫主义运动认为人类根据变化着的环境或集体或单独地创造着自己的现实。

黑格尔总结上述两个起源提出,特定时代的思想不能自称是绝对正确的,如果历史有意义、有理性的话,那么它也必定存在于整个历史过程中,而不能从特定的个人或时代的部分意图中寻找。②

作为黑格尔的信徒,马克思曾在两种意义上使用过意识形态:虚假意识与观念上层建筑。③ 他认为,"意识形态"具有双重含义,一是沿用了"意识形态"的虚假意识,用来指阶级社会中人们之间的现实关系在人们头脑中颠倒的、虚幻的反映,为统治阶级利用的统治手段,二指在阶级社会中与经济形态相对应的观念形态,具有阶级性。同样,恩格斯也坚持了否定的意识形态观。

弗洛伊德从心理分析角度出发,构建了一套解释意识形态的特殊理论。他认为,我们从压抑的理论中获得无意识的概念,对我们来说,被压抑的东西是无意识的原型……只要压抑不消除,这种无意识就不可能转化为意识。④他认为,意识形态约束无限扩张的人的本能,起着"超我"的作用⑤;但过多的压抑会导致心理、生理疾病。

二战后,在西方,"意识形态"研究再度流行。纳粹运动、斯大林主义、"文化大革命"等给世界造成巨大破坏,促使人们反思"意识形态"在其中扮演的角色。这时的"意识形态"具有明显的贬义,思想上,它与非理性相联系;政治上,它与极权主义相联系。当时的西方思想家,包括西方马克思主义思想家,一般把意识形态作为与科学相区别的不属于真理范畴而属于价值范畴的观念形态。政治经济学派代表人物G.默多克和P.格尔丁揭示说,大众传媒的活动

---

① [英]雷蒙·威廉斯著,刘建基译.关键词:文化与社会的词汇[M].上海:三联书店,2005:217~218.
② [英]大卫·麦克里兰著,孔兆政、蒋龙翔译.意识形态[M].长春:吉林人民出版社,2005:9.
③ 葛维春.我国意识形态领域的新变化及其对策研究[J].科技信息,2008(36):249.
④ [奥]弗洛伊德著,林尘等译.弗洛伊德后期著作选[M].上海:上海译文出版社,1986:162.
⑤ 俞吾金.意识形态论[M].上海:上海人民出版社,1993:197~199.

最终是为了维护垄断资本的利益、意识形态和统治权力。葛兰西"意识形态霸权理论"认为,资本主义社会主要通过"意识形态霸权装置"来维护自身利益。阿尔诸塞认为,大众传媒是从事"合意"的生产和再生产的"国家意识形态装置"。文化研究学派(伯明翰学派)代表人物 S.霍尔继承了葛兰西和阿尔诸塞的观点,主张从上层建筑和意识形态的相对独立性出发来研究资本主义社会的大众传播。哈贝马斯显然从贬义上来理解"意识形态",认为"意识形态"具有虚幻性、欺骗性,是统治阶级用来维护"合理性"统治的工具。①

列宁根据所处时代理论和实践的需要,赋予"意识形态"新的含义,泛指一般的思想体系。马克思并不把自己的理论体系称为"意识形态",而是列宁首次提出的。② 列宁认为资产阶级有它的"意识形态",无产阶级也有其"意识形态",它体现了无产阶级的利益。列宁明确指出,马克思主义是一种"科学的意识形态"。③ 在这里,"意识形态"被中性化了。

并非所有思想,而仅是那些掩盖社会矛盾的思想,才是意识形态的,包括工人阶级在内的所有阶级都会制造意识形态。④ 工人阶级要确立自己的文化领导权,就必须超出只为狭隘的宗派利益而进行的斗争;必须成为社会整体利益的代表。葛兰西认为党要像夺得政权那样全力进行意识形态和文化的斗争。⑤

2."意识形态"的有无之争

二战后,随着冷战的展开,有人认为"意识形态将要终结"。因为资本主义和社会主义正面临着越来越多的共同问题,两者不仅有对抗的一面,更有相互借鉴的一面。在这场论战中,首先使用"意识形态的终结"一词的是加缪,他在1946年就提出"意识形态已经走向了自我毁灭"。⑥

早在 20 世纪 50 年代,雷蒙·阿隆、丹尼尔·贝尔、西摩·马丁·李普塞特等为代表的学者就断言"意识形态"已经终结。⑦ 1954 年,法国学者雷蒙·阿隆为阿多诺在法兰克福主编的《社会学》写下《意识形态的终结?》一文,西方

---

① 郭庆光.传播学教程[M].北京:中国人民大学出版社,1999:272~275.
② 王绍臣.意识形态与社会主义市场经济研究[M].天津:天津人民出版社,2002:20.
③ 农华西等.意识形态与核心价值体系建设[M].长沙:湖南人民出版社,2007:28.
④ [英]大卫·麦克里兰著,孔兆政、蒋龙翔译.意识形态[M].长春:吉林人民出版社,2005:18.
⑤ [英]大卫·麦克里兰著,孔兆政、蒋龙翔译.意识形态[M].长春:吉林人民出版社,2005:41.
⑥ [美]丹尼尔·贝尔著,张国清译.意识形态的终结——五十年代政治观念衰微之考察[M].南京:江苏人民出版社,2001:6~7.
⑦ [美]丹尼尔·贝尔著,张国清译.意识形态的终结——五十年代政治观念衰微之考察[M].南京:江苏人民出版社,2001:465.

知识界旷日持久的讨论由此开始。左翼思想家抱着惋惜之情来谈论"意识形态"的社会动员能力日渐消失,雷蒙·阿隆却由衷地欢迎这个时代的到来。

1960年,美国学者丹尼尔·贝尔出版《意识形态的终结》一书对冷战在观念上作出直接反应。他明确反对19世纪的普遍性社会发展理论,尤其是阶级斗争理论,认为国际工人阶级迅速萎缩,作为社会分工基本尺度的经济阶级正在瓦解。性别、年龄、宗教、教育、职业等多元身份越来越重要,种族身份将成为冲突的主要线索。

美国学者西摩·马丁·李普塞特援引苏联学者莫斯克维乔的话表达了自己的看法:所谓"意识形态的终结"其实"并不是说所有意识形态的死亡,或者不再有任何政治分歧或意识形态分歧。'意识形态终结'这个短语,按照它的提出者和支持者的看法,只是意味着:第一,所谓一般的意识形态已不足以指导民众运动……第二,在先进资本主义国家,剧烈的意识形态冲突和政治冲突在日渐枯萎"。①

尼克松1969年就任美国第38届总统,1972年连任第39届,后因"水门事件"被迫辞职。尼克松任总统期间,主张东西方以"谈判"代替"冲突",以"缓和"代替"冷战",此即"尼克松主义"。辞职后,尼克松出版了大量有关著作,诸如《真正的战争》(1980)、《领导人》(1982)、《真正的和平》(1984)、《1999:不战而胜》(1988),系统提出"不战而胜"思想:在军事遏制的基础上,发挥美国的经济优势,以经济援助和技术转让等为条件,开展"意识形态竞争",打"攻心战",扩散"自由和民主价值观",诱使社会主义国家"和平演变"。

1989年夏天,弗郎西斯·福山发表了名为"历史的终结"的论文。② 文章认为,由于自由民主在18、19、20世纪获得全面胜利,自由民主有可能成为人类"意识形态"进步的终点。论文发表后不久,以苏联为核心的东欧共产主义体系开始迅速瓦解,柏林墙也迅速倒塌,《历史的终结》成了"及时"的预言,在全世界引起广泛的反响,东西方学术界重新审视"意识形态终结论"。

1993年夏季号 Foreign Affairs 发表哈佛大学著名教授塞缪尔·亨廷顿的 The Clash of Civilization 一文,引起学术界广泛而激烈的争论。亨廷顿随后不断发表文章和出版专著进一步阐明自己的观点:未来世界的冲突根源将主要是文化的而不是意识形态的和经济的,文明的冲突将主宰全球政治,文明冲突是未来世界和平的最大威胁,目前世界存在七种文明的冲突,而伊斯

---

① [美]西摩·马丁·李普塞特著,张绍宗译.政治人——政治的社会基础[M].上海:上海人民出版社,1997:491.
② Fukuyama,Francis. The End of History? [J]. *The National Interest*,1989(16):3~19.

兰文明和儒家文明可能共同威胁西方文明或提出挑战。

"意识形态"真的终结了吗？从贝尔的"意识形态终结论"到尼克松的"不战而胜论"，再到福山的"历史终结论"和亨廷顿的"文明冲突论"，这些形形色色的理论都是以美国为首的西方国家的冷战思维在不同历史条件下的变身。一方面，它们宣告"意识形态"已经衰微，历史已经终结；另一方面，它们又拼命地为自己推崇的"意识形态"进行辩护，把历史的终结点引向全球化，引向资本主义，引向西方式的自由民主制度。这本身就是悖论，其所谓的"终结"就是没有终结。①

马克思认为自由社会无法解决阶级对抗问题，历史的终结只有在真正普遍的阶级——无产阶级取得全球胜利之后才会到来，即只有当阶级斗争永远结束，全球共产主义乌托邦才能实现。②

3."意识形态"的中外之争

马克思在《德意志意识形态》中把意识形态称为"观念的上层建筑"。③ 在理论上，它是一个由"政治观念、法律观念、宗教、哲学和艺术等各种具体的意识形式构成的有机的思想体系"④。马克思主义意识形态本身也社会历史的产物，它必然带有自身的历史局限性。马克思主义被神化，不利于马克思主义意识形态的自我完善和发展。

马克思、恩格斯逝世之后，列宁继承和发扬了马克思主义意识形态学说，坚决反击资本主义复辟思潮，创造性地把马克思主义意识形态理论发展到新的高度。

1917年，"十月革命"把社会主义从理论变成实践，它所取得的历史性胜利不仅唤醒西方的无产阶级，也唤醒了东方的被压迫民族，尤其是中华民族。"五四运动"促进了马克思主义意识形态的传播，许多人确立马克思主义意识形态的信念，他们以马克思主义意识形态基本原理为指导，积极投身现实斗争，注意同工人群众结合，同中国实际结合。这是中国马克思主义意识形态运动一开始就有的特点和优点。

马克思主义意识形态的中国化经历了三次历史性飞跃。⑤

第一次飞跃，创立了毛泽东思想。第二次飞跃，创立了邓小平理论。第三次飞跃，创立了"三个代表"重要思想。

---

① 张才国.新自由主义意识形态[M].北京:中央编译出版社,2007:17.
② [美]丹尼尔·贝尔著,张国清译.意识形态的终结——五十年代政治观念衰微之考察[M].南京:江苏人民出版社,2001:24.
③ 乌日娜.意识形态概念的探讨[D].哈尔滨:黑龙江大学,2006:13.
④ 张秀琴.论意识形态的功能[J].教学与研究,2004(5):26.
⑤ 赵向军、陈树梅.马克思主义中国化的理论与实践[M].北京:中国科学技术出版社,2006:377~378.

马克思主义意识形态中国化并非一帆风顺,经过曲折的斗争。斗争的焦点是教条地看待马克思主义意识形态,还是以发展的眼光对待马克思主义意识形态。可以说,不是马克思创造了中国特色的社会主义,而是中国特色的社会主义创造了自己的马克思。

综上所述,从"意识形态"的褒贬之争、有无之争和中外之争三方面我们可以看出,经过若干代历史唯物主义者的不断探讨和完善,"意识形态"一词已经拥有丰富的、完善的含义。

本书认为,"意识形态"是历史的范畴、阶级的范畴和发展的范畴。它特指系统地、自觉地反映社会经济形态和政治制度的核心价值观,表现在政治、法律、道德、哲学、艺术、宗教等形式中。[①] 社会意识诸形式中直接、集中反映社会经济形态和政治制度的部分,如社会的政治法律思想、伦理道德、文学艺术、宗教、哲学和其他社会科学,与自然科学、语言学、逻辑学等非意识形态的社会意识相区别,这已经成为历史唯物主义的重要范畴。某个特殊的价值观并不构成意识形态,只有当它在某个范围中压倒其他不同的价值观,享有特殊的话语权,具有普遍的、永恒的适用性时,意识形态才会产生。由于社会与其阶级结构不断变化,因此,同样的思想(价值观)开始或停止成为意识形态。[②]

第二节 广告与跨文化研究综述

康迪特(1994)[③]认为,媒介提供的景观支撑起现实世界的主流意识。广告传播与文化有密切的关系,广告本身就是文化的载体。作为文化的重要组成部分,广告影响着我们的生活、思想和定位。

一、国外研究

1. "advertising" + "ideology"

在 ProQuest 数据库里高级检索标题为"advertising" + "ideology"的文

---

① 农华西等.意识形态与核心价值体系建设[M].长沙:湖南人民出版社,2007:1.
② [英]大卫·麦克里兰著,孔兆政、蒋龙翔译.意识形态[M].长春:吉林人民出版社,2005:18.
③ Condit, C. Hegemony in a Mass-mediated Society:Concordance about Reproductive Technologies[J]. *Critical Studies in Mass Communication*, 1994, 11(3):205~230.

章,①结果仅显示三篇相关文献,分别是:德伯拉·梅斯金(1999)的《青春期、广告与月经意识形态》②,斯蒂芬·M.凯特斯和格兰德·第一葛尔罗克(1999)的《交织的网络:广告中女性意识形态和语境研究》③,赵鑫(2005)的《广告意识形态:广告作为转型中国敌对意识形态的角斗场》④。

德伯拉·梅斯金研究了1987—1997年Seventeen和Teen杂志上的广告内容,发现女性卫生用品广告强化了女性的社会角色意识形态,广告中很少有黑人女性。

斯蒂芬·M.凯特斯和格兰德·第一葛尔罗克通过个案访谈,揭示广告意识形态和语境对女性的影响,试图纠正广告模式陷入的误区。

赵鑫以《人民日报》为对象,对中国改革开放以来1979—1983年、1983—1984年、1984—1988年、1989—1992年、1992年至今五个阶段《人民日报》上的广告进行符号学分析,讨论了三个问题:消费主义是如何通过广告在中国合法化的;当前中国广告的实践如何调解共产主义、消费主义与市场社会主义之间的矛盾;流行的消费文化是否可以提高社会的福祉。

2."advertising"+"culture"

为了扩大搜索范围,在ProQuest数据库里高级检索标题为"advertising"+"culture"的文章,得到104篇相关文献,考虑到当前中国的意识形态与全球化密切相关,以下选取与跨文化有关的文章进行综述。

(1)主题与中国相关的研究。奥立佛(1994)⑤研究了中国消费者的文化与消费者满意之间的关系,发现中国消费者的文化量表得分与产品期望之间存在正相关关系,为了提高购买后的满意度,中国消费者倾向于降低对产品的期望。

诚·H.和斯奇维特兹·J.C.(1996)发现,中国电视商业广告强调传统和爱国主义的重要性,美国的电视商业广告倾向于强调竞争与享乐。⑥

---

① 检索时间:2009年11月12日,下同。

② Debra MerskinAdolescence. Advertising, and the Ideology of Menstruation[J]. *Sex Roles*,1999:941~957.

③ Steven M. Kates & Glenda Shaw-Garlock. The Ever Entangling Web: A Study of Ideologies and Discourses in Advertising to Women[J]. *Journal of Advertising*,1999:33~49.

④ Xin Zhao. *Adeology: Advertising as a Battlefield of Rival Ideology in Transitional China*[D]. David Eccles School of Business, the University of Utah, May, 2005.

⑤ Oliver H. M. Yau. *Consumer Behavior in China: Customer Satisfaction and Cultural Values*[M]. T. J. Press(Padstow)Ltd, Padstow Cornwall, 1994:148.

⑥ Cheng, H. & Schweitzer, J. C. Cultural Values Reflected in Chinese and US Television Commercials[J]. *Journal of Advertising Research*,1996,36(3):27~44.

卡拉·查恩(1999)研究香港1946—1996年的印刷广告里反映的文化变迁,发现产品类别变量比时间变量更能反映香港文化的变迁。①

李敬(2001)研究发现,中美两国的广告差异有四个方面:理解、喜好、购买动机和文化体现。②

卡罗林·A.林(2001)研究中美两国电视广告的差异,发现中国文化仍然相对稳定;反映西方文化的年轻化、时尚化和现代化诉求在中美两国广告中同样流行。③

魏冉和蒋静(2005)对比研究诺基亚在中国的125则广告和在美国的60则广告(1997—2003年)发现,诺基亚广告的创意策略标准化更明显,执行策略本地化更明显。④

常勤勤(2006)调查研究了273名美国和台湾的学生,发现两者对广告传递的个人主义或集体主义价值观的认识并无多大差异,但"离心式个体"或"向心式个体"对广告中传递与个体价值观相一致的信息会持更积极的广告态度、情感反应及品牌评价。⑤

(2)主题与中国无关的研究。卡罗林·戴尔斯·怀特(1989)研究发现,比较广告的直接诉求/间接诉求、事实性信息/评价性信息以及新建品牌/已建品牌三个变量对高/低不确定规避文化的国家会产生不同的影响。⑥

韩·S.和沙维特·S.(1994)发现,美国广告通常诉求于产品的个人属性,韩国广告倾向于强调群体和谐。⑦

---

① Kara Chan. Cultural Values in Hong Kong's Print Advertising:1946—1996[J]. *International Journal of Advertising*,1999(18):537~554.

② Jing Li. On the Relationship between National Culture and Advertising Effectiveness:China and American[D]. McAnulty College and Graduate School of Liberal Arts,Duquesne University,2001.

③ Carolyn A. Lin. Cultural Values Reflected in Chinese and American Television Advertising[J]. *Journal of Advertising*,2001,4(4):86.

④ Ran Wei & Jing Jiang. Exploring Culture's Influence on Standardization Dynamics of Creative Strategy and Execution in International Advertising[J]. *Journalism and Mass Communication Quarterly*,2005(4):838.

⑤ Chingching Chang. Seeing the Small Picture:Ad-self Versus Ad-culture Congruency in International Advertising[J]. *Journal of Business and Psychology*,2006,20(3):460.

⑥ Carolyn Thérèse White. *Comparative Advertising Across Culture:Investigating the Effects of Alternate Execution Styles*[D]. The Darla Moore School of Business University of South Carolina,2001.

⑦ Han,S. & Shavitt,S. Persuasion and Culture:Advertising Appeals in Individualistic and Collectivistic Societies[J]. *Journal of Experimental Social Psychology*,1994(30):325~350.

张勇和贝特斯·D.格尔伯(1996)研究发现,虽然与文化一致的广告诉求更有效,但产品使用条件(私人场合或公众场合)中和了这种有效性,包含产品使用条件的广告诉求所起的作用更大。①

珍尼弗和帕提·威廉姆斯(1998)研究了情感性诉求对集体主义和个人主义文化中的消费者的说服效果,发现针对集体主义文化中的消费者,个人主义导向的情感性诉求能催生更有利的广告态度,反之亦然。②

达娜·L.阿尔登、简—本尼迪克特·E.M.斯金坎普和拉吉弗·巴特拉(1999)研究了亚洲、北美和欧洲的1267则广告,发现,全球消费文化的品牌定位在美国运用的频率比在其他国家的小;本地消费文化的品牌定位在美国运用的频率比在其他国家的大。③

伊·怀·李和艾利森·埃·奇恩·林(2008)研究发现,广告中的幽默诉求受幽默处理过程与文化(不确定规避、个人主义/集体主义)的双重影响。④

综上,国外学者很少研究意识形态层面的广告,兴趣不大。大部分研究者是来自中国的留美学者,大多数学者只从跨文化交流角度或市场管理的角度实证考察不同国家的广告与文化的相互作用而漠视政治层面的含义。原因可能是,作为经验学派,他们否认西方资本主义社会是阶级支配的社会,而认为是有多元利益相互竞争、相互制衡的社会,因此,传播学研究的重要任务不是变革资本主义制度,而是通过改进传播机制来实现社会管理。⑤

二、国内研究

1. 资料来源

大陆关于广告与跨文化的研究历史不长、数量不多。广告与跨文化方面的专著、编著或教材尚未问世。在中国期刊网跨库高级检索里键入"广告"+

---

① Yong Zhang & Betsy D. Gelb. Matching Advertising Appeals to Culture: The Influence of Products' Use Conditions[J]. *Journal of Advertising*, 1996, 25(3):29.

② Jennifer L. Aaker, Patti Williams. Empathy Versus Pride: The Influence of Emotional Appeals Across Cultures[J]. *Journal of Consumer Research*, 1998, 25(12):98.

③ Dana L. Alden, Jan-Benedict E. M. Steenkamp & Rajeev Batra. Brand Positioning Through Advertising in Asia, North America, and Europe: The Role of Global Comsumer Culture[J]. *Journal of Marketing*. 1999(1):84.

④ Yih Hwai Lee & Elison Ai Ching Lim. What's Funny and What's Not-The Moderating Role of Cultural Orientation in Ad Humor[J]. *Journal of Advertising*, 2008, 37(2):71~83.

⑤ 郭庆光. 传播学教程[M]. 北京:中国人民大学出版社,1999:268.

"跨文化"题名进行查找,得到196篇相关文献。最早的文献出现于1992年,发表在《对外经济贸易大学学报》上。① 文章认为,跨越国界向海外市场推销本国的产品或服务时,时常要借助国际广告这一促销手段;国际广告的任务在于通过创造性的工作把一种环境的产物与生长在另一种环境的人成功地联结起来。

大陆关于广告与跨文化的研究开展已逾17年,但翻阅研究文献发现,少有文献介绍广告与跨文化研究的总体状况,这可能是制约该领域研究发展的原因之一。改革开放已逾30年,社会发生翻天覆地的变化,一系列社会问题也浮之水面,越来越多学者开始关注广告与跨文化方面的课题。

文献来源主要分为新闻传播类期刊、博士论文、硕士论文、大学学报、其他五类。在196篇相关文献中,其中新闻传播类文章有29篇②、大学学报类文章54篇③、博士论文0篇、硕士论文36篇④、其他77篇。如表1-1所示。

表1-1 中国大陆广告与跨文化研究文献来源

来源名称	有效篇数	有效百分比
新闻传播类	29	14.8%
大学学报	54	27.6%
博士论文	0	0%
硕士论文	36	18.4%
其他	77	39.3%
总计	196	100%

可以看出:首先,大学学报文章数量比例第二,这反映出广告与跨文化的研究成果受到综合性学术刊物的青睐。其次,硕士论文数量排名第三,除了集中在新闻传播学外,有八篇来源于英语语言文学、德语语言文学、外国语言学

---

① 傅慧芬.辨异和适应——国际广告跨越文化障碍初探[J].对外经济贸易大学学报,1992(4):39~43.
② 《新闻大学》、《当代传播》、《新闻世界》、《中国广告》、《广告大观》、《新闻爱好者》。
③ 《武汉大学学报》(人文科学版)、《华东师范大学学报》(哲学社会科学版)、《中国青年政治学院学报》、《广东外语外贸大学学报》、《湖南工业职业技术学院学报》、《湖南大众传媒职业技术学院学报》、《吉首大学学报》(社会科学版)、《孝感学院学报》。
④ 来源:武汉大学、广东外语外贸大学、苏州大学、湖北美术学院、华东师范大学、兰州大学。

及应用语言学专业,[①]这反映出广告与跨文化研究的传播学与语言学的双重特性。再次,新闻传播类的文章数量排名第四,新闻类与传播类刊物发表数量相当,广告专业期刊上发表的相关论文最多。最后,尚未发现该方面的博士论文,新闻传播专业研究者尚未在更高层次上展开该领域的研究。此外,我们发现196篇期刊文献中,来自中文核心期刊要目总览的有16篇,仅占8.2%,说明该领域研究的总体层次还不高。

2. 研究主题

研究196篇广告与跨文化研究文章的标题及内容,可以知晓研究者的兴趣所在。笔者对这些文章进行归类,得出研究者对语言翻译、传播策略、意识形态、民族情感、符号解析五个研究主题的分布状况。196篇文章中涉及语言翻译的有效篇数是65篇,涉及传播策略的有效篇数是46篇,涉及意识形态的有效篇数是20篇,涉及民族情感的有效篇数是4篇,涉及符号解析的有效篇数是11篇,其他类50篇。其直观表示如图1-3所示:

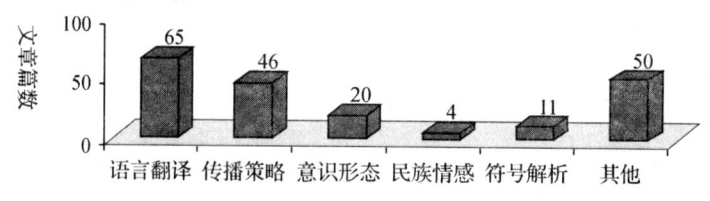

图1-3 研究主题分布

从图1-3统计结果可以看出:广告与跨文化研究最重视语言翻译,其次是传播策略,再次是意识形态,对民族情感的关注最少。

(1)语言翻译。196篇文章中,有65篇主要从语言翻译角度探讨广告与跨文化之间的关系,如《从视界融合看跨文化交流中的广告翻译》、《功能等效论与跨文化广告翻译》、《从跨文化传播角度看广告翻译》。这些研究大多以功能等效理论、关联理论为基础,讨论国际广告在跨文化传播过程中的翻译问

---

① 李婧.快速消费品行业美跨国公司中美广告沟通的跨文化研究[D].硕士论文,广州:广东外语外贸大学,2008.罗潇潇.跨文化视角下的中英文环保公益广告[D].硕士论文,南宁:广西大学,2008.吴瑾.中英广告幽默的跨文化比较[D].硕士论文,上海:华东师范大学,2009.张琳.跨文化层面的中英文广告语对比研究[D].硕士论文,青岛:中国海洋大学,2008.陈婧怡.跨文化广告传播中本地与标准化策略研究[D].硕士论文.上海:上海外国语大学,2009.王晶.从跨文化交际角度看广告翻译[D].硕士论文,太原:太原理工大学,2008.尹倩.异文化中的广告宣传:德国在华企业跨文化广告(杂志广告)分析[D].硕士论文,北京:北京外国语大学,2008.栗丹丹.中英广告翻译中跨文化语用失误的原因及策略[D].硕士论文,呼和浩特:内蒙古大学,2007.

题,分析翻译的限制因素、翻译的技巧及文化传播效果。王晶(2008)[①]认为,西方的一些翻译理论,如奈达的功能对等理论、彼得·纽马克的上午交际翻译法、弗密尔的目的性理论,对广告翻译具有重要的指导意义。目前国际广告中的英译汉很多只是在字面上进行,译者对文化区别的关注甚少,忽略了广告的特征和功能。广告语言的文化特征,决定了广告翻译的定位应从文字翻译走向文化翻译。刘知洪(2006)[②]运用文化传播理论建立广告与跨文化之间的联系,分析广告翻译的文化交流过程——文化融合与冲突。他认为来自源语和目的语的文化因素制约着广告翻译,应采取归化翻译、异化翻译与创造性翻译三种策略。广告翻译既受到当地文化的影响,又影响当地的文化,导致消费文化的变迁。胡作友(2007)等人运用西方现代解释学理论中"理解的历史性"(Geschichtlichkeit)、"视界融合"(Horizont verschmelzung)及"效果历史"(Wirkungsgeschichte)三大哲学解释学原则,认为广告翻译是作者、译者和读者多元合作下的文本再生,重在创新性地兼顾读者欣赏习惯与产品信息传递,跨越文化障碍[③]。由此可见,在跨文化广告翻译的研究领域已达成这样的共识:文化因素限制了国际广告跨文化传播,广告翻译的有效性在于追求广告功能的等同,而非停留于文字本身层面。

(2)传播策略。196篇文章中有46篇主要从传播策略角度探讨广告与跨文化之间的关系,如《论广告的跨文化传播策略》、《跨文化广告传播策略探析》、《中国广告跨文化传播障碍及策略思考》。这个层面的研究大部分集中于讨论广告跨文化传播的标准化与本土化,分析不同传播策略的优劣,部分研究探索跨文化传播的趋势。尚恒志在《跨文化广告传播策略探析》一文中指出,有效的全球跨文化广告传播策略有三种——"标准化"、"本土化"和"标准化创意,本土化执行"。"标准化"策略的优势在于集中资源塑造出统一的产品或品牌形象,有效降低广告、宣传成本,有利于对广告活动的管理和控制。该策略的缺陷在于难以兼顾各地的市场情况。"本土化"策略的优势在于与当地文化融为一体,使产品或品牌形象变得亲和,加强与目标国家受众的互动。缺陷在于容易造成全球品牌形象不统一,且广告成本较高。"标准化创意,本土化执行"策略综合以上两种策略的优点,是目前运用最广泛的广告跨文化传播策略,即在全球采用同样的广告创意,具体运用到不同的国家和地区时,使用这些国家和地区的语言和人物形象去实际表现这创意。文章认为,国际广告跨

---

① 王晶.从跨文化交际角度看广告翻译[D].硕士论文,太原:太原理工大学,2008.
② 刘知洪.从跨文化传播角度看广告翻译[D].硕士论文,四川:四川外国语大学,2006.
③ 胡作友、任静生.从视界融合看跨文化交流中的广告翻译[J].学术界,2007(5):216~222.

文化传播的趋势是更彻底的本土化。秦祖辉(2006)等人则认为,正确有效的跨文化传播应该从目标国文化和母国文化出发,正视文化的共性与差异性,方能根据实际情况选择有效的传播策略。此外,吉峰(2008),张淑燕、沈华峰(2008)①运用文化身份认同和文化适应理论分析广告跨文化沟通过程中的障碍及相应解决策略。吉峰认为,我国广告跨文化传播存在着文化价值观、审美观、思维方式、风俗习惯、宗教信仰、制度、法律法规、语言差异等问题。张淑燕、沈华峰认为消解跨文化传播中的品牌沟通障碍有两个途径:一是在文化适应中寻求认同,二是在文化转换中寻求共鸣。强调文化适应是保证跨文化传播完整与通畅的前提,文化转换也要以文化适应为基础,适度把握文化适应与文化转换的关系。

(3)意识形态。196篇文章中有20篇主要从意识形态角度探讨广告与跨文化之间的关系,如《跨文化因素中广告对文化传播的促进作用》、《跨文化背景下意识形态与广告和广告人的辩证关系比较》、《"意识"与"形态"——潜意识广告的传播形态分析》。这一领域的研究者认为,全球经济一体化日益加快,跨文化传播逐渐成为传播学领域的关注重点。作为承载商业信息的最主要形式,广告对文化的影响也日益显著。广告受社会意识形态的制约,却又成为意识形态传播的重要领地。柯卓英在《跨文化因素中广告对文化传播的促进作用》一文中指出,广告传播对文化发展的影响主要有四方面:加强文化融合、促进文化增殖、促使文化出现分层、产生文化积淀。尹洁(2003)则认为,广告在输出商业信息的同时输出价值观念,对既有生活方式和价值观念产生潜移默化的影响②。广告文化的影响力形成文化扩张力,导致民族文化的逐渐流失。广告已成为现代社会最基本和最广泛的商业行为,我们抵制不了这种大众文化样式导入的西方文化对本土文化的冲击。广告的商业性掩盖了文化意识形态性,能够避开制度层面直接传播其承载的文化价值观念,使我们疏于防范。因此,有必要关注跨文化广告传播中的文化扩张现象。伴随研究主题的进一步深入,部分学者还将研究视线投向传统文化给中国广告设计、文化传播带来的启示,如彭辉、朱华(2009)发表的《浅析道家文化对跨文化广告设计的启示》③。

(4)民族情感。196篇文章中有4篇主要站在民族情感角度探讨广告与跨文化之间的关系:《民族特色与跨文化广告创意》、《跨文化传播的民族主义

---

① 张淑燕、沈华峰.文化适应与文化转换——广告跨文化传播中的两条路径[J].吉林省经济管理干部学院学报,2008,3(2).
② 尹洁.跨文化广告传播中的文化扩张[J].声屏世界,2003(10):19~20.
③ 彭辉、朱华.浅析道家文化对跨文化广告设计的启示[J].青年文学家,2009(8):71.

解读——丰田"霸道"广告个案研究》《当跨文化广告传播遭遇"民族化"》和《广告传播中的民族特色与文化互跨》。张小乐(2008)以中国2008年奥运会吉祥物——福娃为例,分析跨文化广告的创意策略。他认为成功的跨文化广告必须坚持文化的特殊性与普遍性相结合,即在传播自身文化的同时寻找共同的符号,传播共有的价值观念。跨文化广告创意应尽量减少或消除民族优越感和刻板观念,体现理解与宽容,避免狭隘霸道的民族沙文主义,照顾不同国家的民族情感和审美心理。奥运会的"福娃"依托中国"福文化",造型颇具中国文化韵味,却用五环颜色传递世界语言,创意新颖而构思巧妙,受到主办国和其他国家人民的一致欢迎。陈静静、孙斌华(2004)通过访谈了解受众对丰田"霸道"广告文本的理解,得出"受众对广告文本的解读向多重解释开放"这一结论。受众对广告的负面态度来源于他们事先存在的价值系统之间的竞争。作为价值的表现形式,民族情感和民族敌意将影响受众对广告的解读和他们的态度。对国际广告而言,尤其是那些来自非友好文化的国家而言,使用一般性的普遍价值,比利用那些和历史、民族主义语境相关的价值要来得妥当。朱月昌在1994年的中华民族文化与广告国际研讨会上指出,每一个民族对于外来文化的吸收,都有一个分辨、选择、淘汰、消化的过程。跨文化广告传播要取得成效,需要文化受体具备接受外来文化一方的文化传统与民族心理,传播者应依据文化适应原则来进行广告活动。

(5)符号解析。196篇文章中有11篇主要从符号解析角度探讨广告与跨文化之间的关系,如《视觉传播符号在跨文化广告传播中的解读》《跨文化广告传播中的符号解析》和《跨文化广告的符号学研究》。这一领域的研究者普遍运用符号学理论,认为广告是人类传播信息的方式之一,该传播方式以符号为载体。部分学者以女性形象、中国元素为关注重点,对特定符号进行深入探讨,如《广告中的女性符号:一种跨文化的比较》与《"中国元素"广告的跨文化传播研究》。马瑞(2009)认为,凡是能够传播商品和服务信息的语言、文字、声音、形象、人物及其动作表情等都属于广告符号。广告创作者根据广告目标选择恰切的符号进行编排整理,再利用一定媒体将这些符号传递给受众。不同地域文化带来的文化传播语境不同,同一符号可能被赋予不同的内涵。陈祁岩(2009)认为,文化具有通性和间性两个特征,即一部分文化符号的内涵是为人类所共同理解、共通的,而另一部分文化符号在不同的文化区域具备不同的内涵,这就是文化的民族性。这就使得广告的跨文化传播可能因为文化语境和受众思维方式、价值观等差异,出现"符号误读"现象,即受众无法将广告中的形象与固有文化中的所指对应,而是按照自己的理解对广告信息作出非本意的理解。熊蕾(2005)的论文《跨文化广告的符号学研究》,从宏观和微观角度分析跨文化广告传播的符号运作规律。她认为,从宏观层面看,跨文化广告符号研究系统可以划分为广告文本分析、广告的意识形态观和广告符号素养研究三大板块;从微观的文本分析角度看,广告符号通过能指与所指的置换、横向组合与纵向聚合的重构,搭建起跨文化广告文本的表层结构,通过示范—认同机制、亲近性与陌生化规律构成跨文化广告文本的深层逻辑。文化冲突和渠道干扰造成广告文本的误读,应在以下两个基本轴线上制定跨文化广告传播符号战略,树立"符号致效"的广告思维:整合广告符号,拓展品牌符号系统的"宽度";链接广告符号,延续品牌符号系统的"深度"。

(6)其他。196篇文献中,有50篇无法归入以上五类中的任何一种,它们大多从广告跨文化传播的障碍和对策角度出发,分析广告跨文化传播过程中的语言冲突,可能引发的传播伦理、文化安全问题及发展趋势,如《国际广告在跨文化传播中遇到的问题及对策》、《跨文化广告传播伦理问题研究》、《跨文化广告传播引起的冲突之研究》、《广告跨文化传播与文化安全》和《跨文化交流下中国广告的未来探索》。少数研究者还针对广告跨文化传播给广告公司、广告教学可能带来的影响展开探讨,如《广告公司在跨文化广告传播中的地位和对策》、《跨文化商业广告对高职广告专业教学的启示》。

从以上分析可以看出广告与跨文化研究的不足之处:在研究内容上,语言翻译角度研究侧重于翻译个例分析的浅层,而缺少在文化背景与消费心理基础上形成的深入剖析和应对策略;传播策略角度仅从文化差异角度出发,探讨采取"本土化"还是"标准化"策略,忽视了跨文化广告所承载的不同商业信息和品牌本身,也对传播策略形成限制,其传播策略选取有一定的倾向性;意识形态角度的研究也有明显的欠缺,注意到了世界处在不平等的经济、政治、军事等秩序之中,所谓的交流很可能只是发达国家对发展中国家的单向交流,但却未为弱势国家应对跨文化广告带来的意识渗透提出可行建议;符号解析角度的研究,只是从单维度分析符号可能引起的误读,缺乏更全面的研究,没能揭示跨文化广告的传播机制。在研究方法上,采用的方法集中在个案分析、符号分析,缺乏内容分析和实证研究的文章。此外,没有任何相关的博士论文对广告与跨文化问题进行研究。总体上看,广告与跨文化研究的各个主题处于浅层状态,亟须吸引更多学者参与。

3. 研究趋势

本研究所收集的196篇广告与跨文化文献的发表年份分布是:1992至1998年仅3篇,1999年3篇,2000年4篇,2001年6篇,2002年8篇,2003年5篇,2004年12篇,2005年22篇,2006年31篇,2007年34篇,2008年41篇,2009年27篇。其分布如图1-4所示:

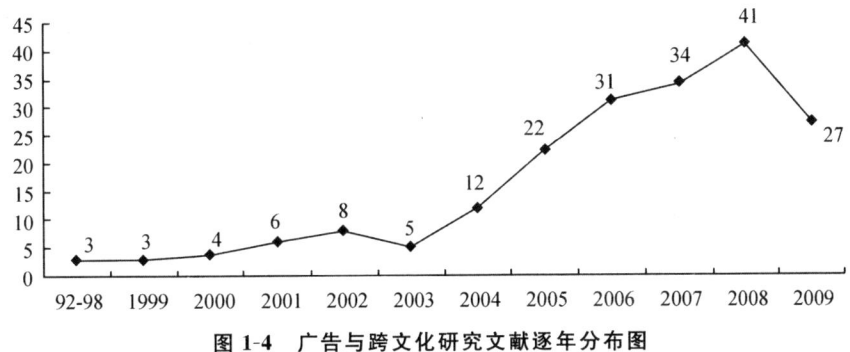

图 1-4　广告与跨文化研究文献逐年分布图

从文献数量的变化趋势图可以看出,中国大陆广告与跨文化的研究呈现出以下特点:

(1)总的来看,中国大陆广告与跨文化的研究兴趣呈上升趋势,研究文献数量出现两个增长期——前期的缓慢增长阶段和后期的快速增长阶段。自1992年出现第一篇跨文化广告研究文献,一直到1998年,该领域的研究零星分布,7年间仅在1992、1995、1997年度各出现一篇。而从1999年开始,该领域的研究文献缓慢增多,2002年一年就有8篇,此为广告与跨文化研究的缓慢增长阶段。2003年只有5篇,为低谷,并以此为拐点,引领中国大陆广告语跨文化研究领域内文献的新一轮数量增长。2008年达到顶峰,年度文献数量达41篇。截至2009年11月12日,该领域新增文献为27篇。

(2)按照文献数量分布拐点来划分,中国大陆广告与跨文化研究可以分成三阶段:第一阶段从1992到1998年,文献相对较少;1999年至2002年为第二阶段,文献缓慢增加;第三阶段从2003年到2008年,文献快速增多。2008年有41篇,是该领域最初10年研究总和①的两倍。

研究趋势变化的可能原因是:2003年奥运筹备工作全面展开,国际品牌进入中国的步伐日渐加快,国内品牌也在积极准备,意欲借助奥运商机开拓国际市场。2007年是奥运会筹办的最后一年,也是民族凝聚力高度集中的年份。党的十七大于2007年10月15日在北京召开,这是中国经济社会发展进入关键阶段的一次重要会议,对加快推进社会主义现代化具有十分重要的意义;2008年,中国迎来一个承载着中华民族梦想的体育盛会,更迎来即将开幕的改革开放三十周年大庆、香港回归祖国十周年纪念日。这些事件都影响中国广告与跨文化研究。从国外情况看,美国"次贷危机"从2006年春季开始逐步深化,到2007年席卷欧美,国际经济环境的风云变幻使中国人增强了防备

---

① 中国大陆广告与跨文化研究开始于1992年,根据数据统计,最初10年研究数量总和为24篇。

心理。由此带来2008年的全球经济寒冬,世界的眼光都聚焦于此。因此,从2003年起,我国广告与跨文化研究的数量稳步上升。及至2007、2008年,更是广告与跨文化研究著述颇丰的重点年份。

从中可以看出,国内对广告与跨文化研究深度不够,研究方法单一,研究跨度大的文章极少。大部分研究还停留于交流障碍、策略探讨等较浅的层面,针对跨文化广告的管理和安全机制的讨论较少,中国广告学者对跨文化的敏感度还比较欠缺。改革开放30年,大量资产阶级意识形态涌入中国,有人甚至提出"跨文化多元化"或取消马克思主义跨文化的主导地位。对中国传播学者来说,加强跨文化方面的广告研究具有重要意义。

本章小结

本书认为,文化是人类创造的物质文明和精神文明的总和,它包括物质文化、制度文化、观念文化和行为文化四个维度。文化的核心是观念文化(价值观念、价值观),观念文化的核心(核心价值观)是社会的特殊文化系统——意识形态。

中国大陆关于广告与跨文化的研究历史不长、数量不多。广告与跨文化方面的专著、编著或教材目前尚未问世。

分析已知的196篇广告与跨文化研究文章的标题及内容,可以了解研究者的兴趣所在。对这些文章进行归类,得出研究者对语言翻译、传播策略、意识形态、民族情感、符号解析五个研究主题的分布状况。

国内对广告与跨文化研究深度不够,研究方法单一,研究跨度大的文章极少。大部分研究还停留于交流障碍、策略探讨等较浅的层面,较少讨论跨文化广告的管理和安全机制,这说明中国广告学者对跨文化的敏感度还比较欠缺。

【案例】

广告跨文化传播技巧刍议[①]

跨国企业在做涉外广告的时候,往往会由于对目标受众地区或国家的文化背景知之甚少,于是便下意识地以自己的文化意识作为判断的尺

---

① 吉峰.中国广告跨文化传播障碍及策略思考[D].硕士论文,长春:东北师范大学,2008.

度,自以为是地用自己的标准去衡量和判断自身和对方的种种行为。而我们说这种无意识的行为判断其实就是造成我们在广告跨文化传播过程中失利的一个重要的症结所在。因此,在做广告跨文化传播的时候,一定要对传播对象的文化做到全方位的了解,不断调试自身固有的文化模式和观察视角,对目标受众做出准确的判断,以开放的文化心态,重新设计出合适的广告文本和传播技巧。下面就从以下四个维度来探讨。

1. 全球化着眼,本土化执行

广告传播着眼于全球,就是用现代化的广告传播方式,科学有效地实现面向世界市场的营销方式。而在这个传播过程中,可以适当地吸纳并利用当地本土文化元素,也就是所谓的本土化执行。即以全球化为标准、同时又适应目标市场特定的生活文化环境促销跨国企业的产品。

其实无论是全球化还是本土化,都不过是手段或者说是技巧而已,两者并不冲突,目的皆是为了更长远、有效地宣扬品牌所蕴涵的文化,于是也就必须以巩固品牌文化为最终落脚点。麦当劳在全球各地的分店都能充分开发利用当地的本土文化资源,用最快捷高效的方式,迅速在当地扎下根。譬如在打入中国市场的时候,就巧妙利用中国人强烈的家庭观念,打出广告语"欢聚麦当劳,共享家庭乐",甚至在店面的装潢上也突显中国的文化特色,让当地人有宾至如归的感觉。到了印度,又配合当地的宗教禁忌,果断地调整了烹饪方式,将用于炸薯片的牛脂肪油换成植物油。和麦当劳相比,Addidas在世界杯期间所做的广告,在本土化执行方面则更显得举重若轻、一劳永逸。两支由世界知名球星组成的足球队,在绿荫场上尽显英姿,片子最后的镜头是一个球员射门。那段时间Addidas在全世界都使用这个广告文案,唯一不同的是,在不同的国家和地区,广告中最后的那个射门总是当地知名的足球运动员。

中国营销研究中心CMC的专家说:跨国公司在中国市场上的主流传播策略是"全球兼顾当地",主要分为两个方式——"全球策略、本土执行"以及"全球观感、本土策略",趋势是"更彻底的中国本土化"。这一点从法国人头马在中国的宣传上就可见一斑,它在欧洲推广时充分结合欧洲人奔放热情的个性,声称"干邑技术,似火浓情"。而到了华人市场,则来了个入乡随俗,一改火一般的激情与浓烈,主打广告语"人头马一开,好事自然来"。这样的主题迎合了华人"讨彩头"的心理,帮助人头马迅速在亚洲市场打开局面。

2. 挖掘文化共鸣元素

社会学家戴维—波普诺在其《社会学》一书中曾通过人类学的比较研究给出这样的结论:"几乎所有的文化都具有相同的社会结构和文化意义

的基础。"它强调的就是人们通常所理解的文化共性,也正是具备了这一条件,人类才得以穿梭于异域,克服各种障碍并共享彼此文化。好的广告创意就在于能够跨越国界,传达普遍都能接受的思想。可口可乐的J. W. 乔格斯认为:"你不会发现一个成功的全球品牌,它不表达或不包括一种基本的人类情感。"跨国企业在做广告跨文化宣传时,除了要刻意地去规避一些文化屏障之外,还可以主动寻找那些人类的共鸣元素,从迥然不同的民族文化中探索出人类共通的东西。其实,只要你去仔细发现,可以找出许多人类共同追求、认可的事物。比如说可以体现在广告文本中的人类所具有的情感——亲情、爱情、友情、运动、博爱、和平、环保;再譬如说所有民族文化都认可的价值取向——自我价值,勤劳勇敢、百折不挠的奋斗精神,人格的不断完善和进取心,这些都是所有民族共同承认和不懈追求的东西。在涉外广告的创作和传播过程中,可以适当地从这些角度出发。试图寻找各国市场都能普遍接受的价值定位,以获得国外消费者的认可。在2001年第30届莫比广告节的评比中,中国广东移动通信公司的广告脱颖而出,获得本次比赛的影视类广告一等奖。这则广告是由广州的一家广告公司创作并选送的,确立的主题是"沟通从心开始"(牵手篇)。这则广告强调了人类共同的价值观,突出了共同的目标——世界和平、对孩子们的关爱。该广告成功地把中华民族尊老爱幼的传统美德融入广告文案中。这是一个成功的广告,走共同价值观的路线,找出所有民族都能够接受的渴望世界和平的主题,适当地展现本民族的文化精髓。值得一提的是,这则广告在那届莫比广告节中的获奖,属于破冰之举,成功地刷新了中国国产广告在国际广告节上"零"的记录。再如"好东西与好朋友分享",这是麦氏咖啡打入台湾市场时的主打广告语,以友情为诉求,试图在当地消费者的心中产生共鸣,激发他们对麦氏咖啡产生好感。实践证明这种方法果然奏效,帮助该产品在台湾以及世界各地的市场打开局面,形成和其强势竞争对手雀巢咖啡平分秋色的局面。在广告投资成本不变的情况下,获得最佳宣传效果。墨西哥烈酒SAUZA的系列广告也借用了文化共鸣,成功地拉近了与消费者的心理距离,来看看它的广告语:

  生活会有挫折,而你的墨西哥烈酒却不会有。你吃到的菜可能会是假冒的,你喝的SAUZA墨西哥烈酒绝对是正宗的。
  生活会有挫折,而你的墨西哥烈酒却不会有。车不是随时随地都可以泊,酒却是随时随地都可以喝。
  生活会有挫折,而你的墨西哥烈酒却不会有。人会老,牙会掉,SAUZA酒却永远是这个味道。

广告传递了对消费者的关怀和理解,唤起其内心的感动,体味到绵绵的体贴与忠诚。

再来看看佐丹奴的电视广告:在美国西部的一个人烟稀少的地方,一位身着中国服装的女子,演奏着中国的传统乐器二胡,几个美国人寻声而来,愉快地倾听。广告词娓娓道来:"佐丹奴,没有陌生人的世界。"音乐往往能够跨越民族的障碍,人们因音乐而结识,在乐声中传递深情。佐丹奴诉求于人类共同的价值观,顺利地使自己的产品进入世界各地市场。

3. 整合文化精髓,促进优势互补

文化整合以文化融合为基础,吸收彼此的精髓,扬弃自身滞后的文化元素,重新构架、整合,在塑造自己的同时潜移默化地改变对方。人们逐渐意识到,只有在他种文化的反衬、比较中,才能更加透彻地认识和丰富自己。Jullian Francois 在其著作《为什么我们西方人研究哲学不能绕过中国?》中强调:"我们选择出发,也就是选择离开,以创造远景思维的空间。在一切异国情调的最远处,这样的迂回有条不紊。人们这样穿越中国也是为了更好地阅读希腊:尽管有认识上的断层,但由于遗传,我们与希腊思想有着某种与生俱来的熟悉,所以为了了解它,也为了发现它,我们不得不割断这种熟悉,构成一种外在的观点。"

法国有一家生产栅栏的中型企业 DIRICKX,它在《联系》杂志上刊登的广告就是中法文化结合的产物,一个金发碧眼的女郎,在乡村的田野间沿着长栅栏的一侧尽情奔跑,而在与之平行的视角中,长城的城墙宛然可见。广告在延续了法国表达模式的基础上,融合了中国文化的标志性文化元素,给人田园诗般的意境之美。

1985年6月美国 IBM 公司在香港《信报》第一版作整版广告,广告吸纳了中国的传统文化符号,使用中国人熟知的孙悟空形象,标题为"足智多谋",广告内容是:"IBM 小型商业电脑系统有如孙悟空一样足智多谋、机智灵活,足以应付迅速扩大业务上的各种繁复需要。"这一广告诉求,巧妙融合 IBM 的产品特点与中国传统文化,让香港人容易理解并接受 IBM 的企业文化。

4. 依托广告,兼用多种公关手段

广告无疑是营销环节中最重要、最有效的方式,不过对于跨国公司而言,为了达到理想的宣传效果,其实还可以不拘一格,在做好广告的同时,使用多种公关手段,让企业的形象在当地消费者心中变得立体、丰满。

张艺谋执导的影片《红高粱》在美国进行评奖展映时,宣传策划人员根据美国人普遍喜欢表现自己和猎奇的特点,别出心裁地在电影展映的影院门口派专人向所有来观看该影片的电影观众赠送一件红色小马褂。

一件价值仅 1.5 美元的小宣传品,获得的宣传效果却出奇的好。一方面,因为美国人喜欢猎奇,对于从没有见过的东西通常都有浓厚的兴趣。另一方面,美国人的性格偏外向,个人表现欲望非常强烈,免费得到红色小马褂后,都马上开心地套在身上。一时间整个电影院变成红色的海洋,看起来就像火红的高粱地,给人们的视觉冲击相当强烈。

可口可乐就擅长走"广告+公关"的路线,既争了名又得了利。它依靠一个"神秘配方"故事书写了该公司的百年传奇;它创造了人们熟知的圣诞老人形象,并成功让这一形象成为美国的标志性文化符号;二战期间,几乎所有和平用途的产业都呈现衰退的态势,唯有可口可乐居然把战争与产品结合在一起。它对外宣称:有盟军的地方,就一定有可口可乐,可口可乐与正义同在,与胜利同在;可口可乐到处散发一种小册子,题为"战争期间最大限度的努力与休息的重要性"。可口可乐似乎一下子变成军需品,它的口号得到政府部门的首肯。在硝烟四起的二战期间,可口可乐创造了年销售量 50 亿瓶的奇迹。近些年来,可口可乐又与时尚游戏《魔兽世界》联手,重拳出击抢滩年青人市场,手段可谓不拘一格。

新闻也是一种可以利用的廉价、含蓄的推销手段,跨国企业常常向媒体透露经营动态,或是让媒体报道企业老总会见某政界高层领导,或由其报道企业发起爱心接力活动向某社会需要帮助的团体献无偿提供援助之类的消息等,其目的也无非是加深其在人们心目中的良好印象。

5. 结语

随着中国加入世界贸易组织,中国和世界各国的商贸交往日益频繁,中国商品凭借着自身低廉的价格和较高的质量,大量涌入国际市场。仅具备价格和质量这两点优势还不够,毕竟酒香不怕巷子深的时代不复存在。可以毫不夸张地说,我们在涉外广告的制作和传播方面面临着空前的挑战。这需要我们一方面正视自己和西方发达国家在广告传播理论上的差异和差距,借鉴国外涉外广告的先进经验,借鉴他们成功的跨国广告运作模式;另一方面,也要积极地探索中国广告的跨文化传播,尽快找出突破口,不断改进广告诉求方式及运作模式,寻求到立足点。广告的跨文化传播的研究属于传播学的热点领域,其研究可以说是刚刚开始。

第二章　跨文化广告传播理论基础 >>>

第一节　跨文化广告传播的信息与效果理论

无论何种文化情境下的广告传播,都要依靠广告语言这一介质。广告语言指介于口语和书面语之间的精心策划的语言。广告语言的特点是口语化、易于传播和记忆。它是广告从业人员精心编纂和组织的文化用语,通常押韵或者带有新概念意义,传递新的消费观念。因此,广告语言具有潮流感,它朗朗上口、容易传播。广告积淀不同历史时期、不同民族文化的精髓,体现该社会的知识、文化、信仰。这些广告语言是文化的一部分,因传承而被一代代人认识和加强。

广告传递商品信息,离不开媒介。广告信息通过传播媒介传递,读者能接收信息并理解其意义。解读广告信息时,由于文化差异,教育水平、年龄层次不同,不同的人会产生不同的效果。

一、信息与效果理论的概念

(一)信息符号学定义

人类创造了符号,用这些符号来进行传播交流。简而言之,人际传播的过程就是符号互动,符号是人际传播必要的介质,离开它,所有传播都难以进行。

所谓符号,就是用来指代另外一个事物的象征物。在一种认知体系中,符号是代表一定意义的意象,可以是图形图像、文字组合,也可以是声音信号、建筑造型,甚至可以是一种思想文化、一个时事人物。按照符号学的观点,人是符号的动物,世界是符号的世界。人之所以异于动物,在于人具有符号化能力,即能用语言符号概念化各种事物。人创造语言及各种非语言符号,用其象征意义来进行沟通交流,在这一点上,人比动物高级许多,人可以灵活运用符号的不同组合带来意义差别。语言是人类社会最重要的符号,人们通过它来进行日常生活中的交流沟通。通过语言,人们可以完完整整地传递信息,传递情感思想。

在一个完整的传播过程中,传播者需要将信息进行编码,通过介质传递给受传者,受传者接收信息后需要解码,在解读信息后,又需要进行编码,将信息解读的反馈内容再传回给传播者,传受双方互为传播过程的主、客体,都要编码和解码。所谓编码,就是将意义或信息转化成符号,就是把意义用语言或非语言符号表达出来。所谓解码,就是将接收到的经过编码的符号还原为信息或意义,也就是理解所接受的语言或非语言符号的意义。传播需要反复编码和解码,对信息或意义交替往复地进行编码和解码。不难看出,编码的信息要能够被受传者接受并且准确解码,双方应对编码符号有共通的意义空间;否则,编码就没有意义,符号也未被赋予完整的意义。

(二)信息符号的局限性

符号学认为,符号本身并没有意义,要被赋予意义。所以,符号只有在与之相关的物体或对象相联系的时候才具有意义。符号是文化产物,是社会习得,代表经验、传统,符号可分为三种——相似符号、相关符号和约定符号。①

1. 相似符号

相似符号指外部形式和内部结构与所象征的事物相似的符号。在公共场合,禁止吸烟的符号就是一根香烟,然后被划了一个叉叉。不能停车的符号就是一辆车被打叉。诸如此类。这有赖于人们对事物的普遍共识,才不会发生信息误读。

2. 相关符号

顾名思义,指与所象征的现象有各种联系的符号。手表上的指针指向表示时间的刻度,或者划个箭头表示前行,这些都是和事物相关的符号。显而易见,这些都必须是人赋予的新含义,否则让人觉得一头雾水。

3. 约定符号

这样的符号与所传递的信息之间无任何联系,仅靠约定俗成。马路上划的一条条白线表示人行道,黄色的线表示要慢行,红灯要停,绿灯要行。这些简单的符号是人们想像出来并约定好的,代表一定的意义,需要大家共同遵守。

这些符号都必须为社会所共同拥有,不管是不是首先约定好,符号都具有

---

① [美]威尔伯·施拉姆、威廉·波特著,陈亮、周立方、李启译.传播学概论[M].重庆:新华出版社,1984:67~72.

抽象性和片面性,用有限的符号来指代无限的世界、无限的意义,很可能会造成理解的不确定性。有的时候很多表达不能够完全体现,符号的表征意义就显得苍白无力,沟通效果大打折扣。小说说不尽人间故事,诗歌道不尽人世情怀,任何一套符号都不能把一个人的全部感觉和内部的所有活动都表达出来。

(三)信息效果差异理论

在现实传播过程中,跨文化广告信息传播涉及翻译问题,且不说翻译的水平、效果如何,单单是文化背景等的差异就会造成传播效果的迥异。在编码解码的二次转换过程中,翻译者的作用不可小觑。

翻译的基本环节包括理解和表达。理解就是解码,从传播者那里获得原语的意义及其承载的文化信息,它以熟悉原语的结构规则和使用规则为前提,因而不能脱离原语的社会文化因素。表达就是二度编码,是带着理解了的信息,用译语在其社会文化语境中进行有效交流,它以符合译语的结构规则和使用规则为条件,不能不与译语所属的社会文化因素相碰撞、相融合。翻译的使命,说到底,是从一种社会文化语境中走出来,然后再进入另一种社会文化语境中去,其表象是构筑符号与符号的转换,实质是联通文化与文化的对话。① 受传者接收的信息有赖于翻译者对信息的二次编码,排除翻译者信息编码的误差以外,受传者自身的水平、思想和角度等也会造成信息的误解和差错,由此,要努力做好每个环节,将信息传递的误差减到最小,保证信息沟通的顺畅。

二、信息与效果理论的实际作用

跨文化传播一词源于人类文化学家爱德华·霍尔,在1959年发表的《沉默的语言》一书中,他将抽象的人类学观念应用于外交实践并延伸到传播学,奠定了研究的基础,逐渐建立以普通传播理论为核心的跨文化传播研究理论。跨文化传播指信息在不同文化域之间运动,它强调信息编、译码中的文化背景因素。

(一)广告中的编码

广告语言应该使信息和实体统一。广告在阐述和解释广告商品时,应该使用最精准的语言,突出产品最新信息,给消费者留下好的印象。广告语言是一门挖空心思的艺术,它要求广告人将广告信息浓缩在最精炼的广告元素中,而且要做到标新立异,不落俗套。

---

① 邓炎昌、刘润清.语言与文化[M].北京:外语教学与研究出版社,1989:1~2.

(二)广告中的解码

跨文化传播中,文化差异会影响信息解读,这些差异造成隔阂和麻烦,形成交往中的障碍。比如,大多数人家里都有"席梦思"床,"席梦思"由英文"simmons"翻译过来,直译的话是"西蒙斯",但由于"席"字与睡的床相关,译为"席梦思"更能被中国人接受,达到最好的传播效果。

值得注意的是,除了考虑一般人们接受的情感因素以外,更要避免宗教上的差异导致的隔阂。许多国家和民族有强烈的宗教信仰,有的东西对于他们而言是不可侵犯的。我们不能冒犯宗教的教义或禁忌,不然会引起不满和公愤。

广告传播的目的是使受众精确地接收广告传达的信息,以在消费者心目中塑造良好的商品形象,催生相关的购买活动。此一过程包括编码和解码两个重要环节,为避免编码、解码造成误差,编码人员应用心谨慎,还应考虑受众信息解码这一环节,预见文化等差异可能造成的信息效果偏差,将失误减小到最少,达到最好的传播效果。

三、信息与效果理论的影响

广告传播效果有狭义和广义两个层次,总体上说,广告效果是广告活动或作品对消费者产生的影响。狭义上的广告效果指广告传播活动取得的经济效果,即广告达到既定目标的程度,通常又叫传播效果和销售效果。从广义上说,广告效果还包含心理效果和社会效果。心理效果是广告对受众心理认知、态度、情感和意志的影响程度,是广告的传播功能、经济功能、教育功能、社会功能等的集中体现。

跨文化广告传播不得不依赖大众传播媒介,大众传播媒介的一个重要功能就是通过对事件扩大或缩小传播的方式来集中或转移公众的关注热点。用传播学的术语来说,就是"议程设置"。议程设置,也称议题设置,指一种过程,即大众传播媒介依据问题和事件的相对重要性不同,将它们进行排序,向公众传播并影响公众对这些问题和事件的重要性的认知的过程。这一理论源于1972年美国的麦库姆斯和肖在《民意季刊》上发表的实证研究报告《大众传媒的议程设置功能》,该报告在分析了1968年美国总统大选的情况后认为:"大众传播媒介具有为公众设置议事日程的功能;媒介所强化报道的题材和事件,会引起人们的重视;传媒的新闻报道和信息表达活动赋予各种议题不同程度的重要性,以影响人们对周围世界'大事'的判断。"[①] 基于这一理论,广告信息

---

① 兰芹.影响议程设置效果的因素[J].当代传播,2002(5):11~12.

一旦传播,不免会造成受众的心理变化。到 20 世纪 90 年代,议程设置理论的核心思想已经扩展为:大众传播不仅决定公众想些什么,而且能决定公众怎么想。受众一旦接受某一个媒介议程,该议程会发展为公众议程。广告传播的新潮消费观念、前卫思想等容易被年轻一族认同接受,这就不难解释为什么年轻人爱喝百事可乐,爱穿匡威运动鞋,爱泡吧,大众传播媒介会对某些消费族群产生重大影响。

但受众是单独的个体,他们对事件或问题的关注虽然受媒介的影响,但也受其知识结构、经历经验及周围群体的意识观念等的影响。所以,不同的人群对广告信息的解读有差异。

由此看来,跨文化广告传播要取得良好的效果,一方面要注意选择传播的信息,使信息与目标受众的知识结构、经历经验和意识观念相一致;也要选择好传播方式,考虑目标受众所处国家和地区的国情和历史,尽可能融入他们的生活方式,避开文化禁忌。

第二节 跨文化广告传播的象征性社会互动理论

互动双方用来交流或交换意义的媒介是象征符号,前提是交换的双方必须有共通的意义空间。共通的意义空间有两层含义,一是对传播中所使用的语言、文字等符号含义的共同的理解,二是大体一致或接近的生活经验和文化背景。顾名思义,作为信息传播的一种,跨文化广告传播与非跨文化传播不同,相对于后者,前者的传播者与受众的文化背景有差异,甚至截然不同。相对于非跨文化广告传播来说,跨文化广告传播的传受两端共通的意义空间比较小,无论是传播的符号还是传播的意义,都有很大的差异。有效利用已有的共通的意义空间进行沟通与交流,以拓展这一空间,加大交流的深度,更有效地传播广告信息,这是跨文化广告传播亟须解决的问题。

一、跨文化传播中的中西文化差异

广告传播中,传播者通过媒体将信息传达给受众,进而引起受众对产品的认识,引发一系列反应。跨国界的广告传播经常受语言因素的影响,对于一般事物,各国语言的表达基本相同,但受文化背景、历史积淀等作用,这个共同的"符号"呈现不同的意义空间,因此,可能造成沟通障碍。优化跨文化广告传播的效果,就要了解不同的文化背景,避免跨文化传播中的误差。

(一)指导思想

中国传统文化倡导家本位,中西文化在指导思想上有重大差异。西方的广告过多注意物质利益,而不是在精神上谋求发展。西方人注重个体利益,中国人则重视集体利益和家庭利益。西方广告多呈现使用产品或者服务能提高社会地位,获得利益;中国广告则提倡和谐、统一、节俭、实用。

中华民族历经了数千年发展,在农耕社会时期就形成以家庭为基本单位的社会模式,所以中国人的家庭观念和集体观念相当重,人们讲究长幼有别、尊卑有序。中国人有极其浓烈的家国情结,这是中国文化一部分,当然也体现在广告中。国内一些成功的广告往往懂得满足消费者文化心理上的需求,南方黑芝麻糊的广告就是典型案例。

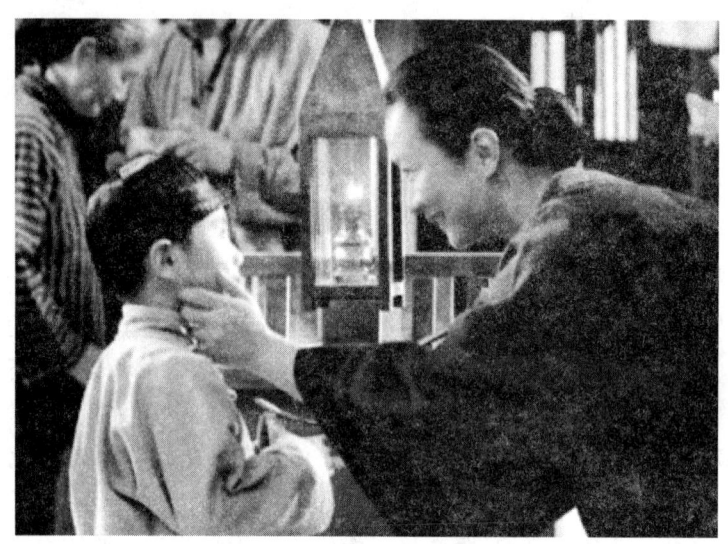

图 2-1　南方黑芝麻糊广告

在一个古朴的南方小镇,幽暗昏黄的灯光下传来一串悠长的叫卖声:"黑芝麻糊哎……"接着呈现回忆的场景,引出小时候大家都可能经历过的情节:一个清代服饰的男孩儿在街头卖芝麻糊的摊边忘情地吃着黑芝麻糊,吃完以后把碗底舔得干干净净,还痴痴地贪婪地望着锅中的黑芝麻糊。慈祥的老板娘充满爱怜地摸摸孩子的头,又把满满的一勺黑芝麻糊舀到孩子碗中。在这温馨的气氛中,广告主题脱颖而出:"南方黑芝麻糊,抹不去的回忆。"这则广告获奖无数,它的成功就在于它的定位:"受众与广告间产生了共鸣,属于情感定位。"这个广告与美好的怀旧情愫缝合在一起,消费者闻不到一丝商业气息,沉浸于精心制作的画面中,从而产生认同,自然记住广告推销的商品。国外广告人看了这则广告,却是一头雾水,因为他们不了解中国传统文化。广告中心画面里,小孩舍不得放下碗而不断舔碗,镜头用了大特写,使主题展示令人动情,芝麻糊的卖主给小孩添一勺的镜头进一步强化了观众心中情感的泛动。这是中国人节俭的传统美德,跟西方倡导的奢侈享受背道而驰,所以他们无法理解。

果珍饮品的广告也以妈妈总是给家人调制最好的饮品为主题,强调"家"的温馨,呈现中国广告文化中的家本位、集体思想。家纺广告、厨具广告等也喜欢这一手法。

(二)主要特点

中华文化上下五千年,历史久远,博大精深。中国的传统文化强调,人是自然的一部分,人与自然是统一的整体,是自然协调、平等相处的关系,他们和谐地并存发展。中国人推崇儒家思想,他们重视亲情、友情。在世界各个民族中,中华民族最重视家族观念和团聚。只有中国才有中秋节、元宵节、重阳节这样的节日。一则经典的月饼广告说:"在哪里,中国就在哪里,每一个人都见过月亮,但并非每一个人都像中国人一样,懂得欣赏月亮。皓皓圆满的美景,懂得向月亮遥寄相思、寄语深情。事实上,也只有中国人才为月亮庆生,在月亮最圆的日子,举杯邀月共祝月圆人圆。赏月的确是中国人独有的浪漫,中国人因月亮而浪漫多情,月亮因中国人而倍添风韵。我们不必在意中国往哪里去,因为月亮在什么地方,什么地方就有中国。美心月饼——将最好的给最好的"。将这则广告翻译成外语,传播给国外的人,他们未必能体会中华民族节日的传统意味。

与中国传统文化倡导和谐统一相反,西方的文化强调竞争和个性突出。西方文化是多元、求变的,在多样性和多元论的指导下,西方的广告崇尚自由,张扬个性,突出特立独行。

例如,大众高尔夫广告文案说:"One of these days, you'll be sorry didn't buy a Volkswagen. Golf Edition. From 25310。"翻译为中文是:"您将会后悔没有买一部大众汽车,假如你有一天落魄了。"文案暗示,买了大众车就不会导致落魄的情况出现,大众车可以帮助您达到成功。广告强调个体对于成功的追求。红旗轿车的广告文案说:"红旗轿车,高扬中国民族轿车领军旗帜,纵情挥洒威仪天下的国车风采,以45年搏击时代潮流的强劲实力,独树一帜,卓然不凡。红旗轿车,禀赋伟人之志,承载重任于肩;以安全为重,以动力为健,以品质为利,以气派为魄;经久历练,独领风骚。红旗轿车,携手当代精英智士,始终与时代比肩!"广告传递出开红旗轿车体现国家和权威,几千年封建制度造成对君主的崇敬和敬畏,反映到今天就是对政府部门的敬畏。与大众汽车的广告相比,红旗轿车广告突出民族或团体对于某种思想的共识,不像西方广告突出个体的利益取舍。

可口可乐曾经在美国可乐市场占据半壁江山,百事可乐只能望其项背,但百事可乐没有找到好的竞争定位。后来,百事可乐开辟了一片年轻人的新天地,提出"百事可乐,新一代的选择"。百事可乐的本意是与可口可乐争夺市场,但其广告语"新一代的选择"不仅划清了与可口可乐的界线,而且暗示年青一代应该与父辈、祖辈们不同,应该摒弃旧的选择,走自己的路。

(三)表达内容

西方人的祖先在克服恶劣的地理和自然条件过程中求得生存发展,他们有强烈的生存忧患,所以他们有强烈的探索动力,西方文化强调科学与探索。中华民族在相对优越的自然条件下生存发展,所以注重自然和谐、修身养性。因此,西方广告多数体现冒险和探索精神,告知人们世界的未知和精彩,鼓励尝试和不怕失败。中国广告总体上求稳,体现感孝,追求喜乐和圆满。

西方许多广告表达时尚、探索和前卫的个人主义色彩。尤其是运动品牌广告,如阿迪达斯、锐步、耐克。耐克的广告语"Just do it"简明却响亮,"想做就做"是西方人推崇的进取观念,其实这句广告语与产品并无太大的关联,却迎合西方消费者的心理。其品牌给了产品很精准的市场定位——从青少年入手,他们是新兴成长的一代,他们身上具有年轻的运动气息,思维活跃,想像力丰富,充满梦想。年轻拼搏的人们穿了耐克,更加有动力去完成工作和梦想。广告传达的意义将消费者带入耐克的精神世界,使耐克成为运动强势品牌,不单代表运动鞋,更代表体育运动,代表运动文化,代表勇于挑战的精神。

中国广告,内容上多为安静、美好及团圆的篇章。例如,孔府家酒的广告语为"孔府家酒,叫人想家",这句简单的广告语让消费者产生共鸣。高炉家酒的《家好月圆篇》也有异曲同工之妙。中秋佳节,家人围坐一起,赏月吃月饼,那种安静和谐的亲情氛围非常浓厚。画面选取远山和明月做背景,黄色的月亮象征安逸、祥和的氛围,"举头望明月,低头思故乡",还有什么比月亮更能勾起人们对故国故乡的浓郁思念呢?文字部分,主要考虑呈现中秋意境,以引起消费者的共鸣,"情满中秋,家好月圆"这一广告语巧妙地把产品与团圆融合在一起。

另外,中国广告也关注家人身心健康,儿童止咳糖浆、感冒药等药品的诉求往往针对妈妈等长辈,告知他们要用药来呵护宝贝,只有家人健康快乐,才是大家的快乐。这些广告强调总体的利益,而不只是关注自身。中国国民的心理结构以"仁"、"务实"、"忍耐"为基本内容,形成特有的文化心理,具体表现为大统一观念——重权威、轻事实;从众心理——重群体、轻个体;人情至上——重道德、轻效果;平均主义——重搭配、轻竞争。

最典型的例子就是长虹彩电的广告,长虹彩电委托奥美进行广告策划,希望全面提升企业形象。奥美公司沿袭一贯作风,先进行市场调查,然后进行方案研究,最终进行广告投放。令人惊奇的是,广告效果收效甚微。究其原因,就是他们在为中国本土产品进行广告传播的时候未考虑本土受众的接受程度,他们一味创作很高雅的广告,却未迎合现实消费者对于彩电的要求,最终曲高和寡。无奈之下,长虹取消与奥美的合作,重新制作投放大鸣大放的叫卖式广告。西方人的心理结构较复杂松散,他们的抒情方式比较符合其心理特征,中国人比较传统本分,注重彩电的实际功用,彩电广告诉求突出实际功效更有说服力。

(四)体现方式

在跨文化广告传播中,我们看到文化的不同和多样,因此,其广告也有很大差别,表现方式也有差异。人们处于不同文化中,思维方式也不同,思维方式是对人类文化行为起支配作用的稳定因素。广义地说,逻辑思维包括人类的一切认知形式,即通常所说的感性认识形式——感觉、知觉、表象和理性认识形式——概念、判断、推理。狭义地说,它是理性的思维方式。西方人注重理性思维,中国人重视直觉思维。

中国传统文化以儒家思想为正统,重视人、倡导德。儒家对"仁"的强调,对"礼"的推崇以及"和为贵"等主张,都是为了协调、规范和平衡人际关系;在个人修养上强调修身、齐家、治国、平天下;在谋事方面强调天时、地利不如人和。中华文化的核心是人。所以,中国传统文化推崇直觉思维。儒、道、释等都注重直觉思维,使之成为中国传统文化中占主导地位的思维方式。

西方人崇尚理性主义,他们的思维更有逻辑性。牛顿的经典物理学、爱因斯坦的相对论等通过理性思维辩证地对待事物,讲求客观、冷静地对待世界,力求认识的客观性和实用性,而且善于按照已知来推导未知的世界,精密得滴水不漏。

为了传达"电信沟通,心意互通"的理念,中国电信不惜用五个不同的生活片断:沟通就是关怀(父与子篇),沟通就是爱(矿工相亲篇),沟通就是分担(夫妻吵架篇),沟通就是理解(父与子篇),沟通就是尊敬(老师与学生篇),直接、明白地告诉消费者,电信拉近人与人之间的距离,方便了人与人之间的沟通,电信可以使人心意互通,你我之间没有距离、没有芥蒂,只有真情真意流动。

这则广告片运用多个生活场景,耗时甚长,不惜笔墨,不惜成本,目的只有一个:直接、清晰地把广告理念传达给受众。这则广告的创意思维方式是直觉思维,既符合中国传统文化的思维方式,也符合中国受众的文化习惯,在"传情达意"的同时收到良好的广告效果。①

美国的电信广告巧妙地运用了一个生活细节:打哈欠。一名男子走在街上不经意地打了一个哈欠,不远处一名女子跟着打了一个哈欠,接着一个老人也受到感染似的打了一个哈欠,更为有趣的是连老人手中牵着的宠物狗也不例外地打了一个哈欠。文案一语道破天机"communicating is very simple"(沟通其实很简单)。打哈欠本是平常的生理现象,通过西方广告人的逻辑思维加工,由个别引出一般,打哈欠会感染周围许多人,连动物也不幸免。沟通就像打哈欠这么简单,只要你愿意,你可以随时随地与他人沟通。②

二、跨文化传播中的语言翻译

我们每天都要使用语言来进行交流和沟通。语言是人类最重要的交际工具,其在跨文化广告传播中的位置尤为重要。人们借助语言保存和传递人类文明成果,语言是民族的重要特征之一。一般来说,各个民族都有自己的语言。汉语、英语、法语、俄语、西班牙语、阿拉伯语等是世界上主要的语言,也是联合国的工作语言。汉语是世界上使用人口最多的语言,英语是世界上使用最广泛的语言。

据有关资料统计,全世界共使用5651种语言,书面语言有1000多种。按被规定为官方语言或通用语言的国家数目来说,英语占第一位(约44国),法语第二(约31国),西班牙语第三(约22国)。丰富的语言体现了色彩斑斓的文化,但也带来沟通的不便。

语言是思维工具和交际工具,它同人们的思维有着密切的联系,是思维的载体、物质外壳和表现形式。语言是被赋予特殊意义的符号系统,以语音为外在形式,承载特定意义内容,有着语音和语义规律构成的体系。语言是一种社会文化现象,是人类最重要的交际工具,是人类保存认识成果的载体。语言是人类的创造,只有人类有真正的语言。虽然很多动物也可以发出声音来进行语义等的传递,但它们都使用固定的程式,没有变化出各种实际的意义,所以动物和人的声音是不同的。只有把无意义的语音按照各种方式组合起来,成

---

① 赵静.广告英语[M].北京:外语教学与研究出版社,2003:98~102.
② 冯建民、许丽红.略论中西广告文化差异及其翻译策略[J].呼和浩特职业学院学报,2009(4):25~27.

为有意义的语素,再把为数众多的语素按照各种方式组合成话语,用无穷变化的形式来表示变化无穷的意义。这样才是真正的语言。

进行跨文化传播时,最需要借助于文字的翻译来交换传递彼此间的意义。进行跨文化广告传播时,浓缩精炼的语言考验翻译者的文字功底,一个字眼不够精确,就会造成传播效果大打折扣。因此,翻译时要注意以下几个问题,避免误差,增强效果。

(一)翻译者的自身理解造成解码失误

一般的传播过程分为传播者的编码和受众的解码,跨文化广告传播在上述过程中间添加了翻译者的解码和编码过程,本来一般的受众解码就容易产生误解导致传播障碍,再加上翻译者的这个解码编码过程,误差机会更多。所以,我们要非常仔细地进行翻译工作,不要造成二次误差,不然就会与原来传达的意义相去甚远。

在理解原文的基础上忠实地传达广告传播的信息,这是广告文案翻译者的必要准则。很多广告由于翻译误差造成笑话,例如,肯德基在翻译标识语时就出现错误,"finger licking good"意为"吮指留香",却被译成"吃掉你的手指",这简直是骇人听闻。百事可乐公司的宣传口号"Come alive with Pepsi"(与百事一起动起来)在译成德文之后暗指"从坟墓中复活",德国人不去买百事可乐就不足为怪了。法国一家卖发油的公司在英国的马路旁竖起巨大的广告牌,上面张贴着著名男影星的照片,头发飘逸飞扬。上面有一句广告词,法语本意想说"新产品使干发生辉",但翻译成英语之后,广告词变成"The new product puts living things into dry hair",意指"新产品使干发生虫"。过往的英国人对此指指点点,试问谁会对这样的产品感兴趣呢?① 这样翻译出来的广告,很显然严重扭曲了策划人的本意,翻译人员没能正确理解原文而草率处理。

(二)文化背景差异与广告传播

各国的文化都有其自身特定的内涵,深刻了解不同国家的文化内涵对于跨广告传播是很有益处的。比如,我们都知道国产的电池品牌白象电池,它在进军国外的时候,取的英文名字是"white elephant",照理说这样翻译完全没有问题,可是深刻了解英国文化的人就知道毛病在哪里——"white elephant"在英文中有一个特别的含义——"大而无用的东西",身处英文国度,看到这样

---

① 陶岩.广告传播中的语言和文化的障碍与跨越[J].上海理工大学学报(社会科学版),2002,9(3):48.

的一件产品,有几人会去购买?

这些语言障碍不是不可以消除的,有些可以被巧妙地化解,甚至营造出非同一般的效果。举个例子来说,风靡全国的碳酸饮料可口可乐,除了独有的15种神秘配方的吸引,还因为它有一个无可比拟的中文名——可口可乐,这个朗朗上口的名字一直被认为是翻译得最好的品牌名之一,不但保持了英文的音译,比英文更有寓意。可口可乐4个字生动地暗示产品给消费者带来的感受——好喝、清爽、快乐,就是"可口亦可乐"。让消费者胃口十足,"挡不住的感觉"油然而生。也正因如此,可乐逐渐成为品类的代名词和行业标准,今天的碳酸类饮料便由此得名。

1886年,美国亚特兰大市的药剂师约翰·潘伯顿无意中创造了可口可乐,为了给这样一个新发明取个好听的名字,他费劲了脑筋。他的助手会计员罗宾逊是一个古典书法家,给了约翰一些意见,他认为有两个大写字母C会很好看,因此就采用Coca-Cola作为这个奇异饮料的名称。此后,这种饮料在美国风靡起来。

上世纪20年代,可口可乐从美国越洋到了上海,为了印合当地人的要求,于是将Coca-Cola翻译成中文,叫"蝌蝌啃蜡",听起来着实有些奇怪,被接受状况可想而知。这让可口可乐专门负责海外业务的出口公司的高层人员很伤脑筋,于是他们公开登报悬赏350英镑征求译名。身在英国的上海教授蒋彝以"可口可乐"4个字击败所有对手,拿走奖金。350英镑的成本换来今天在中国数十亿元的销售额,实在令人震惊。这里不得不归功于跨文化广告传播中的翻译准确性和结合本土的创意发挥了。

鉴于这样的成功案例,很多洋品牌进入中国时都想把品牌名翻译得恰到好处。比如汽车中的Benze最初来到中国的时候被翻译成"笨死",听起来就觉得很可笑,香港人把它翻译成"平治",这样的翻译也只能算是勉强,直到有了"奔驰"这样的翻译,不仅是最贴切的译名,还能让人联想到开着这样的车在宽广无垠的道路上飞奔的轻快感。"宝马"体现了"汗血宝马"的寓意,实为精妙。

语言往往与文化相关,要想取得良好的传播效果,就要在传播中颂扬人类共同的积极正面的文化含义,这样才能被不同的人群所接受,产生共鸣。公益广告,内容涉及戒毒、节水、植树绿化、义务献血、预防艾滋等,不管翻译成何种语言,在何种文化中,都可以得到认可和接受的,因为这是全人类都需要迈向的目标。公益广告就是另一种广告文化,通过跨文化的传播,用这些赞扬人性的积极内涵引起人们的共鸣,用人类共有的优秀品质构成社会的主旋律。

第三节　跨文化广告传播的媒介传播理论

一、基于媒介的大众传播模式

跨文化传播可以理解为信息在不同文化区域之间的传递交流。信息可以是各种各样的,按照信息传递的各种路线进行传递。因此,我们可以把信息的这种流动方式看作大众传播的一种类型,将信息具体到商品信息。跨文化传播属于大众传播,我们可以从大众传播的层面来分析跨文化传播如何进行,它自身有哪些特点。

跨文化广告传播就是将本来属于某个区域和国度的商品信息传达到国度和区域以外的范围,并且要做到让区域以外不同认知的人们接受这样的商品信息,产生相关的购买动机和行为,完全接受直至融合。不管是跨区域还是跨国度的,都不是信息单一的直线型传递,而是各种因素相互作用、相互影响的结果。

下面简要解说跨文化广告传播的几个主要过程。

（1）广告主将信息和意图授意给所委托的广告制作单位。无论是选择在目标文化地的还是本地的,应考虑需拥有跨文化背景和经验的广告制作单位。

（2）广告制作单位依源文化以及对目标文化的了解和认识进行编码,用广告形式反映广告主的意图。

（3）广告方选取适当的媒介渠道将广告信息发送给目标文化受众。这一传送过程会受到噪音的干扰。

（4）目标文化中的受众接到广告信息后,依照本文化的价值观、思维方式、风俗习惯等解码系统对广告进行理解、认知、记忆,最后采取行动。然后作出反应(释码),又将对来自源文化广告信息的解读和反应用自己文化的编码系统进行编码。

（5）来自目标文化的反馈信息通过各种渠道向源文化地发送,这一过程也受噪音的干扰。

（6）源文化的广告发出方(包括广告主和广告制作单位)从不同的渠道接收到来自目标文化受众对广告的反应,依照自己的文化解码系统进行解码,这一过程中,来自目标文化的信息可能被改变,然后,广告方又按照本文化编码系统将广告进行改进并发往目标文化地。

以上过程组合起来便是跨文化广告传播的完整流程,这个流程并不是经过一两次循环便可以达到两种文化的完全融合。①

上述跨文化广告传播由繁复的过程构成,这些过程都离不开媒介。在跨文化广告传播的过程中,媒介的作用是关键性的。自从工业社会一开始,西方的文化霸权在很大程度上体现为传媒的霸权,CNN、BBC 等英语传媒机构操纵了整个世界的话语权。因此,跨文化传播要想取得意想不到的结果,就必须要掌握好媒介的重大作用。

二、媒介发达带来的新发展

广告作为信息传递的形式,不仅仅传播商品信息,还推销观念、文化,甚至促成消费。广告传播不再像从前的简单叫卖,而是采用更高明的手段,通过信息传达某种意识,潜移默化改变人们的生活和思维,从最初的纯经济现象和商业行为逐步成为席卷全球的商业文化。经济全球化造成文化的全球化,大众媒介扮演着重要角色。

消费文化最早出现于西方社会,随着工业社会化而产生。跨国公司不断发展,需要向全世界渗透,跨文化广告的传播扮演核心角色。跨国公司依靠其品牌优势,借助广告宣传,将其消费文化带到全球各地,其间,媒介显示强大的威力。

(一)媒介是工具和载体

跨文化广告能够缩小产品生产、销售的时空距离,将产品最新最快地告知消费者。跨文化广告也是文化的际间融合,它与现代传媒结合,产生强大的辐射能力,传递商品品牌信息,同时体现企业文化和品牌融合力。商业经济迅速发展,社会就像一条紧紧套牢的绳索,媒介是绳索上的环扣,将企业的产品、品牌信息和消费者的消费观念、消费行为、消费方式等串在一起,少了这个环节,社会经济就像断了线的珠子。

(二)广告是手段

广告传播会将观念和思想传达给消费者,使消费符号成为主流,引领人们的消费生活。在跨文化广告传播中,西方发达国家通过广告将资本、技术等带给稍欠发达的国家,同时传播自己的消费文化。在这个意义上,广告传播也是文化渗透。通过媒介宣传产品企业,让不同地区的产品互通有无,思想文化也

---

① 孙慧英.广告传播中的跨文化思考[J].当代传播,2004(2):68~70.

同步地交流。美国评论家波特认为现代广告功能已不仅局限于经济领域:"广告对社会的影响,目前已发展到可以与拥有悠久传统的教会和学校相匹敌。广告支撑了各种媒体的发展,在大众兴趣的形成上也起到了很大的作用,可以说,广告已成为当代重要的社会组成部分。"[1]

(三)广告扮演着意见领袖的角色

跨文化广告传播促成消费文化的盛行。消费文化包括物质消费文化、精神消费文化和生态消费文化,它是社会文化的重要组成部分,是人类在消费领域创造的优秀成果,是社会文明的重要内容。政治制度、经济体制、经济发展水平、人们的价值观念、风俗习惯、居民的整体素质等都对消费文化有重要的影响。

消费文化的核心是对消费者的引导和操纵,要达到这一目标显然离不开大众媒介。广告通过大众媒介将各种信息传递给消费者,让消费者沉浸在无止境的新产品潮流中,不断产生购买欲望。广告发挥大众传播功能就要履行指导消费行为的职责。

三、受众的自身认知不同影响跨文化传播的效果

跨文化广告传播属于大众传播的一种,在大众传播理论中,受众给予的反馈最为关键。从传播学的 5W 模式来分析,跨文化广告传播"谁、说什么、通过何种渠道、给谁、取得何效果"五个环节中,涉及文化因素的主要是第四个环节,即对受众的分析,其他环节都取决于传播者对受众所属文化的了解程度。

下面是影响受众广告信息接受程度的文化要素:[2]

(1)认知体系。认知体系是一个文化群体的成员评价行为和事物的标准,它由以世界观和价值观为核心观念的一系列观念构成,包括感知、思维方式、信仰、宗教、艺术、伦理道德、审美观念。

(2)规范体系。规范体系指社会规范,即人们行为的准则,它包括明文规定的准则和约定俗成的准则。这些准则规定了文化群体成员的活动方向、方式和样式,是文化群体为了满足需要而设立或自然形成的,是价值观念的具体化。

(3)社会关系和社会组织。社会关系是人们在共同生活中彼此结成的关

---

[1] [美]梅尔文·L·德佛勒、埃雷特·E·尼斯著,颜建平译.大众传播通论[M].华夏出版社,2003:78.

[2] 关世杰.跨文化交流学[M].北京大学出版社,1995:16.

系,社会组织是实现社会关系的实体。一个人所属的家庭、单位、宗教、政党等都是他的社会关系和社会组织。

(4)物质产品。物质产品指经过人类改造的自然环境和创造出来的一切物品,是文化具体有形的部分,它既有实际用途,又含有一定的文化价值。

(5)语言和非语言符号系统。这是人们借以沟通的工具,它是文化积淀和储存的手段,是不同文化间沟通的最外在的明显的障碍。语言符号系统包括书面语和口语,非语言符号系统则包括各种体语,有些人称之为集体意会。同一文化中的成员,互相能正确解释他人的非语言符号含义。比如表示"OK"的手势,群体的人能正确理解为"好的""可以"等类似意思,但另一群体的成员会理解成其他含义。同一非语言符号,不同的群体会有不同的解释。当然,也有些符号是经过规范的国际通用语言,如海军用的旗语。

第四节　跨文化广告传播的文化差异理论

一、文化差异

本民族地域的人们对于自身的文化接受和认同度明显高于对其他地域和民族的。语言是不同文化间交流的主要工具,但有的文化间连相互对应的语言词汇也没有。举个例子来说,中国文化中的功夫,包括八卦掌、各类拳法,不同的动作对应的称呼就有好几个,但英文中或者其他语言中不存在这些东西,就很难翻译。在中国文化中,乌鸦是很不吉祥的动物,但有些国家的人却认为是幸运的象征。此类情况还有很多。

二、价值观不同

价值观念系统或价值体系,是跨文化广告传播研究的核心领域。每种文化都有其特有的系统,其中就包括价值观念。

价值观是社会成员用来评价行为、事物以及从各种可能的目标中选择自己合意目标的准则。价值观通过人们的行为取向及对事物的评价、态度反映出来,是世界观的核心,是驱使人们行为的内部动力。它支配和调节一切社会行为,涉及社会生活的各个领域。价值观是人们对社会存在的反应,人们所处的自然环境和社会环境决定着人们的价值观。处于相同的自然环境和社会环境,就会产生相同的价值观,这些价值观会引导群体成员产生同样的行为模式和价值标准。价值观并不是天生的,而是后天形成的,因此价值观受人们所处的国家、地区的影响,普遍带有地域性特征。所以,价值观带有浓厚的人文主义色彩。

中西方文化有差异,中西方价值观也不同,体现在广告中也有差异。中国人历来重视"面子工程",所以"今年过节不收礼,收礼只收脑白金"的脑白金凭着响亮的广告语,敲开了千家万户的小金库。外国人来看这个广告却丈二和尚摸不着头脑。相较而言,西方人是外倾的性格,更注重产品广告的外在形式,讲究视觉效果。如国外的一则汽车广告,广告宣传产品的安全性能高,画面呈现男朋友对其女朋友的不忠,这个女朋友决定甩掉这个男朋友,提出分手之后,她就进了一辆汽车,扬长而去。整部广告并不介绍汽车性能,但广告结束的时候推出广告主题:安全。刚开始看到这则广告有点不解,仔细想想才反应过来,觉得非常巧妙。这就是中西方差异导致的。经常听到有人说,西方的广告很含蓄,有的时候很难理解,需要仔细推敲才能豁然开朗。把握不好受众的理解能力和背景差异,就可能造成传播的失败,广告达不到所要的效果。因此,在不同的地区投放同一商品广告需要考虑各种因素,采用不同的广告策略。在这个方面做得比较好的要属宝洁,其不同产品在不同地区投放时充分考虑当地的情况,所以传播效果一直都很好。

(一)价值观差别

1. 集体主义和个体主义

处理人与人、人与社会的关系时,中国人重视和谐,讲求集体之间的配合协作,强调服从秩序,主张妥协和宽容,因此中国人以集体主义为价值取向。中国的广告注重社会责任与义务,重视个人的修身养性,以此来求得整个社会的和谐与完善。中国的广告大多反映人们的群体和集体观念,强调整体,突出家庭和亲情。外国广告以个人为价值取向,重视个人的奋斗和利益,突出自我,强调个体的独立和主体作用,重视个性的张扬和表现。截然不同的价值观念造成中外广告创作和接受的不同态度。

国内的广告,多以国、家情怀和亲情、友情、爱情来打动消费者,激发起他们心中的情爱和温情,最后"以情制胜"。中国的药品广告,比如儿童止咳糖浆,广告诉求一般都是药品用对了,小孩儿健康了,整个家觉得安宁美好。广告语通常是"爱心妈妈,呵护全家",而不是"用了此药,药到病除"。其广告以家为单位,一荣俱荣,一损俱损。西方广告大多追求大胆新颖、不拘一格,表现个人主义和张扬个性。但进入中国时都注重本土化,根据中国的文化价值取向重新设计，以符合中国人的价值判断和喜好，最典型的莫过于可口可乐的广告。在美国，可口可乐的广告突出个人的自我享受和愉悦之情。画面上经常出现年轻人喝着可乐尽情享受生活的情景，到了中国，却完全中国化，画面改用具有中国特色的民俗和吉祥物，突出众人共同享受、共同快乐的集体主义情趣。可口可乐在春节推出的广告，其广告场景是小孩过节不回家，爸妈很寂寞，孩子偷偷回家给爸妈惊喜，拿出可口可乐全家畅饮更添节日气氛，充分展示"独乐乐，不如与人同乐"的传统文化精髓。

西方自古崇尚英雄主义，强调个人的独立和主体的利益，重视个性的彰显。古希腊文化和基督教文化中有很多神的故事和英雄传说，但是其所塑造的神并不重视亲情、友情，比如在古希腊、雅典的神话中，充斥着搏斗、竞争，为了权力之争他们不惜牺牲自己的亲戚、朋友和爱人，通过婚姻谋取政治利益，甚至杀父娶母，神话传说中往往血腥杀戮并存。为了取得个人利益的实现，为了一时的利益之争，为了名垂青史，上演了一出出与人性相背离的戏码。从古到今，英雄主义的表现比比皆是。尤其是现代的美国人，极其崇尚个性、追求自由。在这种文化的熏陶下，广告创意也突出个性，宣扬英雄主义。万宝路香烟广告中：美国西部牛仔穿着随意，目光深沉、浑身散发着粗犷、原野、豪迈英雄气概的男子汉，袖管高高卷起，露出多毛的手臂，手指间总是夹着一支冒着轻烟的万宝路香烟，跨着雄壮的高头大马，驰骋在辽阔的西部大草原上。广告人物个性鲜明，充分展现个人主义和英雄主义气质，因此赢得人们的广泛赞誉。

虽然中西方有差异，但中国还是受西方的影响。从90年代开始，中国人就喝着"洋饮料"。从雪碧开始，"透心凉，透新亮"，到现在的可口可乐"要爽由自己"，青少年接受的是与传统集体主义不同的个人主义，这种价值观对青少年产生很大的影响。从中可以看到西方文化在中国的传播和蔓延。

2. 含蓄与奔放

中国人比较内敛，做事情讲求含蓄，他们不喜欢直截了当；西方人却崇尚直接奔放，这与中国人的文化有不可磨灭的关联。中国人自有一套伦理道德，一代一代的传承使国人习惯于含蓄而委婉的表达。表现在广告中，不会直接切入正题，而要先做好铺陈，渲染氛围，然后逐步引向主题。金日心源素胶囊的广告中，儿子想要报答父亲的恩情，一直犹豫送什么给父亲，在父亲的房间门口一直徘徊，几次想要敲门都又犹豫不决，很想叫喊父亲开门，话到嘴边又咽下去。画面向观众呈现的就是很为难，因为中国人面对父母的时候总会考虑尊卑问题。广告画面中的那些微妙情感在受众心里产生共鸣。父亲突然开门，站在门口还在犹豫的儿子欲言又止，送上礼品金日心源素胶囊，然后说了句"爸爸，我爱你"。此时的父亲早已感动得泪盈满眶。这则广告把很多中国人想要表达而羞于表达的为难体现得淋漓尽致,显得很有人情味,广告产品大为畅销。

驻足街头,可以看到许多大型广告牌,矗立在各种建筑物上面,吃、穿、用不一而足。Swatch 这样的著名品牌,产品广告表现手法采用前卫理念,打造时尚气息。通过人体造型和文身将产品设计出曲线,广告图片也对比人体和手表,夸张的设计充分展现西方人对于时尚的追求和人性的奔放、自由。

(二)价值观差异需要注意的一些禁忌

中国文化相对保守传统,与西方开放的文化传统截然不同,中国文化中有许多不能逾越的界限和禁忌,西方人喜爱的元素和情节不能出现在中国的广告中。

1. 有关国家的尊严

在中国人眼中,与国家尊严相关的东西都神圣不可侵犯,也就不可以出现在广告中。例如,国歌、国旗和国家领导人都不能出现在广告中。但在西方人眼中,这些都不必避忌。西方人认为,即便是总统,都可以拿来开涮。最近,美国总统奥巴马的夫人就频频出现在各大社交场合,还成为时尚摄影师灯光底下的新宠儿。这在中国就很难想像。中国的领导人不会随便抛头露面,常人很难见到国家主席夫人。国家领导人一般都是权威尊严的代表,不可随便戏谑。

在美国,香水和时装广告经常用国旗为表现因素,以展示民主、自由、奔放,把国旗看成思想符号。广告的跨文化传播应把握好这些细节,否则不能获得预期的广告效果,反而会引起消费者的厌恶。

2."性"元素的使用

西方人比中国人开放,西方人"性"方面的尺度很宽泛,性观念也很开放。中国人历来保守,因此,中国人很难接受西方广告中过于开放的性元素。

我国《广告法》规定,广告要宣传健康文明的内容,"禁止播出带有色情和性暗示内容的广告"。中国人一直把性话题看得很隐秘,很少公开表达。西方广告经常大胆直白地拿"性元素"来大做文章,某则香水广告公然宣称:一滴是为了美;两滴是为了情人;三滴则足以招致一次风流事。直接拿"性"来大作文章,这和西方人的幽默分不开,西方人认为这样说"性"只是玩笑,并不会惹人遐想。但在中国,这会引起轩然大波。汇仁肾宝做过类似的广告,一句"他好我也好"被广为流传,却也引起消费者的质疑和反感。

3. 民族图腾和象征物

除了《广告法》规定的不能出现在广告中的元素外,使用和中华民族密切相关且被赋予特殊意义的物品时也应格外注意,石狮子、龙、黄河、长江、天安门、卢沟桥等及一些宗教元素,都被赋予深刻的含义,应慎用。

在中国人的心目中,龙象征吉祥,长江、黄河等是国家和民族的命脉,这些都代表国家和民族,表现不恰当会伤害消费者的感情。其他国家也有不容侵犯和随便使用的禁忌元素。

2004年9月,《国际广告》在第48页刊登了这样的一幅平面作品:一个中国古典式样的亭子,两根立柱上分别盘旋着一条金龙,左边一条龙盘旋向上;右边那条龙和柱子颜色却很光亮,可是这条龙却从柱子上滑了下来。创意者显然是用广告来形容柱子和龙刷过立邦漆后都变成奇滑无比,以至于金龙从柱子上"滑"下来。

广告附加评价:"这是一个非常棒的创意,非常戏剧化地表现出了产品的特色。"网友却不以为然。众所周知,立邦漆是一个日本品牌,"立邦"在日语里就是"日本"的意思。在《国际广告》杂志刊登广告《龙》之前,日本"霸道"汽车的一则"狮子向霸道车敬礼"的风波刚刚平息,然而,立邦漆广告《龙》又一次挑动了国人脆弱的神经。一位网友率先责问:"我们中华民族的象征——神圣威武不可侵犯的中国龙。中国龙在这里扮演了一个小丑,一个不光彩、受欺负的角色!"这位网友最后严正要求"立邦公司向中国人民道歉"。随后很多网友对此进行了跟帖和转帖,绝大多数网友表现出同样的愤慨。

网友的反映令《国际广告》杂志和立邦漆的广告代理李奥贝纳广告公司广州分公司始料不及。为平息民众的不满,李奥贝纳北京分公司公关部就此事发表声明,称:"这个广告是为立邦涂料广东有限公司生产的木器清漆设计的。这种油漆的最大特点就是保持木器表面光滑,防止产生小刺。广告希望借用夸张手法来表现产品功能";"这则广告是在李奥贝纳公司内部每季'全球广告评审会'上展出的";"在创作过程中,我们曾经征询过公司以外人士的意见,均认为创意具有相当高的吸引力。因而忽略了在部分人心中衍生的其他意义和联想"。对立邦品牌和公众人士所产生的影响,该广告公司表示"始料不及,深感遗憾"。

阅读这份声明,会发现几个颇有意味的强调。首先,声明强调客户是"立邦涂料广东有限公司",淡化了立邦漆日资背景;其次,强调这则广告的创作是在公司"全球广告评审会"上展出的,以"创意"为创作原则,创作过程中并无任何意识形态的考虑。[1]

通过以上的事件,我们得出这样的结论,要想进行成功而有效的跨文化广告传播,就要仔细考虑目标地区的文化禁忌,广告创作应避开它们,尽量适应当地的文化风俗,制作出受当地人们喜爱的广告,广告传播策略才能真正发挥

---

[1] 谢许玚. 对立邦漆广告《龙》的跨文化解读[J]. 时代金融,2007(8):128.

作用。

三、综合因素引起差异

跨文化交流时,由于不了解对方的文化背景,常常无意识地用自己文化的标准去衡量和评判对方。虽然人们有能力冲破自身文化的樊篱,但缺乏与异文化交流的机会,或偏爱自己熟悉的文化,或在与异文化交流的机会面前退缩,往往难以做到这一点。这种无意识的先入为主也包括对异文化的偏见与成见。

中国人对于"made in America"之类的字眼特别敏感,觉得发达国家制造的商品绝对是好东西,其广告描述的也都是好产品,而不管实际产品到底如何。显然,这就是很不理智的文化刻板印象。我们必须清醒地意识到,在对外来的广告进行评判和借鉴时,不应该先入为主。

具体而言,东西方文化在思维方式、价值观、世界观、人生观、社会规范等方面不同,给跨文化广告传播带来影响。

另外,不同的文化有不同的社会规范和风俗习惯,这些差异都是跨文化广告传播的障碍。所以,进行跨文化广告策划时,要根据目标文化国的文化特征来调整,尽力使广告信息符合他们的"口味"。

第五节 跨文化广告传播的心理学理论

一、民族心理情感

价值观差异会影响跨文化广告传播的效果,这些差异也会造成传播上的干扰。民族心理因素就是一个重要的因素,顾名思义,民族心理指同一个民族的人的共同的心理情感,其中包含民族情感、民族性格、民族价值观念、民族审美和宗教信仰。同一个民族的人基本上有同样的民族情感,因此容易被认出。民族心理受社会心理的影响,民族心理跟文化也不可分割,确切地说,民族心理也会影响文化的传播。

前几年"赵薇穿以日本军旗为图案设计的短裙装"事件引起轩然大波。由于历史的原因,中国人对于日本相当敏感。赵薇穿着日本军旗,显然触动国民脆弱的神经,伤害了国人的情感,所以遭到严重抗议。索尼曾使用释迦牟尼做广告,在泰国推销收录机,结果也遭到了泰国公众的抗议。在泰国人眼中,释迦牟尼是不可亵渎的神灵。广告应尊重当地的文化传统、习俗、宗教禁忌,顺应目标市场的需求。麦当劳把汉堡包里的牛肉馅换成羊肉馅,成功进入印度市场;麦当劳在中国的连锁店供应油条这种适应中国人习惯的早餐;肯德基打出"为中国人而改变"的广告,都是尊重目的国文化的明智之举。

为了开辟消费市场,在不触犯目标市场传统文化信仰的前提下,利用本国强大的文化优势,抓住目标国民族的特定民族心理,营造新的营销环境,广告才能获得预期的传播效果。

(一)适应民族心理,彰显民族特色

2008年,全球瞩目的奥运会在北京举办。奥运会不仅是体育盛会,更是展示地域风情和民族艺术的盛会。为了向全世界展示我国的风采,我国进行了各式各样的广告、公关宣传。奥运的吉祥物,要得到主办国和其他国家人民的一致欢迎和喜爱,它的设计显得尤为重要。吉祥物的设计推出,不仅仅是宣传奥运,也是宣传整个国家,是一场规模空前的跨文化交流活动。

组委会在全国范围内征集设计样式,集思广益,最终找到最能代表民族特色和风情的"福娃"。福娃一经推出,便得到一致好评。国际奥委会评价"福娃"时说:"这是奥运会有史以来最好玩的一个天才的设计。"国际奥委会主席罗格评价道:"我喜欢福娃中的每一个形象,我非常高兴它们将把传统的中国祝福带往世界。中国是幸运的,她拥有那么多美丽的动物来呈现奥林匹克精神。"

福娃由五个可爱的娃娃构成,娃娃的头饰暗示与海洋、森林、火、大地和天空的联系,使用中国传统艺术手段,展现灿烂的中华文化。五个娃娃的寓意是繁荣、欢乐、激情、健康与好运,分别叫"贝贝"、"晶晶"、"欢欢"、"迎迎"、"妮妮",省并以后组成谐音"北京欢迎你",十分巧妙。这一设计结合动物和人的形象,强调以人为本、人与自然界和谐相处。五个娃娃是奥运五环的延伸,意为奥运圣火旺旺燃烧。五个小娃娃来自五大洲:欧洲(天蓝色)、澳洲(草绿色)、美洲(红色)、亚洲(黄色)、非洲(黑色)的小朋友手拉手,象征着世界各国运动员和人民之间的友好和团结。

体现民族传统,不仅要吸收传统艺术的精华,彰显民族文化风格,更要借鉴和学习古人的思维方式。"福娃"创意新颖,构思巧妙,造型生动,具有浓郁的中国文化韵味。令人惊奇的是,五环与中国的五行学说不谋而合,五行也有五种不同的颜色。2008年的奥运吉祥物,把中国的五行哲学与奥运五环相匹配,这是奥运精神和中国文化最精彩的结合。

从文化背景看,五个吉祥物与中国传统文化之"五福"、"五行"及"五大洲"之巧合,迎合了中国传统文化对吉祥数字的认同,迎合了富有中国特色的福文化。五个吉祥物与五星红旗、五大洲及奥运五环等的巧合,也都暗合了中国人追求吉祥、祈求幸福的民族习俗和福文化传统。五个福娃随着奥运传递到世界各个角落。

(二)民族的情感融合

同一个民族的心理构成呈现相似状态,会排斥别的民族文化,认为本民族的才可以接受,这就是族群认同。族群认同包含对群体的自我认同、归属感及对参照群体的认知。这种认同可以协调同一个群体的共识和集团行动,具有规范和约束效力。菲尼认为,族群认同是动态的、多维的、涉及人的自我概念的结构;族群认同是概念化的自我模式,这一模式可能被周围的环境接受或拒绝,它对个体有强制性,你有什么样的祖先、什么样的后代都是先定的。族群认同非常复杂,它不但包括个体对群体的归属感,还包括个体对所属群体的积极评价,个体对群体活动的参与。①

同一族群具有族群自我认同、族群归属感、族群态度和族群卷入,族群认同中的特殊成分则因具体族群的不同而不同,跨文化传播时,应考虑这些因素。

成功的跨文化广告应在传播自身文化的同时寻找共同的符号,传播共有的价值观念。福娃得到全世界的认可,因为其创意不仅注意阐释自己的文化,也充分考虑其他民族的族群认同。福娃具有奥运五环的寓意和五大洲团结向上的含义,所以得到全世界的认可。

以往奥运会吉祥物设计者大都从体现本国地域特色和民族风情出发,而不观照不同国家人们心理和审美感受。福娃利用人类共有的文化观念,使不同文化的成员产生同感共振和同情共鸣,拉近了人们的心理距离,消除沟通障碍。跨文化广告创意尽量减少或消除民族优越感和刻板观念,体现理解与宽容。

二、基于心理学的心理结构差异

广告传播是传播者、传播媒介和受传者共同参与的行为。三者之间存在着心理上的联系且相互制约、相互影响。广告传播的最终目的是促进受众选

---

① 万明刚.族群认同、族群认同的发展及测定与研究方法[J].世界民族,2007(3):1~9.

择产品,实施购买行为,应遵循心理学准则。对受众心理机制的把握是否精确,决定广告创意、制作和传播成功与否。

广告心理学认为,受传者对广告信息的关注常常是有选择的,表现为前后相继的三个环节:选择性注意、选择性理解和选择性记忆。据调查显示,受众不会注意所有的广告,受到关注的广告只是极少数。所以,广告传播中,应选择有效的传播方案。

佩悌和卡西奥普1983年发表研究成果认为,商品广告的目标受众对广告信息进行处理加工基本上通过两种路径——边缘心理路径和中枢心理路径,其侧重点各有不同。[1]

经由边缘路径对广告信息进行心理加工时,受众侧重了解广告信息中的边缘线索,例如产品的样子是不是好看,而不是耐用;或者使用产品和服务以后有什么好的心理体验;商品包装是不是新颖亮丽;其产品广告代言人是不是自己有好感的明星,等等。他们不会注重实用性和适用性,而是凭借感官直接告诉自己是否喜欢。根据这样的受众心理,我们可以选择感情诉求,这样能得到比较好的效果。

由此类推,经由中枢路径对传媒广告信息进行心理加工时,受众会仔细辨别接收到的广告信息,考虑产品的性质、喜好、是否适用等各种因素,然后得到一个甄别的印象,根据印象的好坏决定是否采取购买行动。这是一个复杂的心理过程,受众通过中枢路径接触、理解广告信息,主要了解广告商品内在的东西——性能,整个过程以理性为主导。

据此,我们似乎可以得出这样的初步结论:对于通过边缘路径对广告信息进行心理加工的受众,广告应该采取感性诉求;对于通过中枢路径对广告信息进行心理加工的受众,广告策略应该重点进行产品功能的诉求,以期适应更多的理性消费者。

受众心理研究是传播学研究的重要领域,跨文化广告传播过程中要考虑的因素很多,受众心理研究也是重要的一环。从某种意义上说,广告战就是心理战,良好传播效果的取得有赖于对受众心理机制的把握。现代社会大众被传媒营造的信息环境所包围,广告充斥人们的耳朵,人们对广告有免疫力。跨文化广告传播要想进行突围,除了好的广告创意以外,抓好各类受众的民族特点和心理机制也很重要。

---

[1] 王怀明等.广告诉求形式与消费者心理加工机制[J].心理科学,1999(22):475～476.

本章小结

信息通过符号化编码,然后被受众接受,受众解码后将信息反馈给传播者,完成一次传播过程。传播过程要借助符号,即传播者和受传者共通的意义空间。跨文化广告传播也不例外,互动双方用来交流或交换意义的媒介是象征符号,交换的前提是"交换的双方必须有共通的意义空间"。在现实的传播过程中,各种因素会导致双方共同意义空间的不相同。分析这些差异,因为这些差异导致跨文化广告传播效果不同。中西的文化差异和语言的差异,都是影响传播效果的重要因素。了解这些差异,才能理解跨文化广告传播的意义和内涵。

跨文化广告传播按照大众传播模式进行传播,过程虽然很相似,但是跨文化广告传播的会更复杂,涉及不同地区和国家,中间必然会产生更大误差,遭遇更多的干扰因素。仔细了解每个传播过程,才可能将传播误差减少到最小。另外,跨文化广告传播离不开媒介的作用,在通讯如此发达的今天,更要利用好媒介。受众也是不可忽视的因素,他们自身存在各种各样的差异,不同地区的受众也有差异,区别这种种差异,就能减少分歧,提高传播的效率。

深刻理解文化共通性的重要性,相同的文化背景会使对事物的理解和接受取得一致。中西方文化价值观念差异很大,即便是同一商品的广告投放也要因地区不同而相应做些改变。

传播还受民族心理情感的影响。民族心理情感由复杂因素构成,包含民族情感、民族性格、民族价值观念、民族审美和宗教信仰。民族情感有积极的,也有消极的。要利用积极的民族情感来彰显本民族优秀的文化遗产,也要适应被传播国家和地区的特色,以避免抵触。

最后,在广告心理学上还要考虑边缘路径和中枢路径带来的传播效果差异,相对应地选择感性诉求和理性诉求,针对性地进行广告宣传,传播才能事半功倍。

品牌跨文化传播的不一致性问题研究[①]

据商务部对外合作司统计,截至2005年,我国累计建立的非金融类境外企业约为8300家,现存6000多家,遍布全球160多个国家和地区,已发展成为发展中国家中最大的对外投资国,而且,其他国内企业也积极通过各种渠道走出国门,跨国经营对于中国的企业来说可谓方兴未艾。

然而,跨国经营是一项极其复杂的经营活动,既要能够保持与国内经营的一致性,又要面对一个拥有诸多差异的经营环境,这些经营环境包括经济文化环境、社会法律环境。其中,最难以把握的就是文化环境。文化环境对企业运行来说,其影响力是全方位、全系统、全过程的。

从事品牌营销的跨国公司都面对跨文化品牌传播这样一个不得不进行、不得不面对的问题,本论文着重讨论隐藏在品牌跨国传播背后的跨文化冲突问题。跨文化品牌传播中的差异和冲突,按照美国人类学家爱德华·赫尔的识别文化差异框架,可分为三个范畴:正式规范、非正式规范和技术规范。

其中,正式规范在文化识别当中指人的基本价值观,判别是非的标准,它能抵抗来自外部企图改变它的强制力量,因此正式规范引起的冲突往往不易改变,国际品牌传播在正式范畴的跨文化冲突体现在跨国公司的母国赋予其品牌的核心价值观与东道国消费者的价值观之间的差异和冲突。

非正式规范在文化识别当中指人们的生活习惯和习俗等,由此引起的文化冲突可以通过较长时间的文化交流克服,国际品牌传播在跨文化冲突中体现在品牌的释义信息与东道国消费者的消费习惯发生的差异和冲突。

技术规范在文化识别当中指人们的知识、技术、经验等,它可以通过人们技术知识的学习而获得,很容易改变。国际品牌传播在技术范畴的跨文化冲突体现在品牌的释义信息与东道国消费者的认知习惯发生的差异和冲突。

品牌的跨文化传播是非常典型的跨国经营问题。本论文从对文化内涵的认识开始,站在跨国品牌经营的角度上解释品牌跨文化管理中的认同论与交叉论,最终解释了品牌跨文化传播的一致性问题的发生根源与管理原则,着重讨论隐藏在品牌跨国传播背后的跨文化冲突问题。

---

① 周云.品牌跨文化传播的不一致性问题研究[J].经济师,2007(12):17～18.

1. 跨国经营与跨文化管理

最早的文化定义是由英国文化人类学的奠基人泰勒在1871年出版的《原始文化》给出的，他认为："文化或文明，就其广泛的民族学意义来讲，是一复合整体，包括知识、信仰、艺术、道德、法律、习俗以及作为一个社会成员的人所习得的其他一切能力和习惯。"这之后，至20世纪50年代中期，关于文化的定义已经有100多种。直至1955年，赫斯科维茨在《文化人类学》首次给出了文化的定义："文化是一切人工创造的环境。"也就是说，除了自然原生态之外，所有由人添加上去的东西都可称之为文化。这些定义显然过于宽泛，没有太多的使用价值，大多数学者都是基于对文化发展史的研究，更多地体现了人类史的发展逻辑。荷兰文化协作研究所所长霍夫斯坦德教授则认为，"文化是同一环境中生活的人的共同心理程序，文化不是一种个体特征，而是具有相同的教育和生活经验的许多人所共同拥有的心理程序"。他还通过对美国IBM公司的综合性问卷调查，总结出了不同的国家或民族文化中差别最大的五个维度，称之为霍氏模型。霍夫斯坦德教授的观点被后来的文化研究者广泛使用。

有经验表明：大约有35%～45%的跨国企业是以失败而告终的，其中约有70%～80%是由于文化差异引起的。国际营销当中因跨文化引发冲突的事例更是不胜枚举，尤其在品牌传播和广告创意领域发生的更为频繁。美国学者戴维·利克斯曾指出："大凡跨国公司大的失败，几乎都是仅仅因为忽视了文化差异这一基本的或微妙的理解所招致的结果。"因此，跨国企业的文化建设在一定程度上决定着跨国经营的成败。

跨国公司在某种意义上说就是跨文化管理的集合体。在这里集中了全世界最为敏感的跨文化差异与冲突，跨国公司必须在异域文化环境中努力建设具有本国公司特色的企业文化，树立共同的价值标准、道德标准和行为模式等，把具有不同文化背景的各国员工凝聚起来，共同实施公司的经营战略。

拉里·萨莫瓦尔与理查德·波特全面论述了跨文化冲突中人们惯性思维中存在的潜在问题，认为"人们总是喜欢与和自己具有某些共同点的人相处，总是容易接受与自己固有观念和态度相符合的事物"，这些固有观念和态度包括刻板形象、种族主义、偏见、权利、文化休克和民族优越感。在无法避免与自己不和谐的人或事物相处时，人们会根据自己惯有的心理程序对当前的人或事物进行曲解，想当然地做出判断。总是回避、排斥或者扭曲与自己固有态度不同的信息，而乐于关注、理解和记忆与自己原有态度一致的信息。

具体到企业经营，跨文化管理又有两方面的内容，一方面是企业内部的跨文化管理，即针对不同文化背景的雇员的管理，确指管理者与来自不同国家和文化背景的人进行良好的沟通。另一方面是企业外部的跨文化经营问题，即跨国企业与来自不同文化背景的供应者、顾客、竞争者、相关利益群体之间的经营管理。尤其是营销目标的东道国文化，对跨国经营的战略影响最大。

由此可知，跨文化管理的核心就是在跨国经营中，对东道国文化采取积极的融合态度，其目的在于在不同形态的文化氛围中设计出切实可行的经营策略和管理机制，在经营管理的过程中超越文化冲突或统一文化差异，从而获得在东道国文化与母国文化之间的经营价值观统一。

2. 跨文化的品牌文化管理

品牌文化，赋予企业品牌经营过程文化内涵，使这种内涵与目标消费者认知保持一致的过程称为品牌文化管理。当企业运用品牌展开跨国经营时，品牌固有的母国文化内涵会与目标市场的东道国文化产生差异和冲突，避免和解决这些差异和冲突的企业经营活动称之为跨文化的品牌文化管理。

无论是何种文化，其背后都有一系列的潜规则，在该文化下的人通常不会觉察这些规则的存在，因为这些潜规则与支配行为的潜意识一致。在一种文化环境下成长起来的品牌，不可避免地与该环境的潜规则一致，保持了与经营行为的一致。一旦这些潜规则受到挑战，人们便会感受到异类文化的差异。

从公共关系的角度看，跨文化管理的核心是认同，而从经营传播的角度看，跨文化管理的核心则是习惯的交叉。因此涉及公共关系和经营传播的品牌管理，在文化范畴的传播就是认同与交叉的统一。将二者结合在一起，可以将品牌传播从文化研究的角度进行解释，其本质是文化的涵化。关于涵化的定义，赫斯科维茨认为："涵化是由个别分子所组成而具有不同文化的群体，发生持续的文化接触，导致一方或双方原有文化模式的变化现象。"涵化是文化变迁的一种，当两个自立的文化相遇时发生的变迁，它有别于一般的传播。凡是发生涵化情况的都发生传播，文化特质和思想通过传播的各种渠道被传递到接受文化的一方，产生影响，发生涵化。但传播只是涵化过程的一个方面或一步。创新或新思想的出现，是不同于涵化的一个过程。

既然涵化和传播是密切相关的，品牌在跨文化经营中的传播也可以被视为一种变迁，但是品牌涵化和品牌传播又不是一回事，应该把这两个概念区分清楚。一个文化不经过任何涵化过程，也可以从另一个文化那里借用其文化特质，涵化则是在传播过程中的文化传递。品牌的涵化理论又被称为品牌培养理论或品牌教养理论。它是品牌传播形式的一个主要内容,通俗地讲,品牌的涵化就是品牌的文化接触。品牌文化通过大众传播与其自身沟通,而这样的沟通则维系或修正出文化内一致的价值观,这一过程被称作品牌涵化,品牌的涵化过程是潜移默化的过程。对于跨文化的品牌影响,因每个人的价值观都不尽相同,都有多元化的倾向,品牌文化的涵化作用也迫使人们变得与主流意见相认同。涵化分析认为品牌传播最主要的效果并非在改变受众,而是维持某种受众的认知结构,使受众的某一认知符合既有的价值规范和政治经济论秩序。品牌涵化理论所关注的是品牌传播对观众产生潜移默化的长期效果,认为品牌的传播活动提供给社会各阶级的人一套同质化认知结构,并且对不同的人提供一套对生活、世界、生命的解释。它的效果不在于使受众产生变化,而是要使受众不发生变化。

3. 品牌跨文化传播的不一致性问题

斯坦福大学的社会心理学家里昂·费斯廷格的认知不一致理论是社会心理学中最为重要的理论之一,费斯廷格认为一个人的态度、知觉、知识和行为这四项认知要素中的任何两项之间都会具备以下三种关系中的一种,即:无效的或不相关的;一致的或和谐的;不一致或者不和谐。当一个要素被认为不应与另一要素相随时,就产生了不一致性。

品牌的传播范围如果是跨文化圈的,则很可能发生认知的不一致,品牌跨文化的不一致性会产生紧张或压力迫使个人改变以求减少这一不一致性。为了坚持自己原先的认知结构而拒绝接受品牌文化的涵化,则是品牌文化渗透遭受抵制发生的根源。

在品牌跨文化传播的过程中,在所难免的会发生与东道国文化不一致性的问题,导致受众在态度、知觉、知识和行为之间的不和谐,而产生紧张和压力,以至于发生对品牌整体的抵制。在经营全球化的进程中,异类文化不仅会对跨国管理产生抵制,同时文化所具有排他性,还会与传播的理念发生冲突。

产生品牌跨文化传播不一致性的主要因素有四点:

(1) 两国文化整体差异程度。文化差异程度越高,品牌母国文化与东道国文化发生交叉时彼此涵化的过程就越长,则越容易引起文化误解甚至产生文化冲突,文化风险也随之升高。

(2) 目标国对外来文化的态度。目标国政府、组织、企业以及消费者对外来文化的态度,很大程度上影响着品牌跨文化的传播。由于各国文化环境不同,故而对待外来文化的态度也不尽相同,可以分为积极、一般和排斥。例如美国,由于历史原因所造成的多元文化的繁荣促进了美国不同民族间文化的融合,是一个文化包容性很强的国家,也使得许多企业的品牌跨文化管理在美国取得了经营的成功。

(3)行业特点。包括政府多对行业监管的态度和行业消费需求趋势、消费者偏好。越是传统的行业,越是相对强势的行业,其文化的抵抗力越强。越是新兴的行业,国际化程度越高,传统文化的影响力就越弱。

(4)种族优越感。依托经济优势达到了文化强势,表现为对母国文化价值体系得高程度的认可。如果一位跨国公司的品牌以此种观点在东道国传播,可能遭到抵制,引发冲突,也会造成传播的失败。

4. 结论

跨国经营者必须承认并理解差异的客观存在,重视并尊重他国文化。必须积极面对在进行跨文化的交流时遭遇到的差异和冲突。对于品牌管理者来说,认清品牌跨文化不一致性产生的原因以及发展的趋势,有助于解决品牌文化在跨国传播的异类文化冲突与抵触。使得品牌文化通过有效的跨文化管理,降低跨国经营中的冲突风险,实现跨国公司对东道国文化环境的涵化,使企业经营走向文化融合,确保品牌跨国延伸的健康发展。

第三章
跨国公司在华活动情况 >>>

第一节 跨国公司在华发展历程

2008年,美国发源的金融风暴席卷全球,许多跨国公司都受到严重冲击,但各大跨国公司在中国市场上的业绩不降反升,跨国公司纷纷看好中国市场的潜力,调整全球经营战略和在华布局。以宝洁为例,作为最早进入中国市场的跨国巨头,宝洁已经扎根中国逾20年。2008年11月23日,宝洁全球董事长兼CEO接受央视《对话》栏目的访问,明确指出,在应对全球金融危机的过程中,宝洁的信心来自中国。中国市场从改革开放之初艰难地吸引外资到如今成为跨国巨头的战略重地,呈现出蓬勃发展的势头和不可估量的巨大潜力。

一、跨国公司进入中国市场的背景

(一)什么是跨国公司

跨国公司是现代生活中最活跃和最重要的经济实体,在经济全球化和世界一体化的进程中发挥不可低估的作用。在经济扩张、利益至上的背后,跨国公司还将先进的经营理念、发展模式、西方国家的价值观及生活方式带到世界各地,由此许多文化学者担心跨国公司这种附属的文化侵略会侵蚀世界文明的多样性及丰富性,"文化帝国主义"因此成为学者探讨的热点话题。无论是跨国公司导致的经济全球化、资本全球化、技术全球化,抑或是"文化侵略",跨国公司在世界的经济、政治及文化生活中发挥举足轻重的作用。

根据联合国的定义,跨国公司指"在两个或更多国家建立子公司或分公司,由母公司进行有效控制和统筹决策,从事跨越国界生产经营活动的经济实体"①。因此,跨国公司都是从事跨国界经营、进行全球化决策和管理的行业巨头。

(二)跨国公司进入中国市场的时代背景

由于中国市场开放较晚,跨国公司在80年代之后才陆陆续续进入中国市场。跨国公司进入中国市场主要有以下几个因素:

1. 经济全球化的浪潮

经济全球化是当代世界经济的重要特征之一,在20世纪80年代,经济全球化发展迅速,深刻影响世界的经济发展。经济全球化有利于资源和生产要素在全球的合理配置,有利于资本和产品的全球性流动,它的出现和发展大大推动了世界一体化。

2. 跨国公司实施全球化战略的需要

随着全球化浪潮的到来,跨国公司纷纷在世界各大市场进行"圈地运动",一方面转移母国日益高涨的劳动力成本和原材料成本,另一方面开拓新兴市场,以获得更大的市场份额和更高的利润。

3. 中国整体经济环境的影响

从70年代开始,中国的整体经济环境回暖,中国政府宣布实行改革开放,跨国公司进入中国市场。1992年党的十四大确立了社会主义市场经济的发展路线,这进一步推动跨国公司在华的发展。

二、跨国公司在华发展历程

从起步到扩大,跨国公司在华发展经历了三个阶段。

(1)1979—1991年,起步和发展阶段:投资规模小,为跨国公司在华发展的试水阶段。70年代末,中国开始实行改革开放,允许外商以合资的形式在中国投资建厂。一批跨国公司瞅准时机进入中国市场,最初几年,只有少数跨国公司在华投资,这些投资多数是小规模的实验性投资②。1972年,可口可乐在北京王府井街口的北京饭店里设立临时办事处,开始回归之旅。可口可乐与中国的历史渊源颇为深厚,早在1927年,可口可乐就曾在上海设立工厂;1948年,上海可口可乐工厂更是一度成为当时可口可乐在海外的最大工厂。因此,尽管进入中国的路途并不坦荡,可口可乐依然排除万难,与中国相关方

---

① 许宏强、黄余海. 跨国公司在中国的投资和影响[J]. 云南财贸学院学报,2001(1):17~20.

② 王志乐、蒋姮. 2009跨国公司中国报告[M]. 北京:中国经济出版社,2009:9.

商谈合作事宜,最终于 1979 年进入中国市场。

(2)1992—2001 年,发展壮大阶段:跨国公司在华开始进行大规模和系统化的投资,加快攻城略地的步伐。这一时期,跨国公司在华发展主要有以下几个特点:大多数著名跨国公司开始在华投资;投资项目急剧增加;投资额急剧放大;投资的系统化程度加强[①]。

这一时期,一些失去先机的跨国公司纷纷进行战略调整,将在华布局与发展提上议事日程。先期进入中国市场的跨国企业则使出浑身解数扩大投资,开始多元化经营,以在竞争日益激烈的中国市场上保住霸主地位。不可避免的,一些企业在中国的战略调整也出现失误,中国市场显现多元化与复杂化。

(3)2002 年至今:跨国公司调整在华战略,加快其在中国市场的一体化和多元化进程。2001 年 12 月 11 日,中国正式加入世界贸易组织。中国经济开始全面融入世界经济,这意味着中国经济发展进入新阶段,中国将以更加开放、更加包容的姿态迎接来自国际市场与跨国企业的挑战。跨国公司纷纷调整在华战略布局,扩大投资规模,加大向产业价值链两端和产业上下游的投资。除了在中国实现产供销一体化之外,还积极拓展中国市场,实行多元化战略经营,其中尤以对中国服务业的投资为最。作为中国新兴和重点扶持的第三产业,独具慧眼的跨国巨头们都想从这块巨大的市场蛋糕中分得一块。

跨国公司在中国的迅猛发展,与其一贯的扩张手法——购买兼并密不可分。中国加入 WTO 以后,外资并购本土企业的案例屡见不鲜。近年来,几乎每年都有若干外资并购境内企业案例引起国内舆论的关注,例如:

2001 年,德国舍弗勒公司并购西北轴承案;

2005 年,凯雷并购徐工案;

2006 年,德国蒂森克虏伯并购天润曲轴案;

2007 年,法国 SEB 公司并购苏泊尔案;

2007 年,达能并购娃哈哈案;

2008 年,可口可乐并购汇源果汁案;

2008 年,蒙牛董事长的"万言书"事件。

这些并购事件无不引起舆论的哗然,跨国公司在中国的并购之路走得并不顺畅。有的并购威胁中国民族企业和民族品牌的生存和发展,进而甚至垄断整个行业,如可口可乐并购汇源果汁一案,最终以商务部裁定未通过反垄断审查而告终。有的并购伤害了国人的民族情感,激起国人进行民族品牌保卫战,如达能并购娃哈哈一案。娃哈哈集团掌门人宗庆后于 2007 年率先公布消

---

① 王志乐、蒋姮.2009 跨国公司中国报告[M].北京:中国经济出版社,2009:13~14.

息并宣布誓死保卫民族品牌,大打民族情感牌,自然而然赢得公众支持与舆论支持,话语权的偏向也自见分晓。

因此,跨国公司在中国进行的兼并与购买必须谨慎,近年来某些民族品牌在被收购后渐渐淡出公众视野,这加剧了公众对于跨国公司并购居心的猜测。美加净、乐百氏、南孚、大宝、小护士等都曾经是知名民族名牌,获得地方政府的支持,但被收购之后,这些民族品牌的影响力普遍下降甚至消失,令本来就敏感的并购显得更加扑朔迷离,触发了公众、社会与舆论的神经,引起大众的不满。2008年,原宝洁董事长约翰·白波在做客《杨澜访谈录》时也曾经提到这类问题:被宝洁收到旗下的中国本土品牌业绩纷纷下滑,最后不得不退出市场,让人不免产生怀疑。约翰·白波回答说,因为产品成本上升以及对中国市场错误估计的影响。因此,民族品牌的消亡和外资的垄断等单纯的商业问题很容易转化为民族情感问题和社会问题。跨国公司要想打好这张牌,必须高度重视国人的民族心理和民族情感,注重本土化策略的实施。

第二节 跨国广告公司在华发展概况

谈到跨国公司的在华发展历程,不得不提跨国广告公司的发展。跨国广告公司随着跨国公司的脚步进入中国市场,比如智威汤逊集团,就是因为要配合耐克、百事、联合利华等国际客户在中国的发展战略而进入中国市场的。这是由广告业的服务特性决定的,广告依附于广告主,广告主走到哪儿,广告公司就会跟到哪儿。跨国公司进入中国市场后,为其服务的国际广告公司纷纷在华设立办事处或者公司。在华发展数十年,国际广告公司不断扩张其战略蓝图,对本土广告公司进行围追堵截,凭借其母集团强大的资金实力和传播平台,在全球范围内进行资源配置与利润分配。近年来,国际上大型广告集团之间的购买兼并举动仍然频繁,进一步加快其全球化的战略布局。

一、跨国广告公司进入中国市场的背景

根据中国加入WTO时所作的承诺,2005年12月底,中国广告市场全面对外资开放,外国广告公司可以在中国设立独资子公司,中国广告市场的竞争加剧。

(一)影响跨国广告公司进入中国的因素

跨国广告公司进入中国受三个因素的影响:配合跨国公司全球化战略扩张的需要,中国经济环境的影响,相关政策法规的影响。

(1)配合跨国公司全球化战略扩张的需要。受世界经济全球化影响,跨国公司开始其全球化扩张,配合客户全球化战略扩张的需要,跨国广告公司进入中国,为客户提供专业的营销与咨询服务。广州电扬的客户是高露洁,1992年高露洁率先在广州上市,同年广州电扬成立。

(2)中国经济环境的影响。1978年底,中国宣布改革开放,跨国公司陆续进入中国市场。作为跨国公司的一员,广告公司自然也看好中国的整体经济环境,率先进入中国抢占桥头堡,安营扎寨,期待中国的进一步发展。

(3)相关政策法规的影响。受自身意识形态的影响,跨国公司在中国的发展受到中国相关政策法规的影响较大。确切地说,跨国广告公司在华发展历程与某些政策法规密不可分,政策法规的宽松程度与开放程度直接影响跨国广告公司在华拓展的脚步与进程。

(二)跨国广告公司发展产生重大影响的政策法规

影响跨国广告公司发展的政策法规主要有五个:改革开放之初的方针;邓小平南巡讲话;1994年国家工商行政管理局和对外贸易经济合作部颁布的《关于设立外商投资广告企业的若干规定》;中国正式加入世界贸易组织的相关约定;国家工商行政管理总局、商务部联合发布的《外商投资广告企业管理规定》。

(1)1978年12月,党的十一届三中全会决定,全党工作的重点转移到经济建设上来,实行对外开放,对内搞活经济的方针,这一决定是中国经济、政治与社会发展的重要转折点,许多跨国公司进入中国市场。1979年,北京市市委宣传部同意恢复广告业务,允许媒介发布广告;中宣部发出《关于报刊、广播、电视台刊登和播发外国广告的通知》,1979年1月14日丁允鹏在上海《文汇报》发表《为广告正名》一文,引起社会各界高度重视。广告业在上海亦开始恢复。由于政策方面的限制,外资广告公司必须与政府指定的中国本土广告代理公司合资合作,如广东省广告公司、北京广告公司、上海广告公司,因此其发展十分缓慢。

(2)1992年,邓小平发表南巡讲话,要求进一步放开搞活经济,出现了有利于外资广告发展的环境。另外,党的十四大确立社会主义市场经济路线,亦给各大跨国公司吃了一颗定心丸。在这种情况下,各级广告管理组织采取了新的宽松政策和举措,允许各种经济成分、不同经济组织在条件具备的情况下参与广告经营,允许个体、私营企业经营广告,允许外商投资企业进一步进入广告市场,中国广告业逐步开放。

(3)1994年,国家工商行政管理局和对外贸易经济合作部颁布《关于设立外商投资广告企业的若干规定》,明确要求进入中国市场的跨国广告公司必须与国内企业合资,本土企业占有股权的51%以上,外资企业不得控股。

(4)2001年12月11日,中国正式加入WTO,广告市场将逐步向外商放开。

(5)2004年3月2日,按照中国政府对世贸组织的承诺,国家工商行政管理总局、商务部联合发布《外商投资广告企业管理规定》,根据与WTO签订的《贸易服务减让表》等法律文件,2005年12月10日后,允许外资设立独资广告公司,全面开放中国广告市场。

二、跨国广告公司在中国的发展阶段

根据中国广告政策法规的变化及跨国广告公司在华发展情况,可以将其发展分为以下四个阶段。

(一)摸索起步阶段(1979—1991)

这一阶段,根据政策的不同及广告公司的发展,分为两个时期:

1. 投石问路阶段(1979—1985)

这一时期,中国的改革开放刚刚起步,大型跨国公司也处在摸索期,大部分跨国广告公司都未进入中国市场;另外,中国对外商在华发展广告的政策控制较为严格,广告市场在国内亦处于恢复期与起步期,因此只有一小部分在华设立办事处或公司,以配合国际客户的市场开拓需求。当时在华设立办事处的广告公司有李奥贝纳、电通广告、奥美等。

2. 起步发展阶段(1986—1991)

这一时期,伴随着一大批跨国公司在华设立工厂或公司,广告公司也随之发展起来。1986年,由美国电扬广告公司与中国国际广告公司合资的电扬广告公司在北京正式宣告成立,这是我国第一家合资广告公司,它吹响了跨国广告公司进军中国广告市场的号角。1991年,奥美广告公司与上海广告公司合资成立上海奥美广告公司,同年由美国BBDO广告公司与中国广告联合总公司合资组建的天联广告公司正式成立。

(二)市场渗透阶段(1992—2001)

这一阶段,由于广告政策法规宽松、国际客户进驻以及中国整体经济环境回暖,外资广告公司开始其在中国的第一波快速发展。自从1992年中国广告业逐步开放以来,国外广告业中的大部分广告公司已进入中国。至1994年底,进入大陆的外商(合资、合作)广告公司(包括绝大部分的全球著名跨国广告公司)已达300家(见表3-1)。1992—1994年,合资广告公司增加了5.5倍,从业人员增长了5.13倍。外商带来外国大客户,带来新的技术和管理经验,其辐射和影响作用刺激了中国广告业的发展,使广告业务、广告运作、服务水平、科技含量都有明显的提升。① 至1998年,全球前10名广告公司全部在中国设立合资公司(包括盛世长城国际广告有限公司、麦肯·光明广告有限公司、智威汤逊·中乔广告有限公司、上海奥美广告有限公司、上海灵狮公司、北京电通广告有限公司、美格广告有限公司)。

表 3-1　部分跨国广告公司在华合资情况

投资方	国内合作对象	合资公司名称	成立时间		
			北京	上海	广州
电扬	中国国际广告公司	电扬广告有限公司	1986	1989	1992
奥美	上海广告有限公司	上海奥美广告有限公司	1993	1992	1993
麦肯	光明日报	麦肯·光明广告有限公司	1992	1992	1992
BBDO	中国广告联合总公司	天联广告有限公司	1991	1992	1993
Grey	国安广告公司	精信广告公司	1992		1993
盛世	长城工业公司、天马旅游公司	盛世长城广告有限公司	1992	1994	1992
DDB	北京广告有限公司	恒美广告有限公司	1994	1995	
电通	大城广告、中国国际广告有限公司	北京电通广告有限公司	1994	1995	
博报堂	上海广告有限公司	上海博报堂广告有限公司	1998	1996	
李奥贝纳	韬奋基金会	李奥贝纳广告有限公司	1995	1994	1992
智威汤逊		智威汤逊—中乔广告有限公司	1989	1991	1993
达彼思		达彼思(达华)广告有限公司	1994	1994	1993
灵狮	自设办事处			1993	1993

卢泰宏、何佳讯.蔚蓝智慧[M].广州:羊城晚报出版社,2000:401.

这一时期,跨国广告公司除了抢占主要广告市场,还纷纷在北京、上海、广州等一线城市成立公司,在立足于原有国际客户的同时,分食中国本土广告企

---

① 曹玉月.跨国广告公司中国化历程探析[D].武汉:武汉大学硕士学位论文,2005.

业的客户资源,给本土广告公司带来较大冲击。在开发本土广告客户方面,各大广告公司的步调并不一致,动作有快有慢。快的有电通、奥美、电扬等,慢的有盛世长城、灵狮等。北京电通的本土客户已经达到70%,而其东方日海90%的是国内的企业,客户有联想、科健、小护士、李宁及东方软件等。从1999年开始,奥美代理的本土品牌增多,重要客户有长虹、新浪、中国网通、伊利和中国移动。①

虽然这一时期跨国广告公司的主营业务是国际客户,但跨国广告公司已经开始挤压本土广告公司的生存空间。在这一时期,借助世界及中国经济的快速发展,国际客户逐步打开中国市场,跨国广告公司用合资的形式逐步进行市场渗透,凭借其雄厚的资本实力及专业壁垒加快对中国广告市场的攻城略地。

表3-2 中国市场上的十大跨国广告公司②(1997—2000)③

	广告营业额(亿元)				员工数	主要客户	发展目标
	1997	1998	1999	2000			
盛世长城	14.2	16.7	18.6	13.84	340	宝洁、强生、伊莱克斯、杜邦、西安杨森、嘉实多等	中国领先业界的广告公司
麦肯光明	*	11.3	12.26	13.72	253	雀巢、USP、朗讯、强生、博朗、欧莱雅、联合利华、可口可乐、美宝莲、金霸王、杜邦、GE、高露洁等	创造最有效的影响消费者的广告;创造最有助于产品销售及服务的广告
智威汤逊	6.49	6.46	8.32	12.11	207	联合利华、西门子、戴比尔斯、百事、必胜客、耐克、华纳等	成为全球最具知名度的第一大广告公司
上海奥美	6.26	6.04	6.8	9.13	310	IBM、摩托罗拉、中美史克、联合利华、柯达、大众汽车、安联等	最国际化的本土公司、最本土化的国际公司
精信广告	*	*	7.55	7.93	166	中美史克、大众汽车、雅虎、达能、索尼、玛氏等	成为中国最优秀的引领潮流的广告公司
达美高广州	*	*	7.37	*		可口可乐、宝洁、凯悦饭店、玛氏、飞利浦	帮助客户创造领导品牌

① 卢泰宏.跨国公司行销中国[M].广州:广东旅游出版社,2002:479.
② 何佳讯,卢泰宏.聚焦跨国广告公司十五年中国路[J].国际广告,2002(3):49.
③ 根据《国际广告》、《中国广告》、《现代广告》2002年有关调查资料整理,本表中的数据由中国广告协会和《国际广告》杂志社统计所得,文中其他方面使用的数据出自国家行政管理局。

续表

	广告营业额（亿元）				员工数	主要客户	发展目标
	1997	1998	1999	2000			
北京电通	*	3.8	3.8	7.00	300	日立、花王、雀巢、佳能等	成为中国最大的广告公司之一
上海李奥贝纳	*	1.1	1.81	6.76	30	嘉士伯、可口可乐、麦当劳、迪士尼、宝利来、家乐氏等	*
上海灵狮	3.5	4.02	4.22	4.95	133	强生、联合利华、奥迪、阿迪达斯等	中国五大广告公司之一
上海博报堂		0.91	1.05	1.64	90	*	*

3. 全面扩张阶段（2001—2005）

这一阶段，跨国广告公司乘着中国加入世界贸易组织的东风，在前一阶段市场渗透、战略布局的基础上，开始全面扩张与发展，为2005年底中国广告市场全面开放做最后的准备，试图主导中国广告市场的发展。其发展主要有以下几个特点：

（1）"收编"本土企业，加快收购、兼并本土企业的步伐。各大跨国广告公司不但在全球范围内兼并购买动作频繁，也开始在中国广告市场上的"圈地"。其标志性事件是英国WPP集团宣布与上海广告公司合资，"2002年11月3日，全球最大的传播企业之一的英国WPP集团宣布，向上海广告有限公司投资入股25%的股权，另外一个合资方日本株式会社博报堂也将入股25%"[①]。上海广告有限公司曾经在90年代连续三年在全国广告公司营销额和综合实力排名中名列第一。但到2001年，已经降到10名开外，外资广告巨头的强劲发展以及对本土客户资源的抢占让连上海广告公司这样优秀的本土广告公司也撑不住，最后不得不与跨国公司合资。

中国广告协会的一份报告显示，中国入世几年来，外资广告公司进入中国广告市场的步伐加快，业绩增长显著。报告称，2003年中国广告企业营业额前十名的排名中，外资广告公司占有8席，平均增长率达到42%，其营业总额达到广告营业额排名前100名总量的48.5%。数字显示，外资广告公司的平均经营额为4000万元，是本土广告公司平均67万元经营额的60倍。[②]

---

① 曹玉月.跨国广告公司中国化历程探析[D].万方学位论文数据库，2005.
② 王宇.广告协会报告：外资广告公司加快在华"入市"[OL].http://www.sina.net.（2009-10-12）.

(2)媒介购买公司发展迅速,形成市场垄断。这一时期,跨国广告公司除了加快收购、兼并本土企业,还投资设立媒介购买公司,这些媒介购买公司的发展速度惊人。表3-3是媒介购买公司在中国的10年发展脉络示意①。

从表格中可以看出,从1999年开始,媒介购买公司加快在华发展步伐,2001—2005年,媒介购买公司之间竞争激烈,WPP集团更是集合旗下众多媒介购买公司,成立群邑(Group-M)集团,立志打造媒介购买行业的"航空母舰"。相比之下,中国本土的媒介购买公司完全没有抗衡的实力。这些媒介购买公司大都背靠世界跨国广告集团,如WPP集团、IPG集团、阳狮集团、奥姆尼康、宏盟等,中国的媒介购买行业几乎被垄断。

表3-3 媒介购买公司在中国的10年发展脉络图

	1996	1997	1998	1999	2000	2001
宏观政策	导入期	导入期	导入期	调整期	调整期	调整期
年度第一	实力媒体	实力媒体	实力媒体	实力媒体	实力媒体	实力媒体
成立时间	实力	传立		浩腾、星传	凯洛、优势麦肯	
隶属集团	阳狮(Publics)	WPP		奥姆尼康(Omnicom)、阳狮(Publics)	卡拉特(Carat)、IPG	
	2002	2003	2004	2005	2006	2007
宏观政策	调整期	调整期	调整期	调整期	整合期	整合期
年度第一	传立、实力并列第一	传立媒体	群邑	群邑、博睿并列第一	博睿第一	
成立时间	盟诺		群邑		博睿	
隶属集团	IPG		WPP		阳狮(Publics)	

(3)跨国广告公司实施"零代理",加快抢夺本土客户资源,本土广告公司的利润空间受到严重挤压。2001年年底,以北京电通为首的合资广告公司率先宣布在国内推行"零代理",不收取客户任何广告代理费,国内推行多年的代理费制顷刻间土崩瓦解,此举在广告界引起轩然大波,广州4A协会甚至准备对合资广告公司提起法律诉讼,以控告其不正当竞争行为。②

跨国广告公司通过旗下的媒介购买公司对媒体进行集中采购。由于它们

---

① 林升梁等.媒介购买公司的中国十年[J].现代广告,2007(8):35~37.
② 周茂君、姜云峰.跨国广告公司进入中国的心路历程[J].广告大观(理论版),2008(3):88~94.

的资金实力雄厚,可以大额买断媒体时段和版面,拿到较低的折扣价;另外,不少媒介都有"返点"规定,如购买额达到2000万,可以返点5%,广告公司能拿到100万的返点费,如果购买额达到1个亿,就返点10%,即1000万。这种情况下,即便实行零代理(即不收取客户15%的代理费),跨国广告公司依然有利可图。本土广告公司没有如此雄厚的资金实力,也没有如此多的国际客户需要如此大额的版面与时段,竞争优势荡然无存,苦不堪言。

4. 并购重组阶段(2005—)

2005年底,中国全面放开广告市场,广告巨头纷纷在华设立独资公司,通过兼并收购中国本土广告公司进一步扩大市场份额,图谋主导中国广告市场。表3-4中展现了自2005年以来跨国广告集团在中国发起的10起并购案。

从这些并购案中可以发现,这一阶段跨国广告公司的活动具有如下特点:

(1)随着中国广告政策的变化及广告市场的全面放开,跨国广告公司从原先的合资转向控股或者独资,开始按照自己的意愿在华战略布局。跨国广告公司在中国的发展一直受广告方面政策法规的限制,这些"紧箍咒"终于解开,可以好好施展拳脚,跨国广告巨头自然不会放过这个机会。

(2)阵地由北上广等核心城市向二三线城市转移,未来战略发展重点向下延伸,全力开拓更广阔的市场。在中国,由于历史原因和地理原因,东部沿海城市发展较早较快。广告行业作为服务行业,自然先在高度发达的城市发展起来。因此,跨国广告公司刚进入中国市场时,大都将驻地设在北上广,这样既便于服务自己的国际客户,也便于挖掘有潜力的本土客户。随着中国经济的发展,特别是二三线城市的崛起,将战略重点转移到这些新兴的潜力地区无疑有助于未来的发展。2005年,奥美收购福建最大的广告公司——奥华广告公司,2007年,达彼斯与西部最大的广告公司阿佩克思合作,无疑都出于战略发展的考虑。

表3-4 2005年以来跨国广告(传媒)集团发起的十起并购案

时间	母公司	新成立公司名称	事件	方式	影响
2005	WPP	福建奥美奥华广告公司	奥美控股福建最大的广告公司——奥华广告公司	控股	奥美广告公司进军福建,并成为福建最大的广告公司
2005	阳狮	博睿传播	阳狮集团整合旗下实力传播和星传媒体,成立博睿传播	整合	博睿年度媒介代理购买量达110亿元,占中国年度媒体投放的13%左右

续表

时间	母公司	新成立公司名称	事件	方式	影响
2006	WPP	群邑控股公司	WPP集团整合旗下传立、迈势、灵立媒体、尚扬媒介及宝林，成立了群邑控股公司	整合	群邑在中国当年媒介承揽额超过80亿元
2006	宏盟	国安DDB	宏盟控股中信国安	控股	宏盟获得北京国安公司的大量本土客户
2006	维亚康母	维亚康母户外传媒广告有限公司	维亚康母收购北京流动媒体	收购	宏盟获得北京国安公司的大量本土客户
2006	奥姆尼康	奥姆尼康上海办事处	奥姆尼康控股国内领先的终端营销公司尤尼森	控股	奥姆尼康开始控制广告业的上游链条
2006	阳狮	非凡传播公司	博睿收购四川非凡传播公司	收购	博睿拥有四川成南高速公路、成都绕城高速公路的全部户外广告经营权
2006	WPP	上海奥维思市场营销服务有限公司	智威汤逊收购中国本土最大的促销公司之一——上海奥维思市场营销服务有限公司	收购合资	WPP集团拥有奥维思公司大量本土优质客户，并成功地控制了上海广告的下游链条
2007	WPP	阿佩克思达彼思整合营销有限公司	达彼思与西部最大的阿佩克思合作	控股	WPP集团将业务扩展到中国西部
2008	电通	电众数码广告有限公司	电通与分众传媒成立电众数码广告有限公司		电通得以借助分众渠道资源进入网络媒体领域

周茂君、姜云峰. 跨国广告公司进入中国的心路历程[J]. 广告大观(理论版),2008(3):88~94.

(3)公司业务发展不单纯在广告方面，其触角向上下游延伸，包括调查业、促销业、咨询业、公关业，以整合各方资源，获得更大的利润。市场发展到一定阶段，都会走向一体化经营或者多元化经营。跨国广告公司在中国发展了20多年，在一体化方面早已跃跃欲试，产业延伸和布局亦早有所准备。2006年，奥姆尼康控股国内领先的终端营销尤尼森；2006年，智威汤逊收购中国本土最大的促销公司——上海奥维思市场营销服务有限公司；2008年，电通与分众传媒成立电众数码广告有限公司，都是这方面的典型代表。

(4)进一步整合旗下的购买公司,以获取更大的购买量和提高自身的媒介购买力,谋求更大的市场份额。WPP集团继在2004年整合旗下媒介购买公司传立、迈势、灵立、尚扬、宝林等成立群邑集团。2006年,WPP再次整合旗下的媒介购买公司成立群邑控股公司,进一步整合各大媒体品牌的强大购买力,实现更出色的协调与资源整合。2005年,阳狮集团也整合旗下实力传播和星传媒体,成立博睿传播。大型媒介购买集团的发展成为趋势。

回顾跨国广告公司在中国的发展,可以发现,跨国广告公司从一开始被动消极地跟随国际客户进入中国市场,到2005年之后积极在中国抢占市场,布局中西部,组建大型媒介购买公司,其实就是跨国广告公司从被动参与到企图控制主导中国广告市场的历史。在发展过程中,跨国广告公司也遇到"水土不服"——广告政策法规的限制、本土化策略的失败、本土广告公司的威胁,但凭借其雄厚的资本实力、过硬的专业技能及众多国际客户,成功攻占中国市场,使得中国本土广告企业"惶惶不可终日"。无可厚非的是,跨国广告公司在中国的活动的确促进了中国广告行业的发展、中国本土广告公司水平的提高及整个行业标准的建立,带来先进的营销理念、经营模式及操作实践。

第三节　主要跨国公司在华活动概况

从1972年可口可乐在中国恢复设立办事处开始,跨国公司与中国经济共同见证彼此的成长与发展,共同开创了崭新的时代。跨国公司不但给中国市场带来先进的管理理念、成熟的经营模式及市场化经验,推动了中国市场和经济与国际惯例的接轨,促进了中国的国际化。跨国公司通过资本并购与市场开拓,不断蚕食中国本土企业的生存空间与市场份额,民族企业的生死存亡成为社会的热点话题。在与本土企业过招的过程中,跨国公司也从本土企业身上学习本土化,促使其实施本土化策略。

一、跨国公司进入中国市场的途径

跨国公司在华发展经历了三个阶段:起步阶段、发展壮大阶段、多元化进程阶段,在此不再赘述。分析其在华发展历程可以看出,跨国公司进入中国市场的途径主要有以下几种[①]:

---

① 卢泰宏.跨国公司行销中国[M].广州:广东旅游出版社,2002:10~11.

1. 与政府合作

改革开放初期,相关政策法规都不明确,市场政策并不宽松。在这种情况下,选择与中国有关政府部门进行合作,不但可以免去手续方面的繁琐,还可得到政府部门的支持,有利于其在华的进一步发展。宝洁进入中国时,就选择与经贸部下属的部门合作,免去众多后顾之忧,但其老对手联合利华就没有这么幸运,一直饱受与合资公司的磨合之苦。

2. 参与重点项目

此类合作最典型的代表就是日立。90年代初,上海市提出发展家用空调的计划,拨出近6000万美元用于该项计划,日立通过该项计划成功进入中国市场。

3. 贸易伙伴合作

跨国公司与大贸易公司有亲密合作关系,是其产品的销售商。大贸易公司比跨国公司更早进入中国市场,更了解中国市场,更清楚中国市场的发展潜力和前景,因此,选择与贸易伙伴合作,可以降低在华发展的风险,帮助其打入中国市场。

4. 与技术合作伙伴合资

跨国公司通过向中国的本土公司转让先进技术而拥有一批合作伙伴。这些中国的合作伙伴通过吸收与消化这些外来技术,成功地促进了自身的发展。

5. 配套进入

跨国公司进入中国市场后,为了降低成本,保证质量,往往需要配套零部件供应商的合作。跨国公司会带动一大批合作伙伴进入中国市场,以保证其重点项目的成功实施。

6. 在已成项目带动下进入中国

在初期与中国相关公司合作的基础上,双方扩大合作范围,上马更大的项目,促进其更深更广的发展,这也带动了跨国公司的在华发展。

二、跨国公司在华影响力

在华发展的过程中,跨国公司注重内外兼修,提高自己竞争力和经济影响力,也注意提高自己的社会影响力,许多跨国公司将本土化策略运用得炉火纯青,赢得中国政府的支持与中国民众的喜爱,如可口可乐(中国)饮料有限公司连续5年登上"中国最具影响跨国企业"榜单。可口可乐进入中国的初期也使用标准化策略,但可口可乐及时察觉到融入中国本土文化的必要性和紧迫性,及时调整营销策略与传播策略,实施完全本土化——"本土化思维,本土化执行"。从1999年开始,可口可乐推出的新年贺岁广告大片完全使用本土化的场景及人物,包括1999年的《风车篇》、2000年的《舞龙篇》、2001年的泥娃娃《阿福篇》,无不带有浓厚的中国文化底蕴和气息。另外,在形象代言人选择上,大胆启用本土明星,成功博得其主力消费群——年轻人的喜欢与支持。

评选"中国最具影响跨国企业",这一活动折射出跨国公司在华的经济影响力和社会影响力日益显赫。该评选最早始于2004年,由第一财经、零点研究咨询集团等机构共同发起并主办,主要用量化手段评判跨国企业的影响力。该评选旨在贴近跨国公司与中国社会的基础上,以公众的视角,认证企业影响力,聚焦跨国经营战略;用更为具象的方式描述国际资本在中国社会的影响力。以下是历年"中国最具影响跨国企业"名单。

表3-5 "中国最具影响跨国企业"历年名单

	2004年	2005年
中国最具影响跨国企业名单	安利(中国)日用品有限公司	美国友邦保险有限公司
	家乐福(中国)总部	安利(中国)日用品有限公司
	可口可乐(中国)饮料有限公司	宝马集团中国
	通用电气(中国)有限公司	家乐福中国
	通用汽车中国公司	可口可乐(中国)饮料有限公司
	海尔集团	国际商业机器中国有限公司
	中国惠普有限公司	麦当劳(中国)有限公司
	国际商业机器中国有限公司	微软(中国)有限公司
	联想集团有限公司	摩托罗拉(中国)电子有限公司
	麦当劳中国发展公司	雀巢(中国)有限公司
	微软(中国)有限公司	耐克(苏州)体育用品有限公司
	摩托罗拉(中国)电子有限公司	诺基亚(中国)投资有限公司
	诺基亚(中国)投资有限公司	松下电器(中国)有限公司
	松下电器(中国)有限公司	百事(中国)投资有限公司
	百事(中国)投资有限公司	宝洁(中国)有限公司
	宝洁(中国)有限公司	三星(中国)投资有限公司
	三星(中国)投资有限公司	西门子(中国)有限公司
	西门子(中国)投资有限公司	索尼(中国)有限公司
	索尼(中国)有限公司	联合利华(中国)投资有限公司
	大众汽车集团中国	中国百胜餐饮集团

续表

	2006 年	2007 年	2008 年
中国最具影响跨国企业名单	可口可乐(中国)饮料有限公司	安利(中国)日用品有限公司	可口可乐(中国)饮料有限公司
	索尼(中国)有限公司	宝马集团(中国)	微软(中国)有限公司
	安利(中国)用品有限公司	家乐福集团(中国)	英特尔(中国)有限公司
	诺基亚(中国)投资有限公司	可口可乐(中国)饮料有限公司	诺基亚(中国)投资有限公司
	通用电气(中国)有限公司	英特尔(中国)有限公司	中国石油天然气公司
	三星(中国)投资有限公司	联想集团有限公司	安利(中国)日用品有限公司
	微软(中国)有限公司	微软(中国)有限公司	宝洁(中国)有限公司
	宝马(中国)汽车贸易有限公司	诺基亚(中国)投资有限公司	IBM(中国)有限公司
	麦当劳中国发展公司	索尼(中国)有限公司	耐克(苏州)体育用品有限公司
	IBM(中国)有限公司	中国百胜餐饮集团	宝马(中国)汽车贸易有限公司
	海尔集团	最得民心奖：大众汽车公司(中国)	最具中国味奖：百胜餐饮集团中国事业部(肯德基)
	联想集团	最养眼品牌奖：苹果电脑公司	最具应变力奖：通用电气(中国)有限公司
		最具生命力奖：中国石油天然气公司；微软(中国)有限公司	最具稳重感奖：大众汽车集团(中国)
		最具蝴蝶效应奖：诺基亚(中国)投资有限公司	最具惊艳力奖：苹果(中国)公司

　　该项评选活动举办五年，外资跨国企业在华影响力和辐射力占据绝对优势，中资跨国企业中唯有海尔集团和联想集团曾经在2004年和2006年入围过，2007年只有联想集团出线，2008年中国石油天然气公司表现良好。另外，该奖项不断调整与完善，由开始的20家上榜企业缩减为10家，从2007年开始增设单项奖，以嘉奖某些方面表现突出的企业。2008年特别增设"中国元素"、"应变能力"、"大家风范"、"与众不同"四个奖项，衡量金融危机背景下跨国企业在中国的表现，使"影响力"更具全面性和多元性。苹果获"最具经验奖"，肯德基获"最具中国味奖"，大众汽车获"最得民心奖"、"最具稳重感奖"等，它从侧面展示出，跨国公司在中国社会、大众生活中发挥着越来越重要的

作用。

从该评选活动与历年的结果看,跨国公司在华影响力具有如下特点[①]:

(1)跨国企业在华影响力趋于稳定,但面临突破性发展困境。2008年,跨国企业在华影响力指数得分为77.7分,自2006年以来连续三年保持稳定趋势,表明跨国企业在华影响力面临突破性发展的困境,整体影响力始终难以逾越80分的门槛。主要原因:一是民族工业的发展壮大及国内企业竞争意识、服务意识的增强使得国产品牌日益受到消费者青睐,本土企业与跨国企业在管理方式、产品质量和服务意识方面的差距逐渐缩小;二是中国的消费者更加成熟,持更加客观和理性的态度对待企业行为,将社会责任、环境保护和消费者权益维护等因素纳入评价,而不仅仅看经济实力;三是尽管经济全球化和跨国企业的本土化使跨国企业在华适应性显著提高,但跨国企业出于自身原因弱化企业社会责任甚至出现在华商业歧视等行为,难以获得中国消费者认可。

(2)跨国公司对本土文化的认同与尊重加强,成为提高其影响力的重要决定因素。获奖的跨国公司,都积极融入中国本土,实施本土化策略,努力赢得中国社会的肯定。肯德基在2008年一举夺得"最具中国味奖",就与其完全的本土化策略密不可分。肯德基进入中国市场之后,就一直致力于开发适合中国人口味的产品,是本土化策略最成功的标杆企业。近年来,肯德基主推"早餐系列",不但加入粥类食品,而且提供最中国化的油条,其本土化举动引来快餐行业的高度关注。

(3)跨国企业影响力内外兼修,以多元化社会责任和柔性管理为重要突破口。整体而言,公司形象、产品形象、人力资源及市场竞争力依然是决定"影响力"的主要因素。其中,人力资源和领导力等柔性管理因素对跨国企业的影响增大。此外,中国的消费者日益成熟,开始理性对待跨国企业的影响力,承认跨国企业在经济发展、就业促进、人才培养和社会公益中的社会贡献,富有强烈的社会责任感、积极回馈社会的跨国公司赢得中国公众的尊重。

第四节 跨国公司在华发展战略分析
——以宝洁公司为例

跨国公司在中国市场上取得巨大成功,与其在中国市场上采取的营销策

[①] 秦宇雯.2008中国最具影响跨国企业评选揭晓[OL]. http://www.ce.cn/xwzx/gnsz/gnleft/mttt/200903/13/t20090313_18493752.shtml.(2009-03-13).

略与战略布局密不可分。无论是宝洁、可口可乐、肯德基等快速消费品行业的领军企业,还是 IBM、诺基亚、微软等高科技企业,其在中国的营销策略与发展战略方面等有一定的共性,下文以宝洁的中国市场发展战略为代表来解析跨国公司的在华发展战略与营销策略。

作为全球最大的日化企业,宝洁可以称得上是基业长青的"百年老店",已经拥有170多年的历史,创造了数十个畅销全球的品牌,被称为"品牌教父"。宝洁自1988年进入中国市场以来,成功推出海飞丝、飘柔、潘婷、沙宣、伊卡璐、玉兰油、SK-Ⅱ、舒肤佳、汰渍、碧浪等十几个品牌,彻底改变了中国日化行业的格局。宝洁在中国市场的发展推动了中国日化行业的发展,更因其成熟的品牌管理经验与市场推广策略,给中国本土企业上了一堂生动的"品牌"课。

一、宝洁在华发展历程

始创于1937年的宝洁,总部位于美国俄亥俄州的辛辛那提市,是世界上最大的日用消费品公司。它成功在全球160多个国家和地区经营着300多个畅销品牌,其产品类别包括织物及家居护理、美发美容、婴儿与家庭护理、健康护理、食品及饮料等。2008年,宝洁全球销售额高达835亿美元,实现净利润120亿美元,每股收益增长达到20%,10亿美元的品牌达到24个。2008年,宝洁全球董事长兼CEO雷富礼接受央视《对话》栏目的访谈,明确指出,在应对全球金融危机的过程中,宝洁的信心来自中国,因此宝洁在中国市场的发展战略将是未来宝洁全球战略的重点。由于中国市场的复杂性与多样性,宝洁在中国市场的发展战略颇具代表性,从中可以一窥跨国公司在华发展的主要市场战略。

根据宝洁在中国市场战略的不同,可以将宝洁的发展历程分为以下几个阶段:

1. 高速成长阶段(1988—1997)

1988年,宝洁刚刚进入中国,采用的是与其全球战略一致的高价定位战略,当然高价的前提是高质。这对宝洁迅速实现在华盈利和发展起了非常关键的作用。虽然这一时期中国人的生活水平还不是很高,但是宝洁凭借其优秀的产品质量、卓越的营销手段、良好的分销助销策略,成功在华推出一系列品牌,迅速攻占中国日用品市场的各个层面,尤其是在洗发水市场,宝洁成功运用多品牌战略进行全面市场布局,毫无疑问地成为中国洗发水市场的行业老大和品牌教父。

多品牌战略是宝洁久负盛名的战略,与品牌经理制一起,成为宝洁成功运作品牌的代名词。多品牌战略指企业在同一类产品领域同时经营两种或两种以上互相竞争的品牌。宝洁一直以来坚信,如果某一产品市场还有空间,最好由自己的品牌去占领,而不是留给竞争对手。凭借该战略,宝洁在中国成功推出数十个品牌。在洗发水领域,有"去屑专家海飞丝"、"柔顺专家飘柔"、"营养专家潘婷"、"专业发廊效果的沙宣"、"草本精华伊卡璐";在护肤品领域,宝洁拥有玉兰油、SK-Ⅱ、蜜丝佛陀等众多中高端品牌;在洗衣粉方面,宝洁拥有中低端的汰渍和高端的碧浪等品牌。

多品牌战略为宝洁带来巨大成功,缔造了品牌传奇,使宝洁成为品牌帝国。多品牌战略有利于打破消费者的心理定势,进行品牌延伸;避免"牵一发而动全身"的品牌噩运;还可以广泛地覆盖市场需求,占领高中低各大市场。凭借该战略,宝洁在中国的发展一路凯歌。到 1999 年,宝洁产品在行业的市场占有率分别是:飘柔、海飞丝、潘婷、沙宣占领将近 70% 的洗发水市场份额;汰渍、碧浪两种洗衣粉品牌占洗衣粉市场份额的 33%;舒肤佳香皂占香皂市场份额的 41%;护舒宝卫生巾占卫生巾市场的 36%。

2. 激进的品牌创新阶段(1998—2000)

在这一时期,宝洁前任 CEO 德克·杰加使用了一系列比较激进的措施,比如加快品牌创新频率,进行以推动全球重组计划为核心的 CBD 重组计划,希望找到汰渍和护舒宝那样带来数十亿美元收入的产品。

在中国市场上,宝洁为了摆脱被众多基础护理产品厂商跟进的被动局面,加快产品创新频率,进行新品牌的创造和建设,削弱了对固有品牌的研发力度,宝洁的销售额大幅度下降,新品牌的推出与运作也以失败告终。2000 年,宝洁在中国正式推出第一个本土品牌——润妍洗发护发系列,专门为东方女性发质研制,然而,由于在产品定位、设计及市场推广上的不足,润妍并未取得宝洁总部意想中的成功。2001 年 5 月,宝洁收购伊卡璐,宣告润妍品牌的"死亡"。

在激进变革市场战略的影响下,宝洁的整体销售额出现严重下滑。到 2000 年 6 月雷富礼走马上任之时,宝洁的情况已经很严重,公司股票下滑 50%,市值缩水达到 85 亿美元。为了扭转亏损,雷富礼带领宝洁进行了一系列大刀阔斧的改革,重点是实行大品牌战略——将品牌延伸的多样化与经营的差别化相结合而形成的全新战略。

3. 大品牌战略时期(2000—2005)

从上任的那一天起,雷富礼就认为宝洁不需要激进的变革,而需要汰渍这样年销售额达到 10 亿美元的大品牌。因此他挑选了 10 个销售额能达到 10 亿美元以上的品牌产品,重点加强这些品牌的销售和维护,宝洁开始转向采用大品牌战略。

2001 年 3 月 22 日,宝洁总部正式对外宣布"公司成长三大计划",包括:致力于大品牌和机遇的发展、不断推出高品质的消费品以及创建更具竞争力和生产力的企业①。

按照大品牌战略的经营理念,自从 2002 年宝洁推出全新沐浴品牌——"激爽"之后,就再也没有新品牌上市,飘柔、玉兰油、潘婷、佳洁士却不断推陈出新,丰富同一品牌的产品类别和产品线,加大固有品牌的推广力度。飘柔因在中国洗发水市场上占有 40% 的份额而被宝洁选为实施"大品牌战略"的品牌,成为宝洁看中的"10 亿美元品牌"。从 2000 年开始,宝洁一直着手完善飘柔的产品线,主要包括:

(1)升级飘柔,加强对原有市场的渗透。2000 年 8 月到 2003 年 10 月,飘柔系列产品一直升级换代,飘柔的概念变得更加丰富:滋润的、去屑的、柔顺的、黑发的、人参的、焗油的飘柔等。

(2)低价飘柔,全力抢占低端市场。2003 年 11 月中旬,宝洁推出零售价仅为 9.9 元的飘柔洗发水,全力抢夺市场份额,打压本土日化企业。除了飘柔外,宝洁旗下的许多产品——汰渍洗衣粉、舒肤佳、玉兰油沐浴液和激爽等纷纷降价,各品牌降价幅度均在 20% 以上。

(3)延伸飘柔,推出沐浴露、香皂等,走向品类延伸。2004 年 3 月,飘柔大力进军沐浴市场,希望在行业领导者缺失的情况下,成为沐浴领域的领头羊。

经过这一时期的调整和改革,宝洁重新焕发活力,重回日化行业领导者的位置。2008 年,宝洁全球销售额高达 835 亿美元,实现净利润 120 亿美元,每股收益增长达到 20%,10 亿美元的品牌达到 24 个。

4. 向"美丽产业"进军(2005—)

在实施大品牌战略、维护和巩固现有品牌的基础上,从 2005 年开始,宝洁向"美丽产业"(Beauty Care)进军,发展重心转向高增长、高利润的美容护肤产品业务。目前宝洁在中国美容化妆用品的格局如下:

表 3-6 宝洁美容化妆品中国布局

宝洁美容化妆品	高档	SK-Ⅱ
		伊奈美
	中档	玉兰油
		蜜丝佛陀(睫毛膏)
		威娜(美发)
	低档	Cover Girl
		飘柔(预计开发)
		伊卡璐(美发)

相比欧莱雅而言,宝洁中国进军美容化妆品显得太晚。欧莱雅在中国已

---

① 马宁.宝洁与联合利华:全球两大日化帝国的品牌行销策略[M].北京:中国经济出版社,2005:4.

经拥有12个品牌,成功布局其"品牌金字塔",覆盖高中低各大市场。想要撼动欧莱雅的领导者地位,宝洁的征途相当长远。目前,宝洁在中低端美容化妆品市场的根基不稳,亟须加强,美容化妆品品牌略显单薄。近年来,宝洁收购兼并动作不断,之前与欧莱雅争夺羽西品牌失败,后在收购妮维雅的过程中遗憾出局。更传闻宝洁收购资生堂和雅诗兰黛,分析师认为这与宝洁新任CEO麦睿博对新产品和新兴市场的开发战略与思路相一致。不管结果如何,宝洁进军美容化妆品行业的决心可见一斑。

二、从宝洁看跨国公司在华发展战略

1. 金字塔战略或无缝隙战略

在中国发展的过程中,许多跨国公司逐渐发现中国市场的复杂和多元化,中国消费梯度很大,中低端市场发展潜力巨大,这与中国的社会结构有关。中国是一个塔基市场特别庞大的国家,谁占有这个市场,谁就在竞争中更具优势,因此,跨国公司在华发展都会采用全面覆盖的无缝隙战略或金字塔战略,力图占领中高低三档市场,实现最大限度的盈利,宝洁与欧莱雅就是这种战略的典型代表。

无论是多品牌战略还是大品牌战略,都体现宝洁在市场布局上的全局性与前瞻性。宝洁历来奉行多品牌战略——只要市场还有空间,就要用自己的品牌去占领。雷富礼上台后,不断完善多品牌战略及品牌经理制,使其更符合现阶段发展的要求,并在此基础上提出大品牌战略,使得宝洁的销售额屡创新高。其实这都是无缝隙战略的体现。在洗发水市场,宝洁拥有飘柔、潘婷、沙宣、海飞丝、伊卡璐等众多洗发水品牌,在成功运用USP策略的基础上,每个品牌都凭借独特的品牌个性占据一定的市场。但在洗衣粉市场上,宝洁遭遇了纳爱斯。1999年,纳爱斯推出雕牌洗衣粉,其后雕牌洗衣粉凭借其主打的情感牌与低价策略迅速攻占中国高低端市场,宝洁旗下的汰渍洗衣粉的市场份额直线下跌,甚至严重到要退出市场。此次失败让宝洁着实领会到价格这个因素的敏感程度。宝洁调整了市场战略,严格控制成本,旗下产品几番降价,以适应中国消费者的需求。在洗发水市场上,宝洁也遭遇了价格战。2000年,飘柔、海飞丝和潘婷品牌的市场占有率均下降了3个百分点,舒蕾洗发水却脱颖而出,市场份额比上年增长了一倍,超过宝洁当年力推的沙宣系列。宝洁意识到市场战略的缺陷:自己在广大的中低端市场上没有可以覆盖的品牌,于是及时调整市场布局,采取无缝隙的覆盖战略。2003年底宝洁推出的9.9元超低价新飘柔系列,就是宝洁战略调整的标志。凭借飘柔这一大品牌战略,宝洁开始全力攻占广大中低端市场。

除了宝洁之外，很多跨国公司在中国市场上都采用无缝隙战略（金字塔战略），即利用旗下的各大品牌全力攻占高中低三档市场，不给竞争对手喘息的机会，例如欧莱雅的中国战略被称为"品牌金字塔"。欧莱雅旗下一共拥有500多个品牌，在中国一共拥有12个品牌。按照盖·保罗所说的金字塔理论，欧莱雅在中国的品牌框架包括高端、中端和低端三个市场：

塔尖部分：高端第一品牌赫莲娜，第二品牌兰蔻，第三品牌碧欧泉。这三个高端品牌在定位、目标群体、价格、专柜数量等方面有一定的差异，拥有不同的品牌个性。

塔中部分：中端品牌分为两大块：一块是美发产品——包括卡诗和欧莱雅美发，卡诗在染发领域属于高端品牌，比欧莱雅专业美发定位要高；另外一块是活性健康化妆品，有薇姿和理肤泉两大品牌，销售渠道为药房。

塔基部分：也就是通常所说的大众市场。由于中国市场的复杂性及多元化，大众市场在中国是非常重要的市场。欧莱雅在这个市场上一共拥有5个品牌：巴黎欧莱雅属于最高端的，产品包括护肤、彩妆、染发等；第二品牌是羽西；第三品牌是美宝莲；第四品牌是卡尼尔；第五品牌是小护士。这些品牌的目标群体也不尽相同。

2. 品牌管理战略——宝洁的"大品牌战略"

跨国公司在中国市场上大都拥有多个不同的品牌，如宝洁在中国现有三个产品品类：美尚、健康和家庭护理，共计21个品牌（见表7）。欧莱雅在中国一共拥有12个品牌（见表8）。如何管理好定位不同、品类不同的各大品牌就成为跨国公司在华战略的重中之重。作为"品牌教父"，宝洁的品牌管理战略——"大品牌战略"颇具代表性。

表 3-7　宝洁中国品牌

品类	品牌
美尚	玉兰油、SK-Ⅱ、伊奈美、潘婷、飘柔、海飞丝、沙宣、伊卡璐、威娜、舒肤佳
健康	吉列、博朗、护舒宝、佳洁士、欧乐-B、帮宝适
家庭护理	汰渍、兰诺、金霸王、碧浪、品客

表 3-8　欧莱雅中国品牌

产品定位	品牌
高端	赫莲娜、兰蔻、碧欧泉
中端	美发产品：卡诗和欧莱雅美发，活性健康化妆品，薇姿和理肤泉
低端	巴黎欧莱雅、羽西、美宝莲、卡尼尔、小护士

北京大学汇丰商学院跨国公司研究项目组.与中国一起成长：宝洁公司在华20年[M].北京：北京大学出版社,2009:47.

大品牌战略指将品牌延伸的多样化与经营的差别化相结合而形成的全新的战略。大品牌战略的品牌策略具体包括：

(1)集中优势资源发展少数大品牌。宝洁实行大品牌战略的目的就是要重点扶持那些有机会成长为大品牌的主要品牌，这些大品牌通常都拥有高效率及规模经济的竞争优势。雷富礼极力主张，宝洁要把重点放在建立并维持核心品牌成为全球领导品牌上[①]。

(2)整合自身品牌的同时，通过并购，补充自己所缺乏的"大品牌"。为了全面实施"大品牌"战略，宝洁不仅在自己占据领导地位的领域，如洗涤剂、食品、卫浴、护理，整合自身品牌，还通过收购大品牌的方式在化妆品领域实施该战略，全面提高自身的竞争力。宝洁先后引进玉兰油与SK-Ⅱ、蜜丝佛陀等中高端品牌，弥补自身化妆品领域的"先天不足"，强化在化妆品领域的竞争力。

(3)由多品牌策略时期的品牌经理制转向大品牌战略时期的品类管理。宝洁的品牌经理制是宝洁久负盛名的制度，培养了数以千计的优秀经理人。品牌经理制为宝洁多品牌策略的成功奠定了坚实的基础，通过实行该制度，宝洁改善了品牌运营效率，但也使得内部争夺资源的竞争加剧，降低了资源配置的效率。因此，在大品牌战略的指导下，宝洁的品牌经理制转向品类管理。品牌管理的目的是确保各品牌保持定位，不侵蚀其他品牌的核心诉求。在品牌经理的基础上，宝洁按品类设置大品牌经理。

3. 收购兼并战略——宝洁进军"美丽产业"(Beauty Care)

跨国公司在华发展的过程中，为了扩大市场份额，进军中国市场，抑或是满足战略转型的需要，一般都经历了收购与兼并的阶段。无论是收购本土品牌以便实施本土化策略，还是收购大型国际品牌以进军中国市场，都体现了收购兼并战略的重要作用。为了满足战略转型的需要，宝洁在剥离非核心业务的同时，大力收购重点发展的核心业务品牌，增强自己的竞争力。

2005年，宝洁向"美丽产业"侧重，发展中心转向高增长、高利润的美容护肤产品业务。欧莱雅在中国化妆品市场的战略布局较早，因此宝洁在中国化妆品市场上没有太大优势。目前宝洁的七大主要产品品牌中已经有五大类进入中国市场，包括洗涤剂品牌、食品品牌、卫浴品牌、护理品牌、化妆品品牌，但化妆品品牌却始终是宝洁的软肋。

为了弥补这个劣势，扩大市场份额，宝洁不断进行收购兼并来完善化妆品品牌体系，奋起直追，欲在化妆品市场上分得一杯羹。近年来宝洁在化妆品领域的举动如下：

---

① 北京大学汇丰商学院跨国公司研究项目组.与中国一起成长：宝洁公司在华20年[M].北京：北京大学出版社，2009：41~42.

80年代末90年代初收购Noxell、蜜丝佛陀、Ellen Betrix等公司。

2001年,宝洁收购伊卡璐。

2002年,宝洁意欲收购妮维雅,后遗憾出局。

2003年,宝洁力争收购羽西,遗憾败给了欧莱雅;

2005年4月,彩妆品牌蜜丝佛陀正式登陆中国,但仅仅一年,蜜丝佛陀全面撤离中国市场。

2005年,宝洁的中端彩妆品牌——Cover Girl正式进军中国市场;

2005年,宝洁以570亿美元完成史上最大收购——收购吉列,开始大规模进军男性护理用品市场;

2006年,宝洁以59亿美元收购德国护发产品公司威娜。

2006年4月,宝洁旗下高档护肤品牌伊奈美正式进入中国市场。

2008年,蜜丝佛陀一改高档形象,定位于中端市场,放下身价进军中国大众市场。

2009年,宝洁收购高端男士护肤品牌瑟雅,以继续拓展其男士护理用品业务。

宝洁还试图收购资生堂或雅诗兰黛,丰富自己的高端化妆品品牌,以增强对抗欧莱雅的实力。

宝洁开始从利润日益下降的日化行业转向利润较高的化妆品行业,兼并收购战略成为宝洁快速壮大自己的美容化妆品对抗欧莱雅的主要形式。只要这一战略运用得当,相信宝洁可以在美容化妆品市场上赢得自己的地盘。

第五节 跨国公司在华传播策略与营销策略

跨国公司在华的发展与壮大与其成功的传播策略密不可分,其营销战略凭借精准的市场定位与广告策略而得到贯彻实施。因此,跨国公司在华取得的成功与它们采用的传播策略紧密相关,下文简要分析跨国公司在华活动的主要传播策略。

一、跨国公司在华传播策略

1. 标准化策略与本土化策略

跨国公司在华采用的传播策略主要有三种:标准化策略,本土化策略,"全球策略,本土执行",第三种策略是在总结前两种策略的优劣势的基础上发展而来的,也是目前大多数跨国公司采用的策略。这几种策略的特点不同,影响和作用也各不相同。

标准化策略指跨国公司在全球采用统一或基本相同的营销策略与广告主题,在不同的文化背景、风俗习惯、社会心理的市场上运用同一种广告诉求与传播策略,如可口可乐早期进入中国时的广告活动以及雀巢公司的广告口号"味道好极了"。许多跨国公司进入中国市场时都采用标准化策略,一方面是因为刚刚进入中国市场尚不熟悉中国市场的特点与规律,采用在国外已经成功的广告模式可以将广告风险降到最低;另一方面,市场刚刚开放的中国社会与民众对具有异域风情的产品或品牌反而会另眼相看。因此,初期的标准化广告策略在中国市场上取得成功,采用标准化策略确保了公司与品牌形象的统一,有利于在中国广大消费者心目中建立起清晰明确的品牌形象和认知。

本土化策略指跨国公司针对各个国家市场不同的文化背景,在宣传产品时使用不同的广告主题,传达不同的广告信息。联合利华从进入中国市场的那一天起,就特别注重采用本土化策略,采用全方位本土化的模式。联合利华始终坚信:国际品牌和民族品牌的结合可以发挥 $1+1>2$ 的集合效应,始终矢志不渝地追求两者合力作用的最大化。联合利华的产品从品牌名称的设计到品牌形象代言人的挑选,从品牌宣传主题词的编撰到品牌的宣传推广等各方面都尽量与当地的文化、社会习俗及消费者的价值观念等相适应。[①] 除了在产品与宣传方面实施本土化之外,联合利华还注重通过收购本土企业来加快自己的本土化。联合利华始终认为,进入一个市场最快最便捷的途径就是收购本土企业,而不是冒高风险耗巨资去推出全新的产品与品牌。相反,在不了解当地市场,很难准确把握当地消费者需求的情况下,并购本土品牌不仅可以提高效率,提高品牌价值,还能使产品或品牌与当地的文化以及价值观尽快融合,用最短的时间占领市场,占领消费者心智,抢得先机。

"全球策略,本土执行"是在跨国公司全球营销的实践中总结出来的全新传播策略。它融合了标准化策略与本土化策略的优势,既可以实现全球统筹,统一形象,便于管理,又有利于其在世界各地的具体执行,消除文化障碍,是目前大多数跨国公司都采取的营销策略与传播策略,百事可乐的"新生代运动"就是这一策略的完美实践者。20世纪80年代,百事可乐在美国推出"新一代的选择"的营销计划,聘请当红巨星迈克尔·杰克逊为形象代言人,结果在美国市场大获成功,于是百事可乐将这一策略在全球市场如法炮制,但充分考虑

---

① 马宁.宝洁与联合利华:全球两大日化帝国的品牌行销策略[M].北京:中国经济出版社,2005:17.

当地的文化传统,选择本地当红明星作为形象代言人。如在香港市场选择张国荣、刘德华、郭富城等超级明星,此后更是一直推行本地明星代言策略,陆续签下王菲、郑秀文等大批香港巨星,为百事可乐在香港市场虏获年轻消费者的心打下坚实的基础。

2. 跨国公司在华传播策略分析——以肯德基为例

跨国公司在华发展的过程中,不断探索成功营销与传播的策略,在数十年的发展中积累了深厚的经验。它们不再是当初闯入中国市场因为水土不服而焦头烂额的"洋品牌",而成为了解中国传统文化与风俗习惯的品牌专家。

众所周知,肯德基与麦当劳在中国市场上是一对欢喜冤家,其竞争就好比可口可乐与百事可乐,宝洁与联合利华,竞争也相当激烈。但是不可否认的是,虽然麦当劳在全球范围内比肯德基拥有更多市场份额,但在中国市场上肯德基却占尽上风。1987年11月12日,作为首家进入中国的"洋快餐",肯德基凭借比麦当劳早5年的先发优势,在中国市场的占有率大大超过麦当劳。2002年2月—12月,肯德基在中国增开了近200家分店,总数达到850家,而麦当劳同期总店数仅为543家,①中国市场成为肯德基反攻麦当劳的大本营。

同为连锁经营体系,为何拥有更悠久历史、更雄厚品牌资产的麦当劳在中国市场上的表现不如肯德基呢?除了肯德基的"战略性连锁经营"(包括四大方面:企业价值链的优化、通畅的供应链管理、双赢的连锁经营链和契合的顾客满意链)之外,精确的传播策略也是其成功的重要砝码。

肯德基一直坚持本土化的战略理念,认为只有深入了解当地文化与当地消费者的消费习惯与消费心理,才能站稳脚跟,成就百年大业,而不是昙花一现式的发展。因此,肯德基自进入中国后,一直致力于新产品研发的本土化,被公认为将本土化策略推向"极致"。

2002年,肯德基在全国部分城市的部分餐厅开始供应早餐,并于同年推出两款极具中国本土特色的花式早餐粥——海鲜蛋花粥和香菇鸡肉粥,正式拉开中国肯德基加快产品本土化的序幕。此后每年,肯德基都会推出一定数量的符合中国消费者口味需求的本土化食品。除海鲜蛋花粥和香菇鸡肉粥外,肯德基还推出皮蛋瘦肉粥、牛肉蛋花粥、老北京鸡肉卷及安心油条。②2008年春节前后推出的安心油条引起社会舆论的关注:定价是否合理、市民是否感兴趣、肯德基的本土化策略、油条的商业价值为何率先被跨国公司发现,等等。不论肯德基此番举动意欲何为,但毋庸置疑,肯德基的本土化策略

---

① 李颖生.跨国公司的中国市场谋略[M].南昌:江西人民出版社,2005:100.
② 肯德基今日起早餐时段开始卖油条售价每根3元[OL]. http://news.sohu.com/20080121/n254775058.shtml. (2009-12-11).

执行得很彻底。

除了持续研发本土化产品,肯德基更是借助成功的广告与传播策略将本土化理念传达给中国的千家万户,其本土化的形象已经深入民心。

(1)定位"烹鸡专家",提供标准化服务。由于文化传统方面的原因,鸡肉更适合中国人的口味,"烹鸡专家"形象无疑是肯德基最好的招牌。肯德基抓住麦当劳产品以牛肉为主的软肋,在口味差异方面发动猛烈攻势,自然获利不少。

(2)在中国市场推行"第一品牌"策略。肯德基自进入中国市场时,就决定要成为中国餐饮业的第一品牌,因此无论在扩张速度还是在广告攻势方面都比麦当劳迅速与猛烈。

(3)借助产品研发的本土化,广告策略的本土化执行注意融入中国元素,结合中国传统文化与现代生活。

下面具体分析肯德基的本土广告策略。

(1)广告宣传借助多种手段,平面媒体宣传、影视媒体宣传和网络媒体宣传同时并用,力求广告效果最大化。多种媒体的整合传播,保证了传播效果,为其成功的传播打下坚实的基础。

(2)广告表现注重结合中国传统文化,契合中国人的消费心理,力求广告传播效果打动人心。产品本土化的执行力度很大,在广告策略本土化方面,肯德基也煞费苦心。中国人注重家文化,因此肯德基的广告中多出现温馨的家庭生活场景,有的产品广告甚至直接定位于家庭消费,如肯德基外带全家桶。

中国人重情,不管是亲情、友情,还是爱情,因此肯德基的广告电视广告多以情动人,充分尊重中国的文化传统,比如肯德基的蛋挞广告。有的系列以浪漫的爱情来表现,有的系列则以温馨的友情来表现,不管是哪种情谊,肯德基抓住中国人重情的文化传统和社会心理,使自己的产品带上浓浓的情谊味。

中国人重视节日,每年的春节更是中国人的大事,因此肯德基在春节都会推出"新年套餐"系列,拉近与中国消费者的距离。

二、跨国公司在华营销策略

跨国公司进入中国市场之后,由于其在品牌运作、市场营销、宣传推广等方面的经验较为丰富,因此市场营销方面的手法也较为成熟。一般来说,跨国公司在华的营销策略包括以下几种:

1. 事件营销

所谓事件营销,指企业通过策划、组织和利用具有名人效应、新闻价值及社会影响的人物或事件,吸引媒体、社会团体和消费者的兴趣与关注,以提高企业或产品的知名度、美誉度,树立良好的品牌形象,最终促成产品的销售。①事件营销分为借势和造势两种,借势指利用社会上已经存在的有价值的、影响面广的新闻或事件来达到借题发挥的传播效果;造势指策划、组织或制造有价值、有影响的事件,以引起社会舆论的高度关注,获得传播效果。

事件营销是跨国公司经常运用的手法,运用得当,可以事半功倍。不仅跨国公司经常利用,国内的某些本土企业在运用事件营销方面也当仁不让。雕牌洗衣粉借助下岗职工这一社会热点在市场上一炮走红,王老吉为汶川大地震捐款,都是极为成功的事件营销。

2. 概念营销

概念营销指企业赋予产品或服务全新的概念,借以提升产品内涵、传授产品知识的营销方式。概念营销是跨国公司常用的营销手法,通过赋予产品或服务新的内容,使产品或品牌具有"独特的销售主张",形成个性鲜明的品牌认知,有利于品牌形象的塑造与消费者的心理认知。但选择"概念"时一定要谨慎为之,好的概念可以成功带动品牌,失败的概念也会给产品或品牌的传播带来意想不到的麻烦。宝洁在概念营销方面可谓得心应手,其旗下虽有5大洗发水品牌,但每个品牌都有鲜明的个性,并不相互侵蚀:"柔顺专家"飘柔、"营养专家"潘婷、"美发专家"沙宣、"去屑专家"海飞丝、"草本植物精华"伊卡璐。

3. 公关营销

跨国公司在华发展的过程中,受中国相关政策的影响较大,深谙此道的跨国公司特别注意与政府、社会各界的关系营销。公关营销,指企业或团体为了生存和发展,适应社会环境的需要,而与环境中的各个团体保持良好而互助的关系。通过公关营销,企业不但为自己的生存与发展创造良好的外部环境,争得主动权和优先权。联合利华在中国的发展是公关营销的典范,联合利华始终坚信企业应当以公民的身份融入社会,因此将自身定位为社会的一部分,主动遵守社会契约,履行社会公民义务和社会责任,提出"中国公民"的概念,希望借助此种方式,拉近与中国消费者和政府的距离,为自己的发展创造更有利的条件。

4. 公益营销

公益营销指企业通过举办或借助公益慈善活动与消费者拉近距离,从而树立良好的企业形象,借良好的企业形象影响消费者,使其对企业的产品产生

---

① 马宁.宝洁与联合利华:全球两大日化帝国的品牌行销策略[M].北京:中国经济出版社,2006:71.

好感。① 严格来说,公益营销也是公关营销的一部分,将其单独出来,是因为公益营销与公关营销还是有一定的差别,不可互相等同。对于跨国企业而言,在本土市场上树立良好的社会形象有利于其融入本土文化,加快自身发展,因此许多跨国企业在华发展的过程中都会进行公益营销,最大限度地改善自己的社会形象和社会美誉度。如宝洁在中国的贫困地区捐建了 100 多所希望小学并捐赠学校运营费用,设立"中国科学院宝洁科教基金"用于鼓励教育事业的发展。

5. 网络营销

网络营销随着互联网的发展及电子商务的兴起而发展。作为新兴的营销方式,网络因互动性强、表现力丰富、及时可见受到各大跨国公司的青睐。网络营销根据不同的特点与方式又可以分为 email 营销(许可邮件营销/邮件列表)、搜索引擎营销(SEM)、数据库营销、博客营销、微博营销、社区或论坛营销、病毒营销等多种方式。随着以谷歌、百度等为首的搜索引擎的发展壮大、客户关系管理的兴起,搜索引擎营销与数据库营销正日益受到各大公司的青睐,相信在不久的将来,这些新兴的网络营销方式定会成为市场推广的主力军。

跨国公司的营销策略多种多样,以上只是列举常见的几种。不管采用哪种传播策略或者营销策略,只要能占领消费者的心智,塑造独特的品牌个性,使产品或品牌得到认可,进行成功的市场渗透与进入,实现企业的战略蓝图。

本章小结

跨国公司在华发展历程可以分为三个阶段:1979—1991 年的起步和发展阶段,这一时期投资规模小,为跨国公司在华发展的试水阶段;1992—2001 年的发展壮大阶段,这一时期跨国公司在华开始进行大规模和系统化投资,加快攻城略地的步伐;2002 年至今,跨国公司调整在华战略,加快其在中国市场的一体化和多元化进程。

跟随跨国公司进入中国市场的跨国广告公司在中国的发展也经历了三个阶段:1979—1991 年的摸索起步阶段,1992—2001 年的市场渗透阶段,2001—2005 年的全面扩张阶段,2005 年至今的并购重组阶段。

---

① 马宁.宝洁与联合利华:全球两大日化帝国的品牌行销策略[M].北京:中国经济出版社,2006:71.

跨国公司在华发展战略是其全球战略布局的重中之重,许多跨国公司在中国市场上都采取全面覆盖、无缝布局的方式,在市场的高中低三个层面都用自己的产品或品牌去占领,企图成为中国市场的霸主,如欧莱雅集团的"品牌金字塔"战略。

与其发展战略一脉相承,跨国公司在华的传播策略与营销策略也颇有代表性。一般来说,跨国公司采取的传播策略主要有标准化策略、本土化策略和"全球策略,本土执行";营销策略形式多种多样,主要有事件营销、概念营销、公关营销、公益营销、网络营销。

【案例】

欧莱雅:品牌金字塔之中国战略[①]

1. 中国圆桌与欧莱雅的12骑士

对小护士和羽西的收购,是欧莱雅(中国)全球品牌战略的分水岭。完成对小护士和羽西的收购计划之后,欧莱雅对当地品牌进行改造的全球化战略正式在中国揭幕。这两个在中国市场有着深厚影响的品牌,加上欧莱雅旗下已经成功进驻中国市场的兰蔻、赫莲娜、碧欧泉、巴黎欧莱雅专业美发、理肤泉、巴黎卡诗、薇姿、美宝莲、卡尼尔、巴黎欧莱雅,形成了辐射不同阶层、通路各异的12大品牌,构成一个12骑士式的品牌团队。欧莱雅宛如"亚瑟王","12骑士"拱卫着它,围着中国市场的大圆桌,分食日益丰盛的产业蛋糕,而且参加这一圆桌会议的成员在未来将持续增加。

欧莱雅将这样一个"梦之队"一般的阵营以"品牌金字塔"命名,意为从最大众化的低端消费群到最奢华的高端消费群,各层级的中国市场均有其品牌强力覆盖。欧莱雅在中国市场的金字塔战略布局,再现了法国人凡尔赛宫前复制金字塔的神妙。

"梦之队"绝不意味着完美。即使每个零部件是完美的,构成一个完美的整体也往往很难。2004年欧洲杯上黑马希腊队击败众多"梦之队"夺冠的经历,让这个道理更易为人接受。因此,对于欧莱雅而言,值得骄傲的不是在中国再建了如此壮观的一个金字塔,重要的是,这个金字塔的含金量到底有多高。

数字能从一个方面说明问题,欧莱雅2003年的销售业绩在上一年的基础上猛增69.3%,市场占有率排名从第6升到第3,整体业绩比刚刚进

---

① 张兵武.欧莱雅:品牌金字塔之中国战略[J].销售与市场,2004(26):4.

入中国时的1997年增长824%。

品牌表现则进一步印证了数字的可靠性,欧莱雅旗下品牌在不同产品品类当中均占据领先地位,其中兰蔻、美宝莲和薇姿三大品牌分别占据高档化妆品市场、大众彩妆市场和药房活性健康护肤品市场的第一名。欧莱雅旗下品牌今天在中国市场的表现,可以"星光灿烂"一语论之,这与其在全球市场的表现也是一致的。

欧莱雅正式在中国设立中国总部的时间是1997年2月,在众多挥师进军中国市场的跨国巨头中,无疑是一个迟来者。但仅7年的时间,中国已成为其最具潜力的市场与全球战略中心。欧莱雅在中国如此迅速而强大地崛起,无疑应归功于其全球品牌战略在中国的成功移植。

欧莱雅收购小护士和羽西,是中国欧莱雅全球品牌战略转折点。此前,欧莱雅主要引入集团原有明星品牌,让十大全球品牌在中国"生根开花",此后,欧莱雅在维持明星品牌的同时,转动资本的魔方,收购本土品牌,并将其进行改造。从此,欧莱雅在中国的战略与其全球战略几乎完全一致——个近乎完美且让所有竞争对手妒忌的品牌金字塔战略及其执行在中国得到完整的呈现。

这一全球化战略的确立及成功基于四个关键要素:

(1)品牌策略分众化,并确保品牌市场定位的卓越,建立全方位的品牌与产品结构,构造金字塔框架。

(2)品牌塑造差异化,依托品牌定位发挥认知杠杆效应,占据消费心智,使金字塔的每一部分更坚固。

(3)集约化利用技术、通路及传播等集团平台,整合复杂的品牌群,打造坚实的金字塔底座。

(4)运用资本杠杆,收购本土品牌,完善"金字塔",并通过品牌改造,创造更强大的整体优势。

在中国市场,这四大要素相辅相成,其协同整合优势在未来将逐步释放,"金字塔"的市场影响力与辐射力也将同步提升。

2. 策略分众化追求卓越定位

"全方位的品牌及产品结构"是欧莱雅最独特的优势,即按价格水平衡量,欧莱雅在中国从塔底到塔尖都有产品和品牌。

欧莱雅这一优势主要由分众策略得来,即区分市场,将中国的消费群分割成不同消费区间,并依消费者的需求将市场分割为不同的部分,分而治之。

欧莱雅为每一个消费需求区提供不同的品牌,各个品牌之间的界限分得很清楚,并强调每一个品牌的产品都有自己的特色,每个品牌都有单独的销售渠道和销售对象。

在进入中国的头几年,兰蔻、赫莲娜、碧欧泉、薇姿、理肤泉、欧莱雅专业美发、巴黎卡诗、巴黎欧莱雅、美宝莲、卡尼尔等10大明星品牌陆续进入中国市场,分众化策略逐步展开。

(1)高端市场。兰蔻是欧莱雅集团众多高档品牌中最早进入中国的,主要通过高档百货店、购物中心的专柜销售,为众多高端消费者所青睐。

赫莲娜:颇具现代感的前卫品牌,于2000年11月在上海梅龙镇伊势丹开设在中国的第一个专柜。将美容科学作为品牌理念,治疗效果作为其保养品的特征和研究方向,对塔尖消费者颇具影响力。

碧欧泉:2001年4月进入中国的欧洲三大护肤品牌之一,是以自然温和的方式使细胞肌肤达到平衡的高档化妆品,采用时尚的开放式购物方式。

(2)中端市场。薇姿于1998年7月进入中国,通过全国各地医院的皮肤科临床试验,在国内大中城市的专业药房设立专柜。

理肤泉:2001年登陆中国市场,在药房进行销售,解决皮肤保养难题,起辅助性治疗作用。

巴黎欧莱雅专业美发:专为美发师创造的品牌,只在专业发廊销售和使用,专门针对发廊在专业服务中的特殊需求。

巴黎卡诗:专业护发品牌,只在特定高档发廊提供服务及销售。通过发廊美发师的特殊技巧和极具个性化的服务,使顾客得到整体享受。

(3)大众市场。巴黎欧莱雅:欧莱雅集团内历史最悠久、知名度最高的大众化妆品之一,也是进入中国市场较早的大众化妆品品牌之一,该品牌包括护肤、彩妆及染发品。

美宝莲:欧莱雅于1996年收购的美国品牌,风格明快、时尚、青春,在大众市场颇具影响力。

卡尼尔:以"健康之源美于自然"为宗旨,致力开发天然美容产品,适用于大众消费者,在各大超市、百货商场和化妆品店开设专柜进行销售。

在销售渠道的设计上,欧莱雅充分考虑产品的目标消费群,定位于高档产品,精心选择销售点,大众化产品则考虑购买的便利性。以大众彩妆品牌美宝莲为例,价格容易让大众接受,销售渠道十分广泛,消费者随时能看到,随时能买,好比随处买到可口可乐一样方便。现在美宝莲已经有11万多个门店分布在627个城市,可谓无处不在。处于大众市场较高端的巴黎欧莱雅则遍布中国118个城市,共有505家百货商店的503个专柜。要购买兰蔻,就没有那么容易了,有时消费者必须到别的城市去购买,这由品牌定位之下稀有的专卖渠道所决定。在21个城市当中最好的百货商店,兰蔻开辟了42个专柜。同样也是100％在百货公司销售的碧欧泉,仅在12个城市的20家大型百货公司设有专柜;而最具专业性的高档品牌赫莲娜则只有6个专柜。

多种品牌互为补充,同时每个品牌都有各自的事业体,这扩展了内部竞争的概念,也是市场扩张的关键性动力来源。这十大品牌分别覆盖中国市场高中低三大消费区间,满足不同的美容需求,同时又充分发挥集群优势,强化欧莱雅金字塔战略的整体影响力。

"金字塔战略"非中国市场独有,但由于中国市场的复杂性,欧莱雅按年龄、收入、受教育程度甚至不同类型城市等要素一一细分成若干个"金字塔"。欧莱雅认识到,中国的"金字塔"尤其特殊,在其他国家与地区,欧莱雅通常是在市场金字塔的每一层都要有产品,同时考虑满足任何购买力消费者的需求,虽然中国低档的市场更大,但欧莱雅绝对不去碰,不会生产5块钱的化妆品,那么低的成本无法保证欧莱雅要求的品质。

对于欧莱雅而言,分众化策略的实施,必须以保证品牌的卓越品质与形象为前提,消费者对品牌的长期认同始终是第一位的。

3. 执行差异化强化品牌认知

分众化策略的结果是,不同收入、教育、地域背景的消费者都能在欧莱雅集团的产品中找到适合自己文化与审美习惯的产品。欧莱雅注意持续强化品牌及其所代表的意义,发挥品牌认知的杠杆作用,以充分利用由品牌认同所产生的竞争优势。

在中国市场,欧莱雅品牌建设注意聚焦于品牌认同,为不同的业务单元确立明晰的目标对象及品牌识别、认同的方式,建造永久的上层建筑——差异性、消费者忠诚度及形象。唯美高贵的兰蔻,"美容界的科学先驱"赫莲娜,解决问题皮肤的理肤泉,"健康之源美于自然"的卡尼尔以及明快、时尚、青春的美宝莲,均有一组独特的符号组合,确保与目标消费群体建立密切关系。

(1)基于差异化定位的品牌传播。欧莱雅旗下品牌的代言人以特定的视觉形象强化消费者的认同。巴黎欧莱雅广告中的巩俐、美宝莲广告中的章子怡,都经过改造被"欧莱雅化",前者的高贵优雅,后者的活力动感,与大众日常视野已有的印象是有差异的。但有一点是相同的,那就是二者都拥有普通女性所不具备的东西——那是她们的梦想所在。

欧莱雅通过这些角色演绎出充满魅力的时尚神话:不论是巴黎欧莱雅,还是纽约美宝莲,都来自以美或时尚闻名的领域,是值得信赖并跟随的生活方式。"巴黎欧莱雅,我值得拥有"、"美来自内心,美来自美宝莲",都巧妙地传达了值得信任的品牌专业感,同时也赋予品牌领导者形象。

不论是经过广告、销售点展示物及样品,或是集团的伙伴(零售商、美发师及新闻记者),欧莱雅都会根据品牌的不同定位,充分利用不同类型的传播通路。大众品牌美宝莲主要凭借电视广告和代言人章子怡渗透中国各级城市;定位于解决皮肤保养难题的理肤泉将皮肤科医生、专业激光美容中心从事皮肤美容的专家作为其品牌传播的主要载体;巴黎欧莱雅专业美发则主要依靠专业美容顾问的传幡产生口碑效应;面向普通大众的美发产品卡尼尔则在北京、天津、沈阳、上海、杭州、南京、深圳、太原等城市设立染发教育中心,以现场提供染发服务的方式进行展示。

(2)品牌文化的多元化。对于欧莱雅而言,这些明星品牌并非都源于法国文化。如何在中国这样一个异质文化环境中彰显这些品牌的魅力,这是最大的问题。贩卖代表法国生活方式的巴黎欧莱雅及兰蔻这些品牌,似乎比较容易为中国消费者所接受;但是,贩卖其他文化——比如在美国文化天平一端的美宝莲,欧莱雅同样长袖善舞。

欧莱雅延续了其在全球市场上的做法。欧莱雅旗下不少明星品牌来源于不同的文化背景,但它们的母文化并未因受控于一家法国公司而消弭。当很多公司都试图将不同的品牌文化同化以使其在众多文化当中显得更具吸引力时,欧莱雅反其道而行之,有意识地使旗下品牌的文化源流显得更多元化。欧莱雅希望用不同的品牌展现其母文化,因此挖掘那些辐射范围相对较窄的文化元素中的营销价值。

这一策略有着十分突出的商业意义,最终被证明是欧莱雅成功的关键,美宝莲便是最杰出的典型。1996年,欧莱雅以7.58亿美元收购美宝莲后进行品牌改造。欧莱雅并不颠覆美宝莲的品牌文化,而是用"美来自内心,美来自美宝莲"的主张放大品牌原有的文化效应。此后,美宝莲的销售额三年中翻了一番,从3.2亿美元增长至6亿美元并进入70个国家,美国以外市场的销售达到其总收入的50%。这桩交易让美宝莲从一个营销力有限的地区品牌成长为适合全球妇女和所有种族人群的时尚品牌。进入中国市场之后,在演绎亲和、时尚、活力的品牌形象同时,更以"纽约美宝莲"的诉求将美国时尚文化传递给中国女性,在短时间内赢得消费者的欢迎,取得十分突出的效果,成为中国大众化妆品市场上最知名、最畅销的彩妆品牌之一。

美宝莲在中国的成功让欧莱雅进一步意识到,恰当地利用不同品牌的文化魅力,将让企业获得飞速发展。欧莱雅进一步向亚洲地区推进这一战略,收购小护士和羽西便是这一战略延伸的结果。

欧莱雅的品牌智慧就在于,它不会只讲些定位的陈词滥调,更具有卓越的洞察力和执行力,这使得它在玩定位游戏时,不仅有运斤成风的从容,更能在市场上"成势",不只是找到所有营销人都会发现的消费者心智空档,更能牢牢地占据其心智。对消费者认知的不断渗透,使得欧莱雅的品牌资产能在其多元化的体系内反复循环驱动。

4. 平台集约化致力关联整合

策略差异化与执行差异化有效地结合在一起,欧莱雅旗下每个品牌都非常准确地瞄准一个细分市场,不同产品间极少有交叉地带。如此准确的品牌组合,要使其始终保持品牌的专业性及整个阵营金字塔般的稳定性,这本身就是一件不容易的事情,更何况要使其中的大多数在中国市场占据主导性地位。

高效的品牌整合平台对于如此庞大的品牌阵营来说不可或缺。产业整合是欧莱雅取得成功的另一个关键,而各业务单元之间的高度相关性则是整合得以成为可能的基础。欧莱雅旗下各业务之间的相关性主要体现在技术、通路、传播这三大兼容性极强的要素上,不仅在中国的十大明星品牌,甚至全球500多个品牌,都可以在这三大平台上找到强有力的支撑。

对于欧莱雅而言,在中国市场不断扩张的过程,就是有效整合技术、通路、传播三大要素的过程,同时也是实现集团平台边际效应递增的过程,这是欧莱雅品牌王国的通则。

(1)技术平台集约低、中、高端三层级产品。在欧莱雅王国内,技术平台就是撬动地球的阿基米德支点,而创新则被赋予创造杠杆效应的核心功能。

欧莱雅的每一项技术创新都从最高级的市场品牌开始,逐渐渗透不同价位、不同市场的各种品牌,终结于大众市场品牌,这意味着任何创新可以通过同样的方式降低成本。欧莱雅大规模创造企业优势的诀窍在于,通过让各业务单元共享技术创新成果,分散品牌系列的战略性投资。因此,欧莱雅不只是关注单一品牌,还注重同一系列品牌之间的技术关联性。

过去10年里,欧莱雅用于研究和发展的费用达32亿美元,高于所有的竞争对手。这些研究花费使欧莱雅每三年更新近50%的生产线,平均每年申请300项专利。其中,一项重大的产品革新——全新的欧莱雅"抗衰老复合物",因为可以减缓皱纹形成和扩张,被认为是护肤品的一项突破。欧莱雅首先用兰蔻品牌把抗衰老复合物引进市场,随即将其转入薇姿系列,最后纳入佛兰特广阔的分销网络。

对投入不同市场的产品,欧莱雅同样尽量发挥技术平台的相关效应。适合亚洲的染发剂也许与曾在丹麦大行其道的染发剂不尽相同,但其中的活性分子通常是一样的。小护士被其收购后即被归入卡尼尔研究中心,卡尼尔高科技产品配方的杠杆效应在全新小护士的产品身上展现出来。收购前的小护士产品的主攻方向一直是"维他营养及防晒系列",欧莱雅收购小护士后,在保持它的原有产品风格不变的基础上,推出高科技的新产品——"清泽"和"亮白"系列,大大提高产品的市场竞争力。

欧莱雅的经验表明,如此一个庞大的哥斯拉般的企业,其成功关键首先在于核心技术平台。缺乏以技术相关性为基础的品牌整合,欧莱雅要通过集中力量从事高杠杆效益的管理实现市场扩张的目标,其结局难以想像。如果只把一些在技术方面难以兼容的品牌拼凑起来进行管理,不但无济于事,更会增加操作成本,打散业务流程甚至造成资源的重复组合设置。这是市场品牌扩张必须考虑的首要问题。

(2)四大通路整合品牌群。欧莱雅深刻地认识到市场的变化之道,客户——生产者关系在过去的 20 年中已经改变。只将最终用户定义为客户显得有些过于简单,实际上零售商已经成为重要的决策人,通路具有直接吸引客户的能力,他们对市场的控制更强。因此,与其他企业营销架构根据产品功能特性分类不同,欧莱雅主要依托销售通路的布局实施品牌组合策略,以整合庞杂的品牌体系。

欧莱雅中国的市场营销架构立足于通路,分为高档化妆品部、大众化妆品部、专业产品部、活性健康化妆品部四大部门。每一个化妆品部门中都有数个品牌,每一个品牌又申请许多名称,将它们都凸显在产品包装上,有其各自独特的形象及广告。不同品牌共享通路战略资源,在管理、供应链及伙伴关系方面产生高度集约化的效应。

高档化妆品部拥有兰蔻、碧欧泉、赫莲娜三大高档品牌,这些品牌的产品在经过严格选择的分销渠道如香水店、百货商店、免税商店等进行销售。

大众化妆品部是最重要的部门,通过百货公司、超市等大众化消费渠道,向消费者提供巴黎欧莱雅、美宝莲、卡尼尔这三大大众化产品。新近收购的羽西、小护士业已归入其中,这使得这一部门在中国市场的地位尤其重要。

专业美发产品仅限于发廊专销,特别是提供给美发师们专门使用的产品,以巴黎卡诗、欧莱雅专业系列为主。

活性保养品是有助于提高皮肤活力和对皮肤有治疗作用的欧洲品牌薇姿、理肤泉,通常由药店销售。

欧莱雅以这四大通路为经,以品牌为纬,形成一个具有强大整合能力的品牌矩阵,任何一个新购入的品牌在并入相应的通路之后,不仅将欧莱雅已有通路资源效应充分利用,同时该品牌原有通路的加入也将扩大欧莱雅整体渠道规模。

小护士收购案很好地体现了欧莱雅渠道整合的效应。新的小护士品牌在采用卡尼尔技术的同时,被作为一个新产品和卡尼尔捆绑在一起,欧莱雅成功的零售终端管理模式引入其营销体系,而欧莱雅也借由小护士拓展其大众销售渠道。

对欧莱雅而言,市场扩张必然是原有四大渠道市场效应不断释放的过程。这表明,品牌扩张的过程,更应考虑的问题是经营的集约化与边际效应的最大化,而不是品牌延伸的专业性学理探讨。在品牌扩张的过程中,企业如不能实现新旧资源之间的整合,并通过这种整合实现"1+1>2"的效应的话,首先要考虑的是单纯的资本运营问题,而不是品牌延伸的问题。

(3)企业品牌传播促进整体影响力。欧莱雅深知企业品牌名称的杠杆作用,其营销推广跨越个别产品线的产品宣传,将光芒聚焦到品牌上来,最终形成一股激化不同子品牌的能量。

在这一方面,欧莱雅充分意识到,对公关持战略性态度将为品牌与市场建立强有力的关系,因此在中国热情举办、支持各类公关活动,力图塑造一个良好企业公民的形象,提升品牌的整体影响力。欧莱雅公司将其与联合国教科文组织合作设立的"世界杰出女科学家成就奖"和"世界青年女科学家奖学金"延伸至中国,这为其品牌带来持久深入的影响,有效地强化其产业领袖地位。欧莱雅还举办"从北京到凡尔赛——中法美术交流"活动,捐款保护苏州园林,赞助平遥国际摄影大展。这一系列富有文化价值的公关活动,不仅表现出欧莱雅促进中国文化发展的热忱,更张扬其产业领袖的气质,实现渗透目标受众心理可能。

欧莱雅不仅在公关上极力营造品牌的高端效应,在市场营销上同样如此。欧莱雅很少在洗发精这样的大路货上大动干戈,而是集中所有的广告传播资源支持那些能够充分体现欧莱雅领先地位的产品。比如,在全新推出的小护士广告中,极力张扬卡尼尔研究中心这一承载欧莱雅品牌高端特性的标记。依托最能体现其品质的产品,品牌在前面摧毁了消费者心中防御的城堡,后面跟着的护肤、美发类产品便鱼贯而入。

为强化其在中国的品牌影响力,2002年欧莱雅还与新浪网及《中国妇女》共同设立女性频道"伊人风采"。欧莱雅伊人时尚网是一个能拥抱时尚女性文化且大有成效的有力工具,欧莱雅采用的不只是传统的营销传播方式,像绝大多数企业所做的那样将传统媒体的做法应用于网络,或建立一个简单的网上窗口。相反,欧莱雅建立一种全新的方式在互联网空间进行传播,将消费者置于网中央,创造出与消费者进行沟通的新通路。这个针对第四媒体的全新方式,为其品牌本质创造出一个兼具深度、广度、创意、趣味的个性化延伸。通过这个具有高度排他性的大众门户网站，欧莱雅传递比传统三大媒体广告更立体、更丰富的信息。此外，借助这一网络欧莱雅与不同阶层的消费群体产生所有可能的双向互动，这是24小时的互动，因为消费者在线时能获得更丰富全面的自主性品牌体验。这不仅让欧莱雅整合了《中国妇女》等众多传统平面媒体消费者沟通路径，更通过网上链接为品牌建立更多鲜活的沟通渠道，它让市场见识了网络作为一种全新传播方式不可限量的潜力。

着力营造欧莱雅企业品牌的结果就是，其传播影响水银泻地般顺畅落到旗下任何一个品牌身上。任何一个产品品牌只要将欧莱雅的标签一贴上去，就能产生魔术般的效果，这与"宝洁公司优质出品"的做法有异曲同工之妙。

5. 资本与品牌互动张扬战略魅力

四年苦恋小护士在2003年底终成凤愿，在羽西收购战中成功击退产业巨头宝洁，欧莱雅开始在中国市场大唱资本与品牌二重奏——收购已经具有影响力且定位好的品牌是欧莱雅不断完善其"金字塔"之梦的重要策略。在全球市场，欧莱雅巧妙借用资本的杠杆实现品牌的倍速增长，不断寻求并购新的对象，如果本土品牌会增加现有品牌之间的合力，有利于整体发展，它都会采取行动。欧莱雅已在多个市场里复制其品牌金字塔，无论是发达如美国，还是在中国、泰国这样的发展中市场。这些都让欧莱雅所信奉的"成功决定论"呈现出魔咒一般的奇异效果。当你在某个市场有很好的表现，实在没有理由不能在全世界做得一样好。对小护士和羽西的收购，表明其行销全球的"成功决定论"开始在中国显效。

对小护士和羽西的收购，不仅让欧莱雅在中国的品牌金字塔臻于完善，更使其品牌管理的功夫有了新的施展空间。对欧莱雅而言，让一个本质单纯、差异化程度不大的产品发展成一个复杂微妙的明星品牌，需要精致的配方，还有神奇的品牌策略——针对不同地区的消费者，都准确地传达出经过整合处理的简单信息这一切都来自世界第一的化妆品公司，并且能够让人富有魅力。

实施收购之后，欧莱雅即开始转动其品牌管理魔方，将卡尼尔研究中心领先的科技和独特自然的科技护肤理念嫁接到小护士，这无疑让这个土生土长的品牌染上些许国际化的颜色。欧莱雅同时还明确赋予小护士"中国第一护肤品牌"战略定位。暂且不论这一招胜算几何，如此鲜明的品牌占位意图，就已经体现出更为成熟的品牌经营意识，首先给主要竞争对手、向来缺乏产业角色意识的"大宝"带来重大打击。作为连续多年全国市场同类产品中销量第一名的品牌，大宝在市场沟通方面始终未传达打造第一护肤品牌的战略意图。在产业战略定位方面,大宝已先失一分。

6. 从凡尔赛到北京的最后一公里

收购小护士和羽西之后,欧莱雅金字塔战略在中国既迈上了新的台阶,同时也碰到最大的难题,进入中国市场核心的最后一公里。

最不利于品牌的因素就是销售通路。没有哪两个国家有相同的销售通路,中国的地理与国情使得本土商业流通版图更为复杂,中国广阔的农村市场向来是跨国公司的滑铁卢,是最难被征服的最后一公里,而小护士的市场重心主要往这一端倾斜。无论是已有的通路,还是企业内部资源,欧莱雅在这方面都不具备充分的积累。欧莱雅的高端战略做得最好,若在通路上得不到有效的支持,或者对原有的通路不能进行有效的整合,最终将功败垂成。宝洁用不到10元的洗发水与洗衣粉打通了这一公里,竞争对手的经验告诉欧莱雅,这一公里路要"降尊纡贵"才能走完。

东方文化则是欧莱雅的最后一公里的心路。以往整合异质文化积累的成功经验,在此可以发挥的空间有限。相对美宝莲所承载的美国文化,甚至是孕育了欧莱雅的法国文化,中国文化的壁垒相当高,其厚重感使得任何一个外来者都难以准确拿捏。如何提炼与张扬羽西这类品牌的东方文化效应,要看欧莱雅如何在处理中国文化时"举重若轻"。

这不仅仅是一次商业冒险,更是一次文化上的冒险,毕竟,美国与法国之间的距离,远小于东方与西方之间的距离。

第四章
中西方文化差异对比

文化是宽泛的概念，其定义也有多种。文化是人类群体创造并共同享有的物质实体、价值观念、意义体系和行为方式，是人类群体的整个生活状态。它既是一种社会现象，是人们长期创造形成的产物；又是一种历史现象，是社会历史的积淀物；包括一个国家或民族的历史、地理、风土人情、传统习俗、生活方式、文学艺术、行为规范、思维方式、价值观念等。

根据结构和范畴，文化可分为广义和狭义。广义地说，文化指人类在社会历史发展过程中创造的物质和精神财富的总和，这个意义上的文化包括物质文化、制度文化和心理文化三个方面。物质文化指人类创造的种种物质文明，包括交通工具、服饰、日用用品等，是可见的显性文化；制度文化和心理文化分别指生活制度、家庭制度、社会制度以及思维方式、宗教信仰、审美情趣，它们属于不可见的隐性文化，包括文学、哲学、政治等方面的内容，是狭义"文化"早期的经典界说。狭义的文化指人们普遍的衣食住行、风俗习惯、生活方式、行为规范、社会习惯等。1871年，英国文化学家泰勒在《原始文化》一书中提出，文化乃是包括知识、信仰、艺术、道德、法律、习俗和任何人作为一名社会成员而获得的能力和习惯在内的复杂整体。

文化的多元发展是历史的事实。3000多年来，以苏格拉底、柏拉图、亚里斯多德为代表的希腊文化传统，以孔、老为代表的中国文化传统，以犹太教先知为代表的希柏莱文化传统以及以释迦牟尼为代表的佛教传统，还有阿拉伯文化传统、伊斯兰文化传统和非洲文化传统等始终影响着人类社会。

中华民族在"中国"这片土地上繁衍生息，创造出自成一格的文化，历时5000多年，经过四大时期：文明奠基与元典创制期（从远古到春秋战国时期）、汉魏晋唐的整合交融期（从秦到唐代中叶）、宋元儒学复兴与理学建构时期、明清思想启蒙与传统学术集成期。

对于中国传统文化的精神说法也不一。新儒家的徐复观认为是"忧患意识"。李泽厚则认为中国文化是一种乐感文化；与之相对，西方是罪感文化，日本是耻感文化。古时候有不改其乐的颜回，当今有善耍贫嘴的张大民，这就能体现出中国人的"乐"。庞朴把这两种观念结合起来，认为中国文化是"忧乐圆融",是一种中和的文化——中庸之为德、和而不同。在人与自身的关系上,中国文化强调身心和谐,在人与自然的关系上的最高境界是天人合一,这要求社会和谐。从整体上看,中国文化就是一种内部多元而又统一的文化。①

现在的"西方"主要是指欧洲北美等地区,西方文化在这片土地上逐渐形成(尤其14世纪文艺复兴开始)。总体而言,西方文化以人为中心,强调人在世界中的绝对地位,强调征服自然、控制自然,其出发点是人文主义,核心是理性与科学;重视个人的发展、个人与自然的斗争,崇尚民主法制意识、扩张征服意识和冒险精神。②

西方文化的特征,一个是向上,一个是向外。向上则是宗教特别发达,向外则要求对现象世界的实证,即科学特别发达,有人称之为外在超越。

第一节 中西文化差异的土壤

考古学发现,东方文化源自四大区域:黄河流域文化区、长江流域文化区、珠江流域文化区、北方和东北文化区。西方文明以克里特、迈锡尼为核心发展起来,辐射到整个爱琴海区域,即爱琴海诸岛、希腊、小亚细亚西部的文明地带。其有两大渊源:古希腊与古罗马文化,源于希伯来民族的基督文化。这两种截然不同的地域性成为培育中西文化差异的土壤。

一、农耕文化与海洋文化

中国一向有发展农业的优良条件,在内陆式的天然屏障之中,气候温和、雨量充足、土地肥沃、河流众多。中国历朝历代推崇"重农抑商"政策,农业被提高到最重要的位置,人们有钱之后往往买田置地、购置房产。在这种背景下,中国文化呈现为小农文化,人口流动性小,一切关系以血缘和土地为中心,重乡土情谊并追求稳定。中国人相信一分耕耘一分收获,要想丰收就必须踏踏实实努力。在中国,技术的地位要高于科学。比如,古代中国的农学、医学、兵学、天文学都达到很高的水平,因为中国人有种实用理性主义,一门学科必然要具有实用性才算好,否则只能是奇技淫巧。

与中国不同,古希腊到处是岩石,崎岖不平,平原仅占总面积的20%,希

---

① http://baike.baidu.com/view/3537.htm? fr=ala0(2009-12-11).
② 王玉芝.中西文化精神[M].昆明:云南大学出版社,2006:40.

罗多德说希腊"一生下来就是由贫穷哺育的",这使其很难发展出典型的农业文明。但希腊拥有得天独厚的海洋贸易条件,沿岸海岸线曲折,多良港,地处交通十字路口。这样的位置促使其海洋贸易快速增长,黑格尔曾说:"水性使人通,山性使人塞;水势使人合,山势使人离。在西半球的北温带濒海形成了一个大陆,正如希腊人所说,有着一个广阔的胸膛。"[①]海洋元素促使西方文化重视商贸以及知识的实用性,通过经商挣钱也使西方人有很多的闲暇时光,可以钻研艺术和科学。

二、封建制与城邦制

中国的封建制由周人建立,其具体内容最初为"天子建国,诸侯立家,卿置侧室,大夫又两宗,士有隶子弟"(《左传·桓公二年》)。全国贵族按照与天子的血缘的远近分为四个层级:天子、诸侯、卿大夫、士,各层级有明显的等级。这一制度,在历朝历代得到不断的完善与改进,但以血缘来判断关系的远近以及严格遵从尊卑的习惯却从未改变。皇位继承无一例外采取世袭制,继承人都出自同一宗族。尊卑有别,每个阶层的人有自己的行为准则,从服饰到言行到职位,不得逾越雷池半步。这从魏晋南北朝时期的谱学盛行以及士族与庶族的差异泾渭分明可见一斑。

在封建制以及儒家思想的影响下,大一统思想成为上至皇帝大臣下到平民百姓的共识,无论谁当统治者,凡是其国力强盛之时都力图实现大一统,汉代对匈奴,唐代对突厥,宋代对辽金,莫不如此。直到现代,大一统仍是趋势。

城邦是由城市控制的区域,通常拥有主权。古希腊实施城邦制与其半岛地形有很大的关系,数百个大小不一的岛屿分布零乱,没有大片的平原,只有许多小的谷地与山坡地,最多是海岸和海湾。这样的地形,形成大大小小的城邦。岛屿中的人口增多后只有外出冒险,对外移民或扩张,因此血缘关系相对松散,周边又没有强大的邻邦为敌,没有什么生存危机,也就没有政治统一的要求。

城邦以城市为中心,公民是城邦的主人,在政治体制上实行民主制,主要机构有公民大会、议事会、陪审法庭,在公民大会中,每个公民都可以参加并拥有相当大的权力,按照一定的习俗或法律规定拥有决定国家内外政策重大问题的权力,国王的权力十分有限并要受到一定的监督。这与封建制中的君主对内政外交拥有至高无上的权力,甚至对臣子平民拥有生杀予夺的权力,截然不同。公民在治权上基本上不存在世袭制与终身制,很多时候要实现自己的

---

① [德]黑格尔著,王造时译.历史哲学[M].上海:上海书店出版社,2006:124.

政治目的唯有运用辩论说服别人，这也造就了西方人崇尚自由与善于辩论的传统。

这种相对活跃的政治制度也为科学发展以及文学创作提供了自由的环境，从而促进历史、哲学、文学艺术及科技的繁荣。

第二节 中西方民族性格的差异

民族是人们在历史上形成的有共同语言、共同地域、共同经济生活以及共同心理素质这四个基本特征的稳定的共同体。④民族性格是民族长期形成并比较稳定地保持着的共有的思想活动特征和活动。⑤受生长环境、政治氛围、文化素养、社会风气等的影响，不同民族的性格有不同的特点。中国民族性格主要有整体直观、重德求善、自强不息、柔弱克己、贵和守中、朴实节俭、随遇而安。西方民族性格主要有追求真理、爱好辩论、注重自我、征服自然。简而言之，两者的主要区别有如下三点。

一、含蓄与张扬

儒家一向推崇含蓄之美，忌讳张扬，"月盈则亏、水满则溢"是中国人的处世哲理，逐渐成为中华民族性格中的重要组成部分。① 在做人方面，中国人认为"枪打出头鸟"，太过招摇与锋芒毕露很容易遭他人的排挤与嫉妒。国人喜欢以含蓄的姿态为人处世，"修身治国平天下"、"穷则独善其身、达则兼济天下"，无论何种境况，均以含蓄平和的状态面对外界的风云变幻。在公开场合，中国人一般不爱发表意见，也不愿公开表态。非得说话或表态时，喜欢兜圈子，用委婉含蓄或模棱两可的语言，不喜欢直接触及问题的要害。

国人在言语上更是坚持含蓄这一传统，无论是恋人之间，还是父母子女之间，基本不会展露无疑地表现自己的真实情感，要国人说出"我爱你"三个字无疑需要巨大的勇气。即使亲密恋人间，这种赤裸裸表达感情的话语也不常见。

古希腊位于开放的海洋环境之中，发展出开放的动态文明，弥漫自由开放空气、张扬自我个性。商人们为了实现自身利益的最大化，会展现自己最好的一面。这种商业文化无形中使西方人具有张扬的民族性格，他们会不失时机将自己的优点展现出来，无论是漂亮的外表、非凡的个人成就，还是富可敌国

---

① 郑春苗.中西文化比较研究[M].北京：语言学院出版社，1994：178.

的钱财。他们从小就注重培养个人的演讲才能,古希腊苏格拉底时代辩论成风,至今美国各地还设有专门的演讲台,人人都可以各抒己见,而要引起人们的关注,便要在内容与形式上敢于独出心裁地创新。

不仅在言行上如此,在生活中的点滴间都可以看到这两个民族性格上的这种差异。中国人称呼自己的时候是"鄙人、在下、卑职、微臣、不才、不佞、不肖小生、晚生、老朽",女子自称妾,老和尚自称老衲,甚至皇上都自称"寡人、孤王",称呼妻子是"贱内",称自己的屋子是"寒舍、蔽舍"。而对别人则是称呼"阁下",欢迎别人的到访往往是"阁下大驾光临,寒舍蓬荜生辉"。请人吃饭时常说"我的饭菜做得不好,请多多包涵"。这些日常用语无不是贬低自己抬高别人。在西方人那里我们很难看到类似语句,其称呼自己是大写的"I",对别人的称赞往往是大方回应"谢谢夸奖"而非中国人扭捏的自谦"哪里,一点都不好"。

西方人对自己的评价比实际的要高,东方人则刚好相反,他们对自己的评价比实际的要低,谦虚在东方被认为是美德。这可能与东方人以保持群体和谐为重有关。

同样在中国,审美情趣一向以含蓄为美,中国所谓的美是"形神兼备",尤为重要的是"神",一种流动性的美!"千呼万唤始出来,犹抱琵琶半遮面",这便是画卷中的人物,他们的思想状态以及行为可能要欣赏者仔细揣摩方能领悟。这与西方的重形式、严格按照比例构造的美截然不同。西方画中更多以裸体为主,这与他们张扬的民族性格有很大的关系,他们崇尚体能,只有好的体能才能在航海中战胜恶劣的天气、在战争中战胜对方,人们也对那些在宗教祭祀的竞技比赛中的获胜者给予众多殊荣,如诗人的赞美、雕刻家的塑像、被认为离天神最近的人等。这种含蓄与赤裸的表达方式不正是两个民族性格差异的体现吗?

二、集体与个人

中国属于典型的大陆民族,在相对封闭的环境中很少受到外来文化的冲击,这使中国的民族性格具有很强的稳定性。中国有传统的儒家思想,其宗旨是维护国家的安定与群体的和谐,而一向忽视个人的独立精神——修身的最终目的是治国平天下,个人应无条件服从于集体与国家。集体主义原则是中国封建社会的重要原则,集体的利益绝对高于个人。《论语》就提倡"仁者,己欲立而立人;己欲达而达人"的利他主义思想,戏曲中,人们传诵那些忠君为国的将士,传诵那些在忠孝不能两全的状况下毅然选择"忠国"的人,如岳飞、杨家将,舍小家顾大家的"先天下之忧而忧,后天下之乐而乐"的精神一直是中国人学习的榜样。梁漱溟在《中国文化要义》中指出,中国没有个人的观点,一个中国人似乎不为自己而存在,中国漫天卷地的是义务观念,而在西方世界活跃的是权利的观念。中国人看重的是"会被人怎么看"以及自己在集体中的位置。

国人看来,个人无法脱离集体而存在,没有集团归属感的人犹如飘荡的孤魂野鬼,因此每个人进入新的环境的第一件事便是找集体。进入集体之后,中国人往往以群体和谐为己任,将自己的个人能力与利益置于群体和谐之后。中国人个人过度依赖群体,因此又有"一个中国人是一条龙,而一群中国人只是一条虫"之说。一个人面对问题的时候,中国人会全力以赴,群体面对问题时,国人会依赖群体中的其他成员。

古希腊强调人的主体地位,关注个性与自由。正如黑格尔所说:"希腊世界的丰富,只是寄托在无数美丽、可爱、动人的个体上——寄托在一切存在物的清晰明朗上。希腊人中最伟大的便是那些个体性:艺术上、诗歌上、义气上、道德上的那些杰出人物。"[1]欧美的影视经常宣扬个人英雄主义,个人以自己的力量便可力挽狂澜拯救整个世界。西方文化强调个人凭借自身的才智从集体中突出,主张个人以自己喜欢的方式生活,不喜欢受外界的干预和限制,集体也往往鼓励这些表现良好的个人。在利益方面,西方信奉个人主义与个人的力量,个人应该为个人而生存,而非集体,谋求个人的利益是合理与正当的,集体则负有保护个人利益的义务。突出个人的思想既使西方人努力充实自己、表现自己,依靠个人的突出才能得以晋升;同时也造成他们不顾及集体甚至为了获取个人不惜牺牲集体以及他人利益的行为。

三、面子与务实

"士可杀不可辱"、"面子大过天"一向是中国人的做人原则,面子是交际事件中的参加者所相互给予的、相互协同的公告意象。给别人留下好的印象,别人对你首肯,赞扬你,恭维你,就有"面子";给别人留下不好的印象,别人对你否定,批评你,漫骂你,就是没"面子"。俗话说"人活一张脸,树活一张皮",面子成为中国老百姓为人处世考虑的主要因素。儒家讲求个人修养和品行以及"和为贵",这些外在的表现就成为人的脸面。中国社会最早以家族为核心,这就决定了一个人的荣辱与家族紧密相连。例如,士子状元及第后,都要衣锦还乡、祭祀祖先,好为整个家族挣面子。上至国家君王下至黎民百姓无不将面子视为重要之物,甚至"打肿脸充胖子"。隋炀帝为给外国人留下好印象而为京

---

[1] [德]黑格尔.哲学史演讲录第一卷[M].北京:商务印书馆 1981:161.

城的树穿上锦衣,再穷的人也会在见客之时穿上最光鲜的衣服。鲁迅先生笔下的阿Q的"精神胜利法"也是"面子"胜利法。为了保全他人的面子,中国人养成言行上不愿得罪人,逢人说好话的习惯,万事以和为贵,与不同辈分和身份的人意见不同时,通常避免正面的冲突和争辩,喜欢用含蓄、婉转的方式来表达。

在西方人眼中,面子远远低于利益与真理。他们比较务实,甚至利益至上,他们认为个人利益、个人实惠要比人的脸面重要。因为利益是实在的,而面子是虚的。在商业社会里,人与人之间的关系建立在平等的基础上,人们之间的利益以合同、契约来规定,"面子"的作用有限。在竞争激烈的商业社会里,人人都在为挣钱而忙碌,当面子与个人利益发生冲突的时候不会因为讲情面而忍气吞声而损失经济利益。在苏格拉底时期,人们便盛行辩论,不管对方是谁,只要你真理在握都可以与之辩论,丝毫不必顾忌面子。同样,做错事时,西方人也敢于在亲人朋友甚至孩子下属面前承认错误。

第三节 中西方的婚姻与家庭

一、婚恋观

中国经历了漫长的等级森严的封建社会,在这样的社会中,不同等级之间很难通婚。中国人在婚姻上讲究门当户对,双方门当户对,双方家长才认为他们能过上幸福的生活。在这之中,男女双方的家庭条件,如社会地位与金钱,至关重要,个人爱情因素则远低于政治、经济、出身、门第等各方面的因素。

现在的情况有明显好转,但用爱情之外的物质来衡量感情或者婚姻依然常见。在选择结婚对象的时候,是否喜欢对方并不重要,重要的是对方有良好的物质条件,如有房有车有良好的教育背景。在西方人眼中,中国的婚姻更像是选购商品,喜不喜欢这件商品不重要,重要的是这件商品的品质与款式。

在中国人眼中,完美的夫妻关系是夫妇间既爱且敬,敬爱有加,典型的夫妻关系是"举案齐眉,相敬如宾"。这与中国一向讲求礼仪有很大的关系。西方人则讲求一夫一妻、夫妻平等。

西方人的婚姻会考虑出身、门第、年龄、社会地位等因素,但他们更希望婚姻建立在爱情的基础上,男人为了爱情可以牺牲一切,女人为了爱情也会舍弃一切。为了爱情与婚姻的统一,为了坚持独立、自由,他们互相信任,互相尊重两性的选择与婚姻,更多的是以爱情为基础,而不论出身、门第、年龄、社会地位,双方真挚的爱是夫妻共同生活的关键。由柏拉图式的爱情演变为骑士爱情,独立、个性解放、浪漫成为现代西方爱情婚姻的主题。恋爱期间双方会不断创造浪漫的机会与惊喜,浪漫与爱情一直与恋人形影不离。双方决定结婚时,多由男方主动向女方求婚,在这个过程中,玫瑰花及钻戒必不可少。中国人的结婚多是双方家长"商量"的结果,谈婚论嫁的过程中涉及的更多是物质及礼仪,浪漫则很少,婚后更是居家过日子,几乎与浪漫绝缘。西方人婚后会纪念"金婚"、"银婚",会"度蜜月",显得非常浪漫。这种爱情至上的婚姻,也有潜在的危险,当爱情消逝时,其他因素如家庭、责任、道德往往难以成为夫妻间永久保持关系的理由。这是西方离婚率相对较高的原因。中国人将婚姻与孝悌、礼义相结合,用责任感维持婚姻。在夫妻关系上,中世纪以后,由于私有制深入家庭内部,父子兄弟甚至夫妻各有各的私有财产,这就为每个成员的独立奠定了基础。法律关系、权利关系成为家庭成员间的主要关系,而夫权父权居次要地位。经济上的独立使妻子与丈夫处于相对平等的位置。

二、家庭模式

家庭模式的外部特征主要体现在家庭结构与家庭关系上,前者指家族成员之间在家庭中的地位以及权力的分配,后者则与家庭结构息息相关。[①]

1. 家庭结构

中国人的生活主要以父母和家庭为中心,自古以来就有家国之说,家为立国之本。家族意识十分突出,这从中国人的名字便可看出。中国人名字的开头是姓氏,中间的字代表其在家族中的辈分,第三个字才是名字。西方人姓名中首字是名字,接下来才是家族的姓氏。同样在中国,人的个性与利益远远在家族之后,与家族相比,个人微不足道。族长极为重要,拥有相当大的权威,基本靠他调解家庭关系,因此衍生出宗族法规,这些宗族法规有时可以凌驾法律。在古代中国,家庭就是社会的缩影,人与人之间的关系极为复杂,《红楼梦》就是典型的例子。贾母就是一个族长式的人物,拥有绝对的权威,家族中的男男女女依据各自的身份以及与贾母之间的关系扮演不同的角色,正妻与妾的地位与待遇泾渭分明,嫡长子与庶出的待遇也截然不同。就连丫鬟,也因为伺候的主人不同,分为三六九等,但是所有人的名字几乎都沿用家族的规矩,从名字便可以看出该人在家族中的辈分。

中国人极为重视家庭,有血缘关系的人住在一起或者住所离得很近。这

---

① 李东山. 婚姻、家庭模式探讨[J]. 婚姻与家庭,1989(10):68.

从福建的土楼以及北京的四合院可见一斑。家庭中讲究"内外有别,长幼有序",父亲对儿女及妻子都有绝对权威,兄长对弟弟甚至母亲也是如此。这导致宝塔式的政治等级结构,"君为臣纲"。在处理各种事情上,中国人较为倾向于直接根据血缘关系来处理,很多时候"法"、"理"均要居于"情"之后,所谓清官难断家务事。在人际交往上,中国人会把与自己接触的人分为"圈内的"和"圈外的",对固有的群体表现出强烈的感情,对与自己没有血缘关系的人以及交往不深的人漠不关心。家庭内最讲究和睦与团圆,常常是几世同堂同居一屋。家庭成员之间讲究相互忍让,遇见矛盾冲突时折中及忍气吞声,以维系家庭的和睦。

西方的家庭结构则相对松散,很少有几代同住的现象。往往是父母跟未成年的孩子一起居住,每个成员保持相对独立与自由,父亲不拥有绝对的权力。夫妻相对平等、财产独立,婚后实行 AA 制的夫妻不在少数。孩子成年后基本都会自觉搬家,外出居住,在经济上独立于父母。因此,西方的家庭规模相对较小,基本都是直系亲缘成员住在一起。

2. 家庭关系

家庭关系最主要的是夫妻关系以及父母与子女之间的关系,前者已提及,此不赘述,这里主要说父母与子女的关系。

孩子在中国不被当作独立的个体,但是家庭的中心与关注点。孩子自从出生之后就在父母的精心呵护之下长大,过着衣来伸手饭来张口的生活,甚至被溺爱、娇宠,特别是在食物方面,小孩一哭就尽量满足他,尽所能止住孩子的哭泣,同时又会千方百计地约束孩子。这种约束从婴儿时期就开始了,如限制小孩在一定的范围内限制其能接触到的环境,一离开这一范围就会将其弄回来;在口头上的,家长对孩子说得最多的话是"不许做……","禁止做……",或者告诉孩子应该做什么不应该做什么。这种教育使得儿童独立性很差,凡事都会想到向父母求助,生活与心理上都严重依赖父母。即使子女们长大了,父母们仍过问他们的事情。这直接造成许多子女对父母和家庭的依赖,孩子一旦离开家庭,口头表达能力差,不喜欢与家庭之外的人交流,这也间接造成中国人相对自闭、内向的性格。孩子成家立业之前所有生活费用都来自父母,父母无偿为孩子提供一切,甚至结婚用的房子也多来自父母之手,有了孩子之后,父母的生活重心都落在孩子身上。

在中国人的家庭理想中,生儿育女是为了"养子防老",是一种投资。儿女长大后,必须无条件地"孝敬"回报长辈,要在经济和精神上回报老人。"多子多福"、"四世同堂"更是中国儒家的理想境界;"光宗耀祖"成为不少读书人的毕生理想;这种"养儿防老"的家庭模式与中国独特的国情不可分割。相对于西方国家,中国的社会保障体系相对薄弱,无论是孤苦无依的老人,还是嗷嗷待哺的幼童,都无法得到社会机构的无偿帮助,血缘成为最好的保障。

相比之下,西方的孩子相对独立性要强很多,家长将小孩当做思想独立的个体。选购孩子的生活用品时,孩子可以有自己的主张,家长也会考虑他们的意见。与中国家长的训导式教育不同,西方家长会鼓励孩子主动尝试,让孩子在失败中总结经验。中国父母无偿给孩子零花钱,西方的儿童要给父母打工或者主动去兼职赚钱,自己也有支配钱财的权力。孩子长到18岁就开始独立生活,父母不会再给任何补助。在这样的环境下生长的孩子,独立性和自主性很强,能够很好地表达建议,与人沟通。

西方社会强调父母对未成年子女的责任,子女成年后不一定对长辈有明确的回报义务。一对夫妻可以选择不生小孩,一旦生了小孩,就有义务把小孩照顾好、养大成人,供他们上学、受教育,父母对后代的责任到孩子成年时结束。独立生活后的子女则可以选择常去看望父母,也可给予经济支持。

第四节　中西方的宗教信仰

宗教是文化和社会现象,宗教反映了人类特定时期的思维和认识水平,又对人类社会文明的发展产生广泛和深远的影响。以多神教为特征的古希腊宗教是希腊民族文化精神的滥觞。由于地域环境与历史背景的差异,东西方在宗教信仰上的差异甚大。中国人较信仰佛教与道教,前者由印度传入中原,后者则土生土长;西方人多信仰基督教。佛教与基督教都是以救世主的形象出现于民众的情感空虚之时,盛极于统治阶级的推崇与利用之下,又都在人类社会迅速的进步之中得以转变,成为纯粹的文化代表而不再代表政治,他们对中西方历史乃至现代社会都具有深远意义。

一、宗教的精神领袖

中国人的信仰不统一,有玉皇大帝、如来佛、太上老君,人们把他们统称为神仙。仙是道家体系,佛是佛家体系,进入仙道佛道都称出家。神仙数量繁多,但都由凡人修炼而成,神仙和佛实际上是对人的生活和道德境界理想化的结果。人们常常把这些神仙混杂一起,不管是佛是仙,菩萨还是土地,都是要拜的。佛家道家也能和睦相处,《西游记》中的佛道就相互尊重。宗教故事多以传说、神话的形式出现,通过说书人口口相传。

除神仙外,在中国人心中占据莫大地位的是祖先,祖先崇拜一直被视为中国古代主要的宗教形式。根据文献记载,祖先崇拜至少可上溯至商代,绵延不断流传至今。每逢重大节日或有重大事情,中国人都会祭拜祖先以期得到庇护。遇见喜事时会感谢祖先显灵保佑,遇到灾祸时责怪祖先造孽太多。

基督教相传是由耶稣及其门徒在巴勒斯坦创立的,基督教的一切理论都以神为中心,上帝七天创造人世万物,上帝是宇宙的创造者,他创造自然万物、时间空间,他存在于自然之外为自然立法——制定自然界发展与变化的规律。上帝也是人类的创造者,上帝不仅创造了人类的灵魂和肉体,还创造了人类的历史。上帝无所不在,无所不能,关怀人类,用亲生子的血为人类赎罪,因此人应该服从上帝。但是西方的宗教是具有独裁性的,只能信仰上帝和耶稣。西方历史上曾经发生过大规模的宗教战争,目的就是清除异教徒及异教。基督教有严格的教义,以《圣经》的形式来宣传,从出生到死亡,宗教伴随人的一生,《圣经》成为每个家庭的必备品,甚至法庭中证人作证、总统宣誓就职时都要手抚《圣经》。

与中国人对祖先的崇拜不同,西方人崇拜英雄,英雄被认为是神与人之间的中介者,凡人的保护者,灾害和祸患的防御者,苦难的救助者。他们是人们的恩人,是妖怪和大盗的歼灭者,是同仇恨人类的恶魔作战的斗士。

二、人本性的善与恶

孟子曾言人性本善,即每个人出生时都是本性善良、纯朴的,但成人后却干违法乱纪之事,造成这种状况的是环境。中国的宗教强调用省察克制、修德养心来修炼自己的内心世界,提倡"尽其道而死"的生死观和从天道引悟出人道的价值观,从而期望从中获得最大的超越性归属感,达到"天人合一"之境界。

西方人崇尚性恶论,认为人的一生要不断行善,才能在下辈子转世投胎享尽荣华富贵而不必受苦。人类是上帝所创,但亚当与夏娃在蛇的引诱之下背叛父亲。即使这样,上帝对人类的爱仍然不减,怒不争又哀其可怜;人类就像做了坏事的孩子,既想重回父亲怀抱,又为自己的背叛痛且悔,深感罪孽深重,同时对做坏事所得到的快感还有那么几分留恋。基督徒认为人生来就有罪,人活着就是为了赎罪。他们祈祷时常带着忏悔或者感恩,将这份感恩的心带入生活。

三、信徒的心态

在中国人看来,信不信宗教,信哪种宗教,完全是自己的事,他们大都接受儒家佛教以文化的姿态潜移默化自己的内心与行动。人们可以不断转化换宗教信仰,没有人会说三道四,甚至可以同时信奉两种或者两种以上的宗教。例如宋朝大诗人苏东坡,既信奉孔孟之道,在朝做官,又喜谈佛学,与出家人交往,自称"东坡居士"。儒家是入世的,佛教是出世的,二者在同一个人身上结合得如此完美,完全是中国宗教的特殊性造成的。

中国人对宗教信仰采取功利主义态度,基本上有时信,有时不信,有事的时候信,无事的时候不信。在普通大众中,这种功利主义发展到用宗教解决世俗生活中遇到的一切困难:考不上大学,就去拜孔庙;生不出孩子,就去求送子观音;想发财,就去找财神。烧香的、许愿的、献祭的、捐钱的,完全是以贿赂来取悦神,没有人认为这样的做法有什么不妥。

古代的基督教徒们就没有这么自由。首先,神权至上,信不信上帝是不能选择的。基督教将不信基督看成最大的罪恶,在基督教诞生以前的人都被发配到地狱之中,在基督教诞生以后不信基督的人,罪孽就更加深重,他们的灵魂将呆在地狱的最底层,直到最后审判也不会得到宽恕。因此孩子在一出生就要接受洗礼,长大要跟父母按时去做礼拜,死亡时牧师要在场。其次,基督教强调自己的普世性,认为自己是全世界唯一合法的宗教,其他宗教都是异教、邪教。基督教强调信仰的专一,信仰不专一者有相应的惩罚措施。基督教要求信徒信仰虔诚、坚定,始终如一,不能做到虔诚和坚定也是罪恶,是灵魂不纯洁所致,死后也进不了天堂。

基督徒要按时做礼拜,要不断祷告。中国人更多的是祈求平安、求富贵、求升官、求发财……单纯的拜祭很少,西方人主要是忏悔,以求得上帝的宽恕,他们想在忏悔中灵魂得到安息。

第五节　中西方的教育

一、家庭教育

1. 依赖与独立

从孩子跌倒后中西方家长的不同态度便可以看出中西方教育的差异。中国孩子跌倒后,父母会急忙扶起孩子,千方百计地止住孩子的哭泣,甚者会捶打地面为孩子出气,让孩子的心理得到平衡。西方人不同,孩子等待父母搀扶的时候,家长会等待孩子或者鼓励孩子自己站起来。

中国家长望子成龙,在孩子的成长过程中,除生活上加倍关心外,家长最关心的是孩子的学习。为使孩子学习成绩好,将来"光宗耀祖",学习之外的事情家长都不让孩子干,从孩子出生到成年,家长几乎把孩子的一切都包了下来——做饭、洗衣服、打扫,似乎学习好就是万能的,而甚少关心孩子的独立生活能力、社会适应能力、心理健康程度、道德情操及公民意识。

西方家长普遍认为孩子从出生那天起就是独立的个体,有独立的意愿和个性。无论是家长、老师还是亲友,都没有权利支配和限制孩子的行为,在大多数情况下都不能替孩子选择,而要使孩子感到自己是主人。甚至在什么情况下说什么话,家长都要仔细考虑,尊重和理解孩子的心理。中国家长大都要求孩子顺从、听话。西方的家长很注意与孩子的情感交流,关心孩子的心理需要。西方家长把快乐教育作为重要的教育内容,他们经常和孩子一起讨论问题,孩子遇到不顺心的事也愿意与家长商量。

2. 批评与鼓励

一位专家让中国孩子评价自己的优点与缺点,结果发现很多孩子在优点一项上都空着,而缺点一栏里写得满满。同样的实验,西方的孩子在优点一栏里填写得非常多。中国家长对孩子最常说的话就是"你的某些方面做得不好,与其他人有很大的差距",即使孩子在某一方面做得很不错,家长也吝于赞扬,会想方设法提醒孩子不能骄傲要再接再厉。与中国人的批评教育不同,西方实行赞美主义,即使外人看来孩子一无是处,家长仍会找出孩子的闪光点,积极给予赞扬,让孩子重拾信心。

这两种教育方式并无明确是非,各有理由与初衷,中国的批评式教育意在不让孩子骄傲自满,始终让他们处于不满足的状态,从而更加努力,西方的教育则更侧重激励。

二、学校教育

同中西方家庭教育显著不同一样,中西方的学校教育也有很大的不同。

1. 教育历史

早在4000多年前的夏代,中国就有了学校教育。《孟子》里说夏、商、周"设庠、序、学、校以教之,庠者养也,校者教也,序者射也。夏曰校,殷曰序,周曰庠,学则三代共之,皆所以明人伦也"。自汉武帝来,学校教育以儒家经典为纲,以道德规范为目标,严格限定教育内容。学校教育的目的是培养具"仁、义、礼、智、信"的完善人格,即以德育为主。[①]

而在古代雅典,职业教师研究辩论术及与辩论术有关的知识,收取学费,

---

① 陈凌.历史上中西方教育目标的差异比较[J].丽水学院学报,2005(2):96.

然后把这些知识传授给其他人,教授内容主要是"四艺"。到了中世纪,"四艺"扩展为"七艺"——文学、修辞、辩证法、几何学、算术、音乐、天文学。学习的目的是成为博学、有德行或虔信的人。西方近代教育以智育的"博学"为首要目标。①

2. 现代教育

(1)教育概况。中国人选择应试教育,考核学生对所学知识的记忆、理解、运用水平。判断学生的好坏则是考试分。这要求学生好学敏求、博闻强记,重视苦学、追求分数。"书山有路勤为径,学海无涯苦作舟"、"十年寒窗无人问,一举成名天下知"几乎是历来书院、四方游子的座右铭。这样的教学造成学生基础扎实,创造性稍差,思维欠活跃,学生迷信教师、追随老师。博闻强记、基础扎实自然有其好的一面,但填鸭教育、死记硬背也浪费了智力与精力、时间和机遇。

西方社会主要考核学生的理解能力和创新能力,许多题目都没有明确的答案,要学生自己去探讨。仅仅追随已有答案往往得不到好的分数,老师要求学生有自己有想法。考试不给出确切分数,只分 ABC 三类,前者为优秀者。

(2)课程方面。中国人侧重知识的深度,中国课本的知识比美国的知识高出一到两个年级。中学教学一直以高考为主,受大学教学资源的限制,只有一部分中学生可以顺利进入大学学习,通过的唯一标准便是高考成绩;西方学校教学则以培养学生的个人能力为主。在学校的授课方面,中国的学校以单方授课为主,主要讲解记忆性的基本知识,大学亦是如此。西方学校课堂双向交流,知识点的传授发展学生的自由想像。以历史课为例,中国的老师会详细介绍事件的背景,让学生根据环境来设想历史人物的精神与情感世界。在美国,老师会先列出事件的结果,让学生讨论事件发生的原因。中国的考试复习以大量练习为主,而西方学校则用扩大阅读量来帮助学生理解和掌握知识。

(3)课堂表现。中国学校的班级规模一般在 50 人左右,而西方的只有 10～15 个学生,造成这种差别的重要原因便是中国人口众多,教师以及教学设施方面都比较短缺。课堂上,中国的学生比较安静,对于老师的教学提问,很少有学生主动回答,往往等待老师的主动提问,在迫不得已的情况下才回答——学生觉得万一答得不好会很丢脸。西方的学生比较活跃,会争先恐后表达对自己的看法,甚至直接反驳老师的看法。

对于老师,中国学生是毕恭毕敬,称老师为"师父"、"先生"或"姓氏+老师",对老师说的话深信不疑。学生与教师交流时,严守上下级关系,古时候便有"师者如父"之说。西方的学生往往直呼老师的名讳,两者相对平等,关系近

---

① 陈凌.历史上中西方教育目标的差异比较[J].丽水学院学报,2005(2):97.

乎于朋友。

(4)对待知识的态度方面。中国的学生积极吸收知识,以记住更多的知识为重要目标,往往深信书本的知识。遇到问题时,学生多数根据已有的经验、规则和定律来判断。国外学生则用怀疑、批判的态度对待知识,甚至挑战早已盖棺定论的知识,他们富有挑战性、批判精神和创造力。

第六节 中西方思维模式

思维是人脑对客观事物本质属性或规律性的间接、概括的反映。思维在人类活动中占有重要地位,正是通过思维,人们才能认识自然、社会,从而适应环境、改造环境,促进社会发展。随着年龄的增长,人不断受社会经济环境影响和民族文化的濡染,其思维方式会逐渐成形稳定。思维方式一旦形成,人们就会有惯用思维并用之指导行为。[1] 在思维方式上,中西方沿着两个不同的方向发展,具体主要表现在以下三点。

一、整体思维与解析思维

与中国民族性格中的集体主义相一致,中国人的思维方式也倾向于整体思维。中国人习惯于整体思维,古代中国地处封闭内陆,由于自然屏障阻隔,交通不便,对世界的认识比较片面,形成泱泱大国观。在古代,统治阶级一直宣传儒家思想,提倡整体观念。古代中国哲学家认为世界由连续的物质构成,其宇宙观是"气"的宇宙观,"含了未知部分的整体功能,是气。它的整体性质的显现是靠整体之气灌注于各部分之中的结果,各部分的实体结构是相对次要的,而整体灌注在这一实体结构之中的气才是最重要的"[2]。从这种宇宙观出发,中国人形成固定的思维方式,即部分(个体)依赖于整体,整体决定部分(个体)而不是部分(个体)决定整体。中国人认为世界是复杂的,由连续性的物质构成,我们应该整体地去理解它而不是部分地理解。中国人讲融合与求同存异,即便是对立的事物,也要找到其统一的方面。在观察事物时,中国人更关注整体的本质,屈原的《天问》就是代表作。屈原在《天问》中提的问题都

---

[1] 王新华、任军莉.试论中西方思维方式差异及其文化根源[J].江西社会科学,2002(9):44.

[2] 张法.中西美学与文化精神[M].北京:北京大学出版社,1994:30.

关于宇宙、阴阳、天体、自然界等整体性的事物，很少涉及个体。以画作为代表，无论是山水画还是人物画，中国画都讲究整体神韵，通过各部分相互作用形成整体，而不关注细节，西方绘画以人物画为例，注重人物的各部分比例，力求真实展现人体本身。

古希腊哲学家认为世界由分离的原子构成，分析物体时，他们更倾向于依次解析，从各个部分入手为其建立模型，将物体分门别类，探讨关于事物的原则与规律。与中国事事从整体观察而忽视部分相反，西方思维重视部分，善于从部分入手考察整体。

中西方的广告也鲜明地体现这两种不同的思维方式。以汽车广告为例，中国的汽车广告更注重受众的整体性思维，传统上追求"好而全"，汽车通常是整体出现在画面中。国外的汽车广告则突出部分，呈现解构思维，安全气囊、车座、车灯、汽车底盘等均是广告创意的切入口。

二、归因理论

轰动一时的中国博士留学生卢刚枪杀博士生导师的事件，惹来中国媒体及美国媒体的大肆报道。分析美国 Newyork Times 与中国 World Journal 相关报道发现：美国的报道更多地将事件发生归咎于肇事者本身——卢刚本身就具有暴力因素，枪击事件早晚会发生；中国的报道则将其归咎于周围的客观环境，认为美国的社会压力造成悲剧。美国人更强调个人性格因素，中国人则关注环境因素。假设环境改变，中国人觉得案件可以避免，美国人则认为不可避免。由此可见，在归因方面，中西方存在巨大差异。中国人经常认为个人在本质上没有明显区别，将事件的发生归咎于外部因素，重视环境的重要作用而忽视人的不同。西方人则认为个人在本质上是相对固定的，某些具有暴力倾向的人注定会发起暴力事件，这与周围的环境因素并无直接关系。

中国人这样归因，因为东方人依赖辩证思维。在中国人的眼中，世界是不断变化的，万事万物都处于流动的变化中。此时此地的物与情景只是暂时的，只是处于向另一种物与情景转换的暂时状态，伴随着情景的变化，个人的心理与行为容易受外界环境的影响而发生变化。因为认为世界时刻不断运动变化，所以中国人不易吃惊，似乎一切西方人看似不可思议的事件在中国人眼中都可以轻易寻找到合理的解释，他们因此没有兴趣积极找寻事件发生的原因。西方人认为，世界有固定形态，是稳定的、静态的，个人也相对固定不变。这种将世界认为相对静止的观点，促使他们在分析事件时倾向于建立模型。这样的简明模型看似简单，但对科学发现十分有利，也正因为这样，西方人建立了正确的物理原理，在自然科学方面取得巨大成功，中国人在这方面的成就很小。

中西方在归因上的另一个显著不同在于是否重视推理过程中的逻辑性。中国人的思维是独断式的思维,不讲逻辑。东方人倾向于运用经验性的思维——基于已有知识积累——进行思考与批判。对于现实生活中的任何事件,中国人不会主动从已知的结果倒推出其原因,不需要推理论证,不需要从以前的知识中推导出原因,而仅仅从感性认识上觉得有理。西方人讲逻辑论证,讲条理分析,善于运用逻辑思维进行思考和判断。西方人重视探究事物的本源,喜欢理论推导,这些传统使他们形成求知、求真的精神。西方人的逻辑是在不知不觉中发展起来的,在不知不觉中运用到探索、求知中。

三、自然观

自然观是客观世界在人们头脑中的主观映像,也是人们对自然的态度与想法。中西方由于自然环境、处世态度等方面的影响,在对待自然的思维方式上呈现出迥异的状态。

中国地处黄河、长江流域,一直以农业为主,这里的自然资源丰富,加上科学技术落后,人们的生活基本上"靠天吃饭",这使人们不自觉地对自然产生敬畏与崇拜。历代统治者也将"天"放在至高位置,宣扬"天人合一"。因此中国人一直都崇尚自然、不违天命、顺其自然,认为人类是自然的产物,"天地万物一体",万物循环往复,繁衍生息。道家说"道生一,一生二,二生三,三生万物,万物归于道",儒家讲求"天人之际,合二为一",中国文化的最高境界就是"天人合一",人与自然的和谐相处。

西方人则恰恰相反,他们长期处于自然条件相对恶劣的环境之中,人们要生存下去,就必须充分发挥主观能动性,战胜恶劣的自然环境。他们认为人与自然是对立的,习惯于把人与自然分隔开,认为人的思维是独立于自然界之外的客观事物,热衷于探索大自然,认为人可以通过斗争与努力改造自然,甚至征服自然。

概括说来,中国人崇拜自然,强调人与自然的协调统一,认为人是自然的组成部分,是自然的附属,人类应该服从、顺应自然。在审美上,中国人认为自然的就是美的,中国的道教思想就禀持这种自然观。欧洲人强调人与自然的对立,认为人与自然是敌对关系。不是人类征服自然,就是自然征服人类,人只有战胜自然才能求得生存发展。

中国人中庸平和的态度保持了生态平衡及人与自然的和谐与统一,但中国人长期崇拜自然,忽视了人自身,高估自然的力量,自然忽视对人自身的培养,中国人因此安土重迁不求进取。安逸的生活环境与对自然的过度崇拜导致中国人性格上的缺憾——与西方人相比,中国人容易满足、缺乏主动性、缺少野心、抽象思维能力差。与中国人看重人与自然的关系相对应,西方人关注自然物质本身,他们从小就对自然充满好奇心,将自然界的一切事物作为研究对象,探寻其发展的奥秘。对大自然的征服欲望铸成西方人顽强、勇敢拼搏的精神。

第七节 中西方风俗的差异

中西方的种种差异更具体细致地表现在风俗上,体现在衣食住行等生活细节及重要节日的习俗上。

一、服饰

服饰是一种文化,它反映民族的文化素养、精神面貌和物质文明发展的程度;服饰又是一种"语言",它反映出人的社会地位、文化修养、审美情趣,也能表现出人对自己、对他人以及对生活的态度。[①] 中式服装、西式服装经数千年的历史积淀,形成各具特色的风貌和体系,在式样、外形、结构、局部特征、装饰、色彩、图案、审美文化方面均体现出鲜明的民族性和地域性。伴随着各民族文化交流的发展,服装形制上的差距已经缩小,服装的审美功能与着装行为趋于一致。

1. 审美情趣

儒家思想在古代居主导地位,中国服饰也打上其深深的烙印。儒家重礼仪,所以中国的传统服饰以繁冗、宽博为主要特征,服装不表现人体曲线,削减感官刺激要素,宽衣博带,遮掩人体,表现庄重、含蓄之美。在服装造型上,中国服饰体现和谐、对称、统一;衣料追求飘逸、宁静;色彩清新淡雅,对比柔和;图案精致、细腻,宛如秀美的工笔画。中式服装的美学特点,反映民族的审美心态和文化征貌。中国人受儒道互补的美学思想影响,重视情理结合,以理节情,追求闲适、平淡、中庸,追求超出形体的精神意蕴。[②] 虽然历经多个王朝,中间甚至有少数民族当权的朝代,但受汉族文化的影响,服饰审美基本保持

[①] 皇甫尚华、陈丽娜、肖亮.试论中西服饰文化[J].内江师范学院学报,2008,第三卷(增):72.

[②] 华梅.上海市服饰情怀[M].天津:天津人民出版社,2000:58.

一致。

西方文化起源于海洋文明,文化比较开放,易于融合外域服装文化。西方文化善于表现矛盾、冲突,服装强调刺激、极端,以突出个性为荣。[①] 西方服装从古代的"宽衣"经中世纪过渡到文艺复兴以后"窄衣",其发展呈现大起大落。宽衣文化是以地中海为中心的古代诸文明创造的服装文化[②],其经典即古希腊、古罗马的服饰文化,服装的作用在于充分展示人体美感,弥补人体缺陷。窄衣文化指文艺复兴以来的西方服饰文化,以人为塑造体型为目的,表现女性的第二性征,如露颈、露肩、露背、半胸,以紧缩腰围和垫臀来表现女性曲线。

中西方对人体本身的认识不同,裸体在西方艺术中具有本质地位,他们认为裸体是理性的不是感性的,是纯粹的不是情欲的,是美的理想形式,作为时间的静止和永恒的代表。中国人一向以和谐、自然为主旨,追求神似和流动的气韵,静态单一的裸体在中国不能成为重点。中国人对本质是忽视的,没有对美的固定的看法,没有抽象的典范,美往往与道德相联系,中国人喜欢写意,不用写实,因此中国式的美的形式首先去除任何原型。中国在服饰上讲究神韵,西方则用服饰来表现人体本身的美。

2. 服饰等级

中国是礼仪之邦,讲究礼仪,重视等级观念,等级森严。中国人认为服装一向象征穿着者权力和地位,每个等级的人只能穿代表自己的服饰,从一个人的服饰上便可大致知道其职业、社会地位。在中国古代,服装色彩、服饰图案及服饰配件等方面有严格的等级定制与穿着要求,以不同的色彩与装饰图案代表官职品级的等次,以服饰的材质和数量的差异来标示着装者身份。

西方服装的等级观念较为薄弱,并不严格,等级差别主要通过面料与做工来表现,服饰本身并无强烈的权力专属特性。西方皇室的衣着打扮往往为贵族及普通民众争相效仿,他们将此作为荣耀。据传中世纪的法国宫廷中,每次酒会之前,贵妇们会收买王后的侍从以得知王后的打扮,然后打扮得与王后相似,作为自己身份与地位的标志。在中国,这显然是行不通的,即使是不经意间与王室成员服饰颜色相似,也会被看作大逆不道,轻则失宠重则丢官。

3. 服饰礼仪

礼仪指人们受历史传统、风俗习惯、宗教信仰、时代潮流等因素的影响而形成,既为人们所认同,又为人们所遵守,以建立和谐关系为目的的符合交往

---

① 黄能馥、陈娟娟、钟漫天.中西服饰文化比较[M].北京:文化艺术出版社,1998:16.
② 王松亭.上海市西方服饰史[M].长春:吉林美术出版社,1993:109.

要求的行为准则和规范的总和。[①]

中国的服饰礼仪更多体现在穿着打扮要符合身份,场合方面则要求不甚严格。西方人十分重视着装的场合,西方男士在正式社交场合通常穿保守式样的西装,内穿白衬衫,打领带;西方女士在正式场合要穿礼服套装,外出有戴耳环的习俗;平时人们喜欢穿着休闲装,如T恤加牛仔服。

在配饰方面,中西方也有明显差异,中国服饰的配件精细巧妙,以天然金银珠玉的打造雕琢为主,展现中国人与自然和谐相处的理念,以自然为美。西方的服饰配件华贵雍容,多以金属制成,再镶以珍珠、宝石。

二、饮食

饮食是人类生存与发展的第一需要,也是社会生活的基本形式。不同文化背景的人有不同的饮食观念和饮食习俗。

1. 饮食观念

中国人重吃,亲朋好友见面、重大的节假日、请人帮忙……几乎所有的场合都涉及饮食。有了喜事要大家聚在一起吃饭,有了丧事大家还是要一起吃饭;再难办的事情到了饭桌上都迎刃而解。在中国,饮食的意义远远超出果腹,成为人们联系情感的重要方式。

中国人的饮食更强调感性和艺术性,追求饮食的口味感觉,而不注意食物的营养成分。在西方人眼中,竹笋没有营养,但中国人却喜欢,因为竹笋十分"鲜"。简单地说,中国人吃的是口味,"味"是中国饮食的魅力所在。对中国人来说,饮食除了果腹充饥,还满足对美味的渴望,带来身心的愉悦。中国人多从"色、香、味、形、器"等方面来评价饮食的好坏优劣,追求难以言传的意境。中国厨艺讲究的是用各种调味品、原料混合在一起调制出无与伦比的美味。这种"混合风"也表现出中国人以"和"为贵,讲究万事万物的和谐,事物之间相互融合。中国厨行有句话"厨师三分艺,用料七分功",强调原料选择、分档使用。

西方人的饮食讲究理性,讲求科学。他们强调饮食的营养价值,要求食物富含蛋白质、脂肪、热量和维生素,特别讲究搭配合宜,卡路里的供给恰到好处,讲究营养成分的充分吸收,没有无副作用,保持食物的天然营养,而不追求食物的色、香、味、形。

做菜过程中,西方人会明确标示原料的质量,中国人则说加入盐少许。这种说法往往令西方人莫衷一是,不知道"少许"究竟是多少。西方人一向严谨,将一切精确。中国人则不喜欢精确,模糊大概就可以。

[①] 曹明逸.体验西方礼仪[M].上海:上海社会科学院出版社,2003:98.

2. 饮食内容

中国受农业文明的影响，生产力水平较低，人们食不果腹，传统饮食结构以五谷杂粮为主，以蔬菜为主，节日期间偶尔食用少量肉类，堪称素食型民族。这种饮食习惯显然受佛教文化的影响，佛教一向反对杀生，认为动物与人一样有灵魂，杀生是要下地狱的。

西方人则秉承游牧民族、航海民族的特点，以肉食为主，素菜为辅。早期西方人以渔猎以及养殖为主，"靠山吃山、靠海吃海"。

3. 饮食方式

无论家庭用餐还是正式宴席，中国人都聚餐围坐共享一席，将所有的菜摆放在面前，人们根据喜好夹菜，相互敬酒、劝菜，借此体现出人们之间的相互尊敬、礼让及和睦、团圆的气氛。在此，吃饭已经不是最主要的内容，人们更享受和乐融融的氛围。

西方人习惯于分而食之，事先分配食物，一人一份定量供应。西方宴会上虽也围坐，但食物是单盘独碟的。不必固定座位，可以自由走动，这不仅充分满足个人对食物的喜好，还便于社交，便于个人的交流，而不必在餐桌上将所有的活动公之于众。

中华民族素来热情好客。在交际场合和酒席上，中国人常互相敬烟敬酒。中国人请客时，即使美味佳肴摆满一桌，主人也总习惯讲"多多包涵"等客套话。主人有时会用筷子往客人的碗里夹菜，用各种办法劝客人多吃菜、多喝酒。尤其男人聚会时，通常是一醉方休，不醉不归。而在西方国家，吃饭的时候，主人绝不会硬往你碗里夹菜，通常说"Help yourself to…"，意思是想吃什么就吃什么。他们也不会劝客人喝酒，不会非要你喝醉了为止。

三、建筑

建筑是文化的载体，负载深刻的文化印迹和人文精神要素。[①] 不同的建筑承载不同的文化，体现不同的信念。

1. 建筑造型

西方的建筑具有雕刻化特征，其着眼点在于两度的平面与三度的形体。中国建筑具有绘画的特征，着眼于富有意境的画面，不很注意单座建筑的体量、造型和透视效果。[②] 西方建筑美的构形意识是几何形体，雅典帕提笼神庙的外形控制线为两个正方形；米兰大教堂的控制线是正三角形；巴黎凯旋门的

[①] 谈炳和、何俐浅.议中西建筑文化的若干差异[J].社会科学,1997(7):49.

[②] 谈炳和.中西建筑艺术比较[J].百科知识,1998(8):56.

正面是正方形,其中央拱门和控制线则是两个整圆。中国建筑几乎没有几何概念,完全按照建筑师的心思来设计,讲究与自然的完美和谐,以趋利避凶、招财纳福。

中国建筑中的四合院、围墙、影壁等显示出内向的封闭心态,封闭的庭院象征着封闭的社会。中国人寻求安稳、保守的生活,长城阻挡了外来民族,使中国自成一体。四合院这种四周围成一体的建筑既展现了内向的民族特征,又显示对于家族团圆的向往。西方则较少这种四周封闭的建筑,外向型的建筑是外向的民族性格在建筑上的重要体现。

2. 建筑材质

传统东方建筑一直以木头为构架,属于木结构系统,因而被誉为"木头的史书"。传统西方建筑长期以石头为主体,埃及的金字塔、古希腊的神庙、古罗马的斗兽场、中世纪的教堂等无一不是用石头建成。中西方建筑对于材料的选择的不同有诸多原因:

(1)中国人以新为贵,帝王登基时均喜欢大兴土木,木制建筑既方便清理又可以快速制成。西方人则对古老建筑充满尊敬和敬意,有时一个建筑历经几百年才能建成,这样漫长的时间显然是中国人不能够忍受的。

(2)中国崇尚回归自然、天人合一的生活方式,木制的建筑无疑很好地满足中国人的这种要求。西方人热爱征服自然,石头建筑能展现人的力量。

(3)自然环境因素。中国地处温带气候,夏天不会很热、冬天也不会很冷,木制的建筑能适应这样的气候。西方自然条件相对恶劣,石头建筑能阻挡狂风、严寒的侵蚀。

3. 审美观

中国的传统建筑比较注重与周围环境的协调统一。大规模的建筑群,如宫殿、陵墓,常常依山而建,利用山势起伏自然形成错落排列。建筑物一般不高,但却有高大的树木陪衬。尤其是寺庙建筑,常常刻意隐藏于林木之中。中国的建筑不但追求外观上与自然一致,还追求风水。中国的园林则更是如此,园林中往往置以假山,开凿小溪,种植花草。概括说来,中国园林模仿自然,置身于中国园林,你会误以为在大自然中,而非人造环境。

西方建筑的审美则大相径庭。欧洲的城堡多建在山顶,建筑物高大雄伟,砍掉周围的树木,其雄姿数里之外一目了然。欧洲的园林往往只栽培几种物种且人为修剪,占地最大的是草坪。欧洲建筑追求的是区别于自然,彰显人对的自然的改造与征服。

这种审美差异直接体现在中西房地产广告上。中国的房地产广告大多诉求于与自然山水结合,这是天人合一思想的体现。外国的房地产广告一般凸显房子本身,因为西方人认为世界由独立的、毫无关联的物体组成,与中国人注重物与物之间的关系不同,他们更注重物体本身。中国人偏好与山水对望,"山阴道上行"、"人在山中游",个人拥有与自然共成一体的"气"。中国的艺术家并不寻求在可见者之上使最可见者涌现,也不追求在其中包含理想;相对的,他们追求以可见者捕捉不可见者:捕捉的是无形的作用抑或是"神韵"。中国人欣赏的是和谐的美、模糊的美、流动的美,广告中的"山水"、"岩石"、"松竹"等不是"再现",而是物与心之交流产生感悟的产物。

四、交通

1. 交通工具

中国很早就出现交通工具,黄帝时已有车服,故谓之"轩辕"。3000～4000年前出现马匹,汉代时出现"鸡公车"。

古代西方的交通主要依赖人力与马,到了19世纪,出现蒸汽机车等动力交通工具,随后出现火车、汽车、飞机等先进交通工具。

现在东西方在交通工具选择上有明显的差异。上世纪70年代,汽车成为西方重要交通工具,汽车成为重要的代步工具,每个家庭都至少拥有一部汽车。西方经济发展水平相对较高,汽车的价格相对很低。但伴随着环保浪潮的风行及交通的拥堵,更多的西方人青睐小排量的两厢车甚至自行车,不少国家风行自行车。在上世纪70年代的中国,拥有一辆自行车成为无数中国人的梦想,到了现代,汽车成为梦想。在西方,汽车仅仅是代步工具;但在中国,汽车成为身份与地位的象征,中产阶级以上才能拥有一辆不错的轿车,大部分中国人只能望车兴叹。中国人在选购车辆时,大排量的三厢车获得青睐,两厢车则门庭冷落。

这种差异,很明显地体现在汽车广告上。中国的汽车广告很少单纯诉求汽车,而喜欢将汽车与身份、地位、成功等联系起来,西方的汽车广告更多的是宣扬汽车本身。

2. 交通规则

中西方的交通规则也有不同,一个显著的不同便是中国人走路时靠右边走,西方人则靠左边走。交通规则相同,中西方人对于交通规则的遵守程度大不相同。

在中国经常看到这样的场景——宽大的马路尽管有警察督促,但很多人就是不遵守交通规则,红灯绿灯一样走,管你路上有行人还是有车。在国外,无论马路上人多抑或人少,人们都遵守交通规则。不遵守交通规则一直是外国人看不起中国人的原因,但也常听中国人讥笑外国人死板、机械,红灯一亮,一个车影儿都没有,也傻乎乎站在那儿,非等灯绿才走,简直傻到极致。

有一个笑语,一位中国留学生因为过马路两次和女友分手。第一位女友是外国人,他携女友过马路,按照中国人的习惯,不看红绿灯,看两边有没有车就穿过马路,金发碧眼的女友很难理解,说:"你这个人怎么这么没教养。"为此他们分了手。第二位女友是中国人。还是过马路,他吸取第一次的教训,站在路口耐心地等待行人绿灯。女友几次拉他,他都说:"等绿灯亮了再过。"这位女友很不理解他的行为,怒目圆睁:"还没见过你这样迂腐、刻板的人。"于是又分手了。

中国人一向比较务实,懂得变通,懂得灵活机动,知道一切从实际出发,不死板教条。西方人更讲究秩序,注重规则,一板一眼。这两种对待规则的方式各有优劣。灵活有时能占到便宜,可以逞一时之快,可以一时解决问题,可以暂时掩盖矛盾,但有时要吃大亏,从长远的角度考虑,也不利于事物发展。罚点款是小事,出了交通事故就麻烦了,"死板"一点恐怕比"灵活"一点要好。

五、节日

节日是民族历史文化的积淀,"每个民族的每个节日,正是反映这个民族文化最真实的一面"。中西节日都不约而同传承共同的文化内涵。首先,对美好生活的向往和热爱之情。西方的圣诞节讲"圣诞快乐",中国的春节讲"新年快乐"、"过年好"。其次,尊老爱幼、景仰历史人物及忠于爱情。中国人敬老有重阳节,西方则有父亲节与母亲节。西方有情人节,中国则有牛郎织女七夕节鹊桥相会。对于死去魂灵的敬畏,西方有万圣节,中国有中元节。

1. 节日来源

中国长期处于封建自给自足的农业社会和自然经济,其传统节日具有浓厚的农业色彩,包含了农耕文明的社会特征,主要是从岁时节令转换而来、随着二十四节气布置的。我国古代长期以农为本,在生产力和农业技术不发达的情况下,十分重视气候对农作物的影响。在春种、夏长、秋收、冬藏的过程中认识了自然时序的复杂规律,总结出四时二十四节气,形成以节日为主的传统节日。勤劳的中国人民为了更好地生存,必须大力发展农业,而农业的发展离不开天气的关照。古人云"春雨贵如油"、"清明忙种麦,谷雨种大田",在古代,春节、清明节(古代称三月节)都是重要的农事节日。

西方文化由于长久受基督教的影响,其传统节日起源带有浓厚的宗教色彩,如情人节(纪念名叫瓦丁的基督教殉难者)、复活节(基督教纪念耶稣复活)、万圣节(纪念教会所有圣人)、圣诞节(基督教纪念耶稣诞生),这些节日的起源大多与宗教有关系。当然,西方节日中也有和农业有关的节日,但他们以农业为主的节日的历史不如中国漫长。

2. 节日庆祝方式

在中国的节日里,吃十分重要,几乎每个节日中国人都在"吃",每个节日都吃不同的食物。端午节的粽子、春节的饺子、中秋节的月饼……"吃"在中国节日中占据重要地位,这与中国一直以来生产力水平较低,很多人难以吃上好饭有关——唯有在节日中满足自己的口腹之欲。在庆祝上,中国的节日大多以家庭和家族的团聚为主,过节的主流就是聚,看看春节期间汹涌的回家潮吧!

西方人过节日虽然也要吃,但内容不过是几个巧克力、一只火鸡,是节日特定的食物,吃不是西方节日的主流。西方的节日多以追求欢乐为主,儿童和青年是节日的活力源泉。例如万圣节,儿童过万圣节要恶作剧式地敲门,青年过万圣节是要装扮和聚会。

3. 春节与圣诞节的差别

中国的春节与西方的圣诞都要阖家团聚,充分体现亲情,都是人们怀念祖先,感谢大地养育之恩的重大传统节日。

春节是中国最重要的传统节日,源于秦朝,定于每年农历的一月一日,从农历12月23日开始,人们开展各种庆祝方式,一直持续到元宵节。春节的习俗繁多,如大扫除、吃团圆饭拜年、放鞭炮、舞狮子等。总之,不论是大街小巷,都笼罩着浓浓的喜庆气氛。春节当天只是家人团聚,绝不邀请外人,即使最知己的朋友也很知趣,不会在这一晚闯入别人的家宴。要拜访亲朋好友则要到大年初一,大人们相互祝福同时给孩子压岁钱。

圣诞节无疑是西方人最重要的节日,定于公历年的12月25日。它的前一晚是平安夜,圣诞老人要在这一夜降临,给每个人带来礼物和美好的祝愿。家长会将礼物放置在孩子床边的袜子里,延续圣诞老人骑着麋鹿给每个孩子送礼物的风俗。这一夜也和中国人的除夕一样,是家庭团聚的时刻,不同的是,这一年一次的节日,经常会邀请友人参加。西方人庆祝圣诞时,吃火鸡、观看电视里的职业联赛是圣诞节代表性的活动。

第八节 中西文化禁忌

禁忌(taboo)是世界各民族共有的文化现象,指在日常生活或工作中禁止或忌讳人们做某种事情或说某种话。跨文化的交流常常会遇到这一敏感的问题。[1] 不同的文化中存在着不同的禁忌。

---

[1] 朱光.中英日常生活禁忌比较[J].郧阳师范高等专科学校学报,2003(12):122.

一、饮食禁忌

中国人吃饭时忌用筷子敲空碗,因为这是乞丐的行为;忌把筷子悬在空中,眼睛搜索自己爱吃的菜肴;忌把筷子插在盛满米饭的碗中,因为那是死人的倒头饭。吃饭前忌把空碗反扣在桌上,因为那是咒人生病。吃饭时忌贪食;忌当众打嗝;忌当众松腰带;忌吃饭中途入厕。在山东一带,迎客忌用水饺,因为规矩是"送客饺子迎客面"。中国人过年、过节必须有鱼,取"年年有余"的吉言。但有的地方,婚宴上上鱼时,忌吃鱼头、鱼尾、忌动鱼骨。这样做是为了祝新婚夫妇白头偕老,有头有尾。在不少地方,吃鱼时忌把鱼翻过来,如果这样做即寓意翻船,给人带来厄运,在以打鱼为生的地方,人们尤其忌讳这一点。

西方人忌吃肥肉、粘骨和鸡鸭类的皮(烤鸭、烧鸡除外),忌食各种动物的头脚、内脏做成的食品,忌吃某种特殊动物做成的肉类食品,如狗肉、蛇肉。忌食中国的臭豆腐、酱之类浓味食品,忌食大蒜或某些酸辣味道,忌食奇异的汤类或菜类。在饮食规矩方面,他们也有许多禁忌,比如喝汤时忌出声;进餐时,忌大吃大嚼,狼吞虎咽;用刀叉取菜时忌叮当作响;尤其忌讳刀叉弄响水杯。如果弄响了水杯而又不中止,便会带来不幸。自己不喜欢的饭菜要少要或不要,忌自己的菜盘剩下食物不用;餐毕,刀叉要在盘中按规矩放好,忌乱放;饭后忌当众剔牙;忌弄撒了盐;口中满嘴食物时,忌说话。

二、称谓禁忌

在中国,自古以来直接称呼长辈和上级的名字被视为极为不礼貌的行为。古时,皇帝的名字是要严格避讳的。写文章或者谈话中有带皇帝名字时,都要找一个字来代替。不仅皇帝,凡是有些权势的人,其手下的人对其名字也要避讳的,"只许州官放火,不许百姓点灯"就是避讳的典型例子。小辈称呼长辈的名字也是如此,取名字的时候更是要避忌长辈的名字,这一点与西方相当不同。外国人的中间名字会有其祖父甚至曾祖父的名字夹杂其间,这是纪念长辈的重要方式。在中国,这会被看做对长辈的大不敬。

三、寒暄禁忌

中国人见面寒暄通常要问"您吃饭了吗","你多大年纪","结婚了吗"。较为熟悉的人见面问候时,一般说"上哪去","吃过了吗"。遇见这样的问候,西方人可能会误解。问"您吃饭了吗",对方可能会误认为你邀请他吃饭。在西方,年龄、地址、工作单位、收入、婚姻、家庭情况、信仰等话题属个人隐私,忌讳别人问及,寒暄最好从天气的状况或预测开始。汉语里的寒暄,如"你今天气色不好,生病了","好久不见,你又长胖了","你又瘦了,要注意身体啊",表示对对方的关心,人们不会为此生气。西方人则感到尴尬,难以回答并认为这是不礼貌的。

在西方,尤其是白种人寒暄时会说"你最近变黑了",对方听了会十分高兴,因为在他们看来黑色是健康与健美的标志。中国人若听到对方如此评价便只有黑脸的份儿了。

四、数字日期禁忌

由于文化传统的影响,人们对一些数字或者日期往往避之不及。中国人特别忌讳数字"4",因为"4"与"死"谐音,楼层、房号、电话号码、车牌号码和一些重大的日子,人们都会尽力避开数字"4",一些电话号码因为带"4"字而价格便宜很多,而带"6"(顺)和"8"(发)字则贵很多,即使这样,人们还是尽力不选择带数字"4"的。人们在说年龄时候忌言"73"和"84",俗话说"七十三,八十四,阎王不叫自己去"。

对于西方人而言,"13"是一个令人恐惧的数字。大多数人忌讳13这个数字。西方的电梯几乎都没有13楼,吃饭时会避免13人同坐一桌,门牌房号没有13号,运动员中也没有13号球衣。星期五也是西方人不喜欢的日子,如果那天是13号并且刚好是星期五,大多数人就会选择待在家里。在美国,大概有8%的人对这个日子感到恐惧,这种现象被称作黑色星期五恐惧症。因为耶稣受难日是10月13日星期五,出卖耶稣的正是他的第13个门徒犹大,因此13成为个不吉利的数字。北京国贸附近的大型写字楼里,既没有4层也没有13层,4是咱们中国人的禁忌,而13是西方人的禁忌。此外西方还讨厌6,特别讨厌666这个数。《圣经》里甚至说"666"是野兽之数。这与对数字"6"情有独钟的中国人形成了鲜明的对比。

五、颜色禁忌

颜色禁忌指文化群体对不同色彩约定俗成的偏爱或厌恶。中国人无一例外十分喜欢红色,因为其象征红红火火、吉祥如意,在重要的喜庆场合,人们无一例外会选择红色。过年的时候会贴上红色的春联,孩子们会穿上红色的衣服;结婚之时,新娘用的一切东西都是红色,其意寓吉祥如意。中国人对黑色与白色充满了禁忌,这两种颜色只会出现在葬礼上,平时很少用这两种颜色,尤其在喜庆场合。

在颜色禁忌方面,西方许多国家各有不同,但他们都在葬礼时大量使用黑色。结婚时,新娘多会选择白色,因为其象征纯洁,而新郎则会选择黑色。此外,法国人禁用黑桃,认为黑桃是死人的象征;在美国人看来,用红色代表愤怒最贴切不过了。同样,黄色象征的是一种怯懦、胆小。

六、图案禁忌

图案禁忌指文化群体对不同图案约定俗成的偏爱或厌恶。比如,在美国,蝙蝠是凶神的象征,蝙蝠和恐怖、死亡、不吉祥联系在一起,蝙蝠是可怕的"吸血鬼"的意识深入人心。但在中文中,"蝠"与"福"谐音,所以蝙蝠图案受中国人欢迎,春联、福字上经常可以见到蝙蝠的形象。

东西方之间禁忌的不同还有很多:动物方面,在中国被神化的龙在西方则是邪恶的化身;鲜花方面,在英国送花忌讳双数,因为双数的花会招来厄运,也忌讳送白色的花如百合花……这些禁忌是跨文化交流时必须关注的。

本章小结

中西方之间的文化差异可谓包罗万象,本章从中西方文化的起源差异说起,然后从六个大的方面概述中西方之间存在的巨大差异。

西方起源于海洋文化实施城邦制,中国则是农耕文化与封建制。在性格上中国人较为含蓄内敛、比较讲究面子,中国是典型的集体主义民族,西方人较为张扬更为务实,比较个人主义。在家庭与婚姻观念方面,中国人讲究门当户对,考虑很多物质因素,西方较为讲究爱情与浪漫;中国人渴望大家族,西方的家庭结构则相对松散,很少有几代同住的现象。在宗教信仰上,中国是典型的多宗教国家,信徒多有功利心态,相信人本善,西方的宗教信仰具有唯一性,信徒较为虔诚,相信人本恶。在家庭教育方面则表现在依赖与独立、批评与鼓励的差异,学校教育上课堂表现、课程方面等四个方面也有明显差异。思维方式方面,中国人有典型的整体思维,在归因时将事情归为环境因素,对自然多持敬畏心理,西方人则有解析思维,在归因时多归为事物本身,对自然持征服心态。风俗上的差异主要表现在服饰、饮食、建筑、交通、节日等几个方面。禁忌上的不同主要表现在饮食禁忌、称谓禁忌、寒暄禁忌、数字日期禁忌、颜色禁忌、图案禁忌等几个方面。

【案例】

对中西广告差异的思考[①]

一、中西广告的差异在哪里

研究大量中西广告作品不难发现,中国广告目前的主流还是创意的表层模式,就事论事,以产品、服务为中心,即使出现消费者,也多是直接推荐,此模式的最大特点是重视合理性、干脆俐落、直传信息。西方广告则不然,它以使用商品、服务的人为中心,往往具备一定的故事情节,重视情感性。或者重点表现商品对人的影响,人因为拥有这种商品而进行某种改变,达到某种极端的境况;或者是广告中的主角宁可处于某种极端的境况下,也不愿放弃该商品,突出对其喜爱程度之深;或者是对拥有该商品之前和之后进行对比。可以说,西方的广告已经超越产品的概念,它着重传达价值观念、生活态度,在广告中,产品已经不是主角,它只是感情的载体。

西方广告完美结合信息、娱乐和艺术三种成分美的组合,这正是人家比我们高明的地方。通过研究和品味大量西方广告,我们可以发现,他们的广告通常把商品的独特价值(信息部分)以一种娱乐的方式呈现在我们面前,从而获得十分戏剧化的效果。广告必须显示其商品或服务比其他竞争对手好的地方,强化与竞争对手的差异性,不论这个差异性是客观存在的,还是仅仅是消费者感官认识上的差异,都必须具有竞争性,这种差异性的着力点完全从商品出发,与商品有着千丝万缕的联系,必须能让消费者认同,能成为他们购买的理由。长期的、大量的广告轰炸,已经使人们对广告处于一种视听麻木的状态,他们对广告已经很厌倦了,唯一能使他们眼睛为之一亮、精神为之一振的广告,就是具有娱乐性的广告片。此外,广告创作人员努力为商品或服务创造出具有戏剧性效果的卓越创意、具有感染力和情趣美的艺术表现。扣人心弦的故事情节,制作精美的画面形象,悦耳动听的音乐音响,都使广告从单纯的信息传播,跃升为富有审美内涵的视听表现艺术。

广告特别是电视广告应该学会讲故事,可是目前我们的多数电视广告仍停留在"告知型"、"展示型"的低水平层面,情节型广告已经成为西方广告的主流。它的特点如下:通过生动、曲折、有趣的故事情节来吸引受众;制作精良,借鉴多种艺术手法和技巧,产品信息隐藏在故事中,

---

[①] 郑新刚.对中西广告差异的思考[J].视听界,200(4):76~78.

观众不容易产生抵触情绪。我们可以观看戛纳广告节上获奖的两则香水广告。

二、产品:TOP COUNTRY 香水
　　所获奖项:银狮奖

海上,一艘满载货物的大船顺风顺水。很快目的地到了——巨大的骷髅头状的山洞,水手们搬着一箱箱货物摸索进洞,个个神色紧张。这时货主出现了——一个肥硕无比的女妖,她无视水手们的惊慌落逃,只是望着散落一地的 TOP COUNTRY 香水,心满意足地说了一声"他是我的了"。笛声悠扬,白马王子在海边召唤心爱的美人鱼姑娘,俊男美女四目含情。忽然,王子从远来的风中嗅到了一股奇香。此时此刻,女妖正在洞中大肆涂抹香水,身旁弃置的香水瓶堆积如山。王子不顾一切地向前奔去,美人鱼千娇百媚……谁知王子竟从横陈的美人身上一跃而过,绝尘而去,全不顾美人鱼一脸的不解和失望。王子酣然睡去,一脸陶醉;女妖酣然睡去,一脸幸福。原来王子睡在女妖的怀中。丑陋的女妖与英俊的王子、漂亮的美人鱼简直不可同日而语,完美的爱情并非颠扑不灭,小小的 TOP COUNTRY 香水就可以创造女妖战胜美女的神话。夸张的对比、精巧的构思营造出 TOP COUNTRY 香水魅力无法抵挡的品牌形象,令人过目不忘。

三、产品:AXE 香水
　　所获奖项:金狮奖

一男子身上喷过 AXE 香水后,两个女子对他眉来眼去,死死纠缠。蚊子乘机来叮咬他,后来蚊子被青蛙吃掉了,青蛙又被用餐的老者当作美味佳肴吃掉。最后在老者墓前的泥地里,也许是 AXE 香水的作用,钻出的两只蚯蚓组成了一个鸡心图案。广告最后打出这样的字幕:新配方 AXE,比以往的更耐久。

很早以前在《南方周末》上读到一篇文章,题目叫做"中西广告的虚拟对话",文章虚构了两个参赛选手——康选手代表戛纳奖展映活动中放映的作品,钟选手代表我们每天见面的国产影视广告。同样的产品,国产的广告会怎么做,西方的广告怎么做?通过了解他们的创意,我们可以体会到中西广告的差异。

　　1. 运动鞋篇

钟选手:这个很简单呀,我们有那么多体育明星,只要找一个地球人都知道的世界冠军,对着镜头说上一句:"我选择,我成功!"或者"我运动,我存在!"然后"唰"地打出一只鞋和商标。不过最近那个打乒乓球的小帅哥好像一直在电视上补钙,我们不打算用他了。运动鞋除了体育还有时

尚的元素,还可以请影视明星来代言。比如我们就请了台湾的一只小虎,让一个MM狂呼他的名字——穿鞋,也要追星。

康选手:我记得伍迪·艾伦的电影《性爱宝典》里有一段情节是一个三层楼高的巨大乳房追得一个男人夺路而逃,我的这个创意是向大师致敬:一个比人还高的巨大的肚子一跳一跳在追赶一个中年男人,男人穿的当然是一款运动鞋,他一路狂奔,想方设法终于摆脱了巨肚的追杀。这时候切入运动鞋品牌和广告语"甩掉将军肚"。

2. 洗衣粉篇

钟选手:我们也在为避免"幸福妈妈"式的洗衣粉广告努力。我们可以用"下岗妈妈"来做一个煽情的广告,穷人的孩子早当家……我们还可以用男性来做洗衣粉广告,比如有个人在飞机上意外地把午饭倒在了胸前,他掏出随身携带的洗衣粉,在厕所就把衬衫洗得跟新的一样白。他为什么会随身带着洗衣粉呢?他出国啊,我们的洗衣粉好啊,月是故乡明啊……

康选手:洗衣粉倒真是广告界公认的操作困难产品,广告里很容易千篇一律都是精明能干的主妇和妈妈,一脸幸福夸这个洗衣粉洗得干净。中国有句话叫"文贵在曲",避免直白在这样的产品应该是比较好的。我们的广告拍摄两个小孩在山坡雪地上打闹追逐,被追的孩子跑着突然凭空摔倒,镜头拉近,原来他撞上了雪地里晾着的一张白床单,这时候画面右下角淡入产品包装。

西方广告与中国广告相比,可以归纳出以下显著的不同:

(1)整体上西方广告更注重艺术表现,叙事性强,善于讲故事;中国的广告还是以叫卖为主流,观赏性不强,画外音占的分量大,光听就可以理解,平铺直叙,缺乏悬念。

(2)西方广告主要针对商品的附加价值来进行诉求,而我们的广告其重点还是放在商品的功能上。

(3)西方的广告比我们的广告更具有幽默感。

(4)在思维方式上,西方广告是一种曲线思维,讲究曲径通幽;我们的广告是一种直线思维,喜欢直奔主题。

(5)西方的广告大量使用性诉求的方式来吸引受众的注意,引起他们的思考;我们的广告很少使用此种策略,当然,这里面有深层次的文化原因。

(6)西方广告的攻击性很强,针对竞争对手的比较广告较多;在我国,比较广告要受到诸多限制。

(7)西方广告的制作水准比我们的广告要高出不少,特别是在运用高

科技手段制作动画特技方面;

四、西方广告适合中国市场吗?

我们先来看两则在国内播放的国际原版广告极其遭遇。

伊莱克斯冰箱进驻中国市场时,为了配合市场推广,伊莱克斯新境界冰箱屡屡在中央电视台露面,广告沿袭了荒诞夸张的风格。广告画面如下:光线阴暗的房间里,一台破旧的冰箱发出很大的噪音,冰箱被震得左右摇晃,冰箱上的鱼缸被震落,鹦鹉飞走,小狗狂叫,婴儿吓哭了,这时伊莱克斯冰箱出现,一切恢复了宁静。可是这则广告并没有得到中国消费者的认可,因为广告忽视了中国大众崇尚亲和、赏心悦目的欣赏习惯和审美习俗,一味追求强烈的感官刺激,强调画面的视觉冲击力和震撼力,当然我们不否认这则广告在西方国家播放,其恐惧式的夸张,恶作剧式的幽默,不仅被接受,甚至被认为是上乘之作。然而,处于不同文化背景下的中国受众对此却难以接受。

一位身着西装的汽车经销商正在汽车专卖店接待一位想买车的顾客。从衣着上看,这位顾客与平常人没有什么不同。顾客提出了一个平常的问题:"我可以仔细看看吗?""当然了!"经销商恭敬地回答。接着广告情节发生了急剧的变化:一辆巨大的叉车轰鸣着冲进专卖店,随着玻璃的破碎声,叉车的前部已经深深插进汽车的车身,随后又将汽车高高地举起,前后左右旋转,然后"轰"的一声,重重地把汽车摔在地上。转眼间,一辆崭新的汽车成为废品。面对突如其来的场面,经销商目瞪口呆,说不出话来。然后,画面中传来富有挑衅性的声音:"我能再看一辆吗?"最后,画面切换,出现因特尔公司的标志和那熟悉的 Intel inside 的声音。这则因特尔公司的国外原版广告在中国市场播放时,由于情节出乎意外,表现夸张,很少有人能够理解它的用意,直到笔者通过了解相关背景才大概猜出其中的内涵。这是因特尔进军互联网的一个形象广告,其中的用意是说在现实中看车,不如在互联网上看车、买车更精彩。其实,无论怎样解释,这个广告还是夸张和张扬了一些,虽然画面和情节具有较强的冲击力。但创意的表现形式与国内受众的审美心理存在较大的距离,因此很难产生共鸣。

光阴荏苒,逝者如斯。众多国际品牌后来纷纷醒悟了,他们在进军中国的过程中,不断将自己融为中国的一部分,不仅名称、形象、广告等力图中国化,连经营理念都成了"做中国的企业公民"。随着国际品牌不断进入中国,它们的产品、品牌和广告已经成为中国人日常生活中不可缺少的一部分。包括伊莱克斯、因特尔、可口可乐、麦当劳等在内的国际品牌,从形象上已经非常接近中国品牌,因此也越来越有亲和力,当然,在市场上的分量也越来越举足轻重。

五、怎样看待中西广告的差异

时常听到一些关于广告的说法,看到一些关于广告的论断,许多意思都有类似或相同的一面,具体到广告创意方面,很多人同声一词地说中国广告的整体创意水平如何的低下,和美国及西方国家之间的差距已经如何的大。我们一直认为,中西方创意从整体上说的确存在各方面的差异,但其中最主要的不在于创意水平的高明与低劣,而表现为创意方式和创意风格上的不同。中国创意方式和创意风格的形成及和西方广告创意的差异有深层次的原因。主要表现在公众的文化接受习惯不同;商品的消费环境不同;公众的文化层次不同;广告业发展的阶段不同等四个方面。引起中西方广告创意差异的原因是多方面的,是复杂的,是相互融合在一起的。这些原因都是客观的,是在历史中形成的,不会以人们意志在短时间内迅速改变,这在一定意义上也可称作中国广告业的国情或者中国广告业的环境。

中国广告不需要自怨自艾,我们需要了解中西方广告创意差异的合理性和客观性,需要对"中国广告差论"进行理性的思考和深度的分析。但这不是故步自封,并因此停止向外界学习的脚步。与此相反,只有看到中西方广告创意在具体国情下的各种差异我们才能更好地向西方学习,才知道该学些什么,该怎样学,该如何让西方的广告创意思想和创意理论更适合中国的世界,以达到更好地为中国广告业服务的目的。

看到老外做出来的精彩作品,我们不必妄自菲薄、自惭形秽秽,也不要想着人家是如何高高在上地不可企及。正确的心态和做法是,认真玩味他们的作品,仔细体会其思路是从哪个角度切入,它组合或者转换了那些旧的元素,它的原创性是如何从生活中巧妙看到的,它的天生的戏剧性是如何从产品元素上来发掘的。

国际4A公司的创意表达往往追求的是"新的表达方式"、"极端地追求"、"简单性",而中国文化的核心恰恰是"中庸"、"生活化"、"历史感强",并不欣赏极端和刻意求新,受众喜欢和欣赏的是那些与现实生活紧密联系或仅仅高出那么一点点的创意。优秀的中国广告应该是真正能够从中国人的角度来构思创意概念并形成创意大量使用中国人熟悉的生活情景和表现符号,这才是属于我们自己的广告,而不是用中文表达出来的西方式的思维方式和价值观。

我们应该学学日本,既不是全盘照搬,也不是全盘否定,吸收别人的东西,并消化成自己的东西。中国对西方现代广告的学习,到最后简直成了一种模仿,课本里的经典案例都是西方的,难道西方那些广告拿到中国来就一定能再次成为经典？我们不应该违背市场发展的规律，离开经济对广告的制约作用，人为的拉动广告提升广告历史阶段。我们不应该忽视内在而一味追逐外在形式，否则就会犯拔苗助长的错误。

面对竞争激烈的国际市场，有志于创建国际品牌的厂商都应该认识到危机感的紧迫和广告策略的重要性。长期以来，著名的跨国公司以"一流的产品，一流的服务，一流的广告"给我们留下了深刻的印象。充分认识到中西广告的差异性及其成因并正确地处理好广告的国际化与本土化的关系，我们有理由相信，中国的品牌在迈向国际化的道路上会走得更稳健，走得更潇洒。

第五章　跨文化广告传播的语言翻译问题

第一节　跨文化和广告翻译

全球经济一体化加强,国际商品流通日益频繁,为了开拓国际市场,扩大市场份额,国内外许多广告主不遗余力地投放广告,力求扩大声誉,这就无法避免涉入广告语言翻译。

语言是广告最重要的载体,广告词要达到特定目的,有时是传达信息,但更多的时候是说服和影响别人。中西社会在许多方面存在巨大差别,文化价值观也不同,要想让受众充分地认识和准确理解广告负载的信息和情感,就必须对翻译进行严格把关。广告语言反映并承载文化,文化又为广告语言提供发挥功用的平台,广告语言必定打上文化的烙印。从本质上说,广告翻译都是跨文化的翻译。

Richard E. Porter 是最早研究跨文化交际的学者之一,他认为文化差异是跨文化交际中的主要障碍,应当受到重视。国内学者刘春雷在 2008 年对中国跨文化广告研究的十年历程进行回顾:"在语言学领域,跨文化广告方面的研究体现在翻译、语用学、对比语言学、词汇、修辞和句法学等各个方面。"[1]跨文化广告研究大都注重实用,主要从翻译和语用学方面着手,关心翻译甚于语用,研究语言学、词汇等方面的文章较少。金惠康教授指出:"在跨文化交际的翻译中,译者总是遇到一些不能被本国的语言所理解和表达的事物、物品和概念,他们不得不面对另外一种不同的语言和文化。"[2]翻译家尤金·奈达指出:"对于真正成功的翻译而言,熟悉两种文化甚至比掌握两种语言更为重要,因为词语只有在其作用的文化背景中才有意义。"[3]

---

[1] 刘春雷.中国跨文化广告研究十年生态[J].商场现代化,2008(6):247~248.
[2] 金惠康.跨文化交际翻译[M].北京:中国对外翻译出版公司,2003:296.
[3] [美]尤金·奈达.语言、文化与翻译[M].上海:上海外语教育出版社,1993:22

一、广告的跨文化差异

广告的跨文化差异究竟体现在哪些方面呢?

1. 中西方的价值观不同

价值观念指导或规定着人们的价值取向,规范和指导人们的观念和行为。中国人的价值观有深厚的人文主义精神,重内省和克己。儒家强调道德规范、自觉能力,形成中国人内倾的性格。中国文化重和谐,广告偏重均衡、统一。西方人性格外倾,追求变化,强调个人价值,喜欢标新立异,注重产品广告的外在形式,追求自我的感官享受。广告创意强调刺激、极端,突出个性。

2. 中西方的心理特点和思维方式不同

中国人的心理结构比较稳固,以仁爱、务实为基本内容,重视权威、群体、实惠、道德、人情。西方人的心理结构比较复杂松散,"人本"、"认知"、"行为"为其基本内容。中国人的思维模式四通八达,偏重形象思维;西方人的思维是分析性的,是单线性的,偏重抽象思维。中国的思维模式是立体的,西方的思维模式基本上是流线型的。中国人的思维模式是阴阳互补的,西方人的思维模式是二元对立的。中西民族这种心理和思维方式的差异对广告活动有不同的影响。[①]

3. 中西方的地理环境和社会环境不同

中国经济长期以农业为主,尚农轻商,强调以家为中心的群体价值;西方人家庭观念淡薄,强调自由的生活及个人冒险超越。英国面向大西洋,海洋文明对英国产生重要影响。早期艰苦的生活环境培养了美国人吃苦耐劳的性格和勇于冒险、勇于探索的精神,激发了他们的创新意识和务实作风[②]。广告文化是文化的分支,是一种社会现象,依附于主体文化。广告传达群体价值还是个人精神,需要根据不同的对象慎重选择。对于广告翻译人员来说,跨文化意识无疑非常重要,拥有丰富的文化知识,才能从广告的字里行间过滤出它所蕴含的文化因素。

二、英汉/汉英广告互译难点

文化的诸多差异给英汉/汉英广告互译带来许多困难,主要表现在以下五个方面。

---

① 贾玉新.跨文化交际学[M].上海:上海外语教育出版社,1997:98~100.
② 饶德江.广告策划与创意[M].武汉:武汉大学出版社,2003:342.

1. 词汇空缺(zero of equivalent word)

词汇空缺指原语词汇所载的文化信息在译语中没有"对等语"或"对应语"。比如中国传统文化中的天干地支、阴阳八卦、农历节气、中医术语、武术气功等术语在英语中没有对应的词语,在多数情况下,也只能采用音译或者释义的方法进行翻译,如将阴\阳分别翻译成 yin\yang。在《汉英词典》中,"阴\阳"分别注释为"In Chinese philosophy, medicine, etc. *yin*, the feminine or negative principle in nature; *yang*, the masculine or positive principle in nature."对于一般英美读者来说,这种音译词蕴含的文化内涵不易理解。又如,hippie 产生于美国 60 年代,是美国文化的独特产物,汉语中没有与之相对应的词语,曾音译为"希比士"或"希比派",现在译为"嬉皮士",这个译名虽然比前两个译名要好一些,但仍然无法确切表达 hippie 的词义内涵,这会造成误解。虽然他们对当时的社会现实不满,生活方式与众不同,头蓄披肩长发,身着奇装异服,沉溺于酗酒吸毒,但他们并不都是嬉皮笑脸的人,其中不少人对社会问题持严肃的态度。有些内涵特别丰富的词语,翻译时必须详细注释,说明该词的语用意义,才能使读者了解原语中独特的文化现象。但在广告语言中,详细的注释会破坏句式的简洁,也可能造成广告晦涩难懂,这于跨文化传播很不利,给广告语言翻译造成巨大的困扰。

2. 词义冲突(conflict of word meaning)

词义冲突指原语词语所载的文化信息与译语对应词语所载的文化信息相互矛盾,也就是说,词语的表层指称意义相同,但词义深层承载的文化含义却不尽相同或者相反。这类词语虽然不多,但不容忽视,稍有忽视,便谬之千里。如"individualism",其汉语对等语是"个人主义"。韦氏第九版《大学词典》的定义是:"主张个人人格与经济上的独立,强调个人主动性、行为与兴趣的理论,以及由这种理论知道的时间活动。"在欧洲历史上,个人主义与中世纪的神权中心相对立,它在近代资本主义发展的历史进程中曾起过积极作用。在美国,个人主义的典型形象是移民初期身携长枪与斧头,敢于与饥饿、严寒、疾病作斗争的 pioneer,这种个人奋斗精神作为整个民族的文化精髓被传承下来。因此,西方人重视个性的发展,普遍把个人主义视为实现个人自我价值的积极表现,"个人主义"被视为"拼搏进取"的同义语,在西方文化中明显具有积极的褒义。但在汉民族文化中,"个人主义"定义为"一切从个人出发,把个人利益放在集体利益之上,只顾自己,不顾别人的错误思想"。中国人的崇尚"大公无私"、"克己奉公",在这样的文化氛围中,"个人主义"不言而喻就是个贬义词。中西文化观念对"个人主义"的理解如此严重冲突,对于个人主义,就不能简单地照字面意义翻译。在广告语言翻译中,此类问题不胜枚举。

3. 语义联想（semantic association）

受不同民族文化氛围和自然生态环境的影响，对于风、霜、雨、雪等同一景象，松、竹、梅、草等同一事物，红、蓝、黑、白等同一种颜色，不同民族有不同的情感反应或不同的语义联想，这是跨文化交际和语言翻译中需要跨越的又一障碍。国人认为，柳树在早春发芽，常用以喻指春天的来临和春光的明媚，故有"春风杨柳万千条"之说；"柳"和"留"同音，古人常常借柳树来抒发离别思念之情，用"杨柳依依"等词句表现浓浓思绪。而在西方，古时候有戴柳叶花圈来哀悼死者的习俗，故"to wear the willow"有"痛失心爱的人，思念亲人"之意，这种联想是中文里没有的。英汉语中都有大量成语短语，形象鲜明，语义丰富；其中不少喻义相同但喻体迥异，这由不同文化习俗引起的不同语义联想来决定。例如，"佛要金装，人要衣装"这句话翻译成英文，喻体变成 bird，整句译为"Fine feathers make fine birds"。

4. 语用涵义（pragmatic implication）

词汇的含义指词语蕴含的民族文化涵义。文化的渊源不同，词语承载着的文化涵义也必然不同。在特定的语境中，词语表层的指称意义和深层的言内意义"表里不一"，或同一事物在不同文化背景中所引起的语义联想不一。"翻译就是译意"，这些词语的翻译实际上都涉及沟通和移植异族文化，以达到语用意义的等值转换。如"eat no fish"和"play the game"，直接译成"不吃鱼"、"玩游戏"，从字面上看，译句与原文形式对应，词义贴切，似乎无可挑剔，但有经验的人一眼可以看出，译者缺乏文化意识，没能准确地翻译这两个短语。在英国历史上，新旧宗教派别之间斗争十分激烈，旧教规定在斋日只能吃鱼，新教推翻了旧教后，新教徒拒绝在斋日吃鱼，以表示皈依新教，忠于新政。所以"eat no fish"表示"忠诚之义"。"play the game"原指游戏，比赛术语，表示"按规则进行比赛"，转义"光明正大"、"为人正直"。因此"John can be relied on. He eats no fish and plays the game"，正确的译文为"约翰为人可靠。他既忠诚又正直"。

5. 民族心理差异（difference of national psychology）

民族心理指民族在漫长的演变发展过程中形成的性格、情感、价值观念和宗教信仰等心理模式和心理特征。不同的民族文化导致不同的民族心理。民族心理的差异，虽然无法观其行、证其实，却会潜移默化影响人们的思维、情感、言语和行为，造成交际上的隔阂和翻译上的障碍。我们常常将汉语中的"天"改译为英语中的"god"，而不用"heaven"，因为基督教徒把上帝视为自然的主宰而没有天主宰一切的佛教思维。又如，中国人重逢常用的寒暄语是"胖了"，意思是"发福了、气色好了、生活滋润"等，英美人忌讳说胖，说人"胖了"，对方会误解为提醒或告诫。由此可见，由于社会制度、自然环境、宗教信仰、民情风俗、思维方式和语言表达习惯等方面的差异,词汇的语义必然打着民族文化的烙印,隐含着民族文化的内涵。词汇的空白、冲突、寓意,联想的不一致,民族心理差异给语际翻译带来的障碍多种多样,翻译不仅是两种语言的转换,更是两种文化的交流。① 广告的跨文化差异给广告语言翻译带来诸多困难,Katherine 提出,广告的意义有三个:一是广告的表面意义,即广告受众对于广告的最初印象,包括广告中的人和物;二是广告人的意图,即广告人向广告受众传递的销售信息,这些信息可能直接与商品和服务有关,也可能与生活方式相关;三是广告的文化内涵,即广告人在创意时将广告与人们的信仰、价值观或风俗习惯等相联系,赋予广告以一定的文化内涵,自觉不自觉地反映一定的文化。因此,广告不仅仅是广告,它是文化的集中体现,对于广告译者来说,要将三个层次的意义都翻译出来,需要透彻了解广告翻译的原则,不断积累方法和技巧。②

第二节 跨文化广告传播的汉英翻译

一、中国广告的英文翻译概况

作为市场营销的"臂膀",广告的翻译不仅和产品信誉息息相关,也在一定程度上反映出国家和民族的文化素养。改革开放以来,报纸、杂志及商品包装上的商业性和介绍性的广告或产品样本上的英译文字越来越多,其根本目的是推销商品和服务,提高企业的信誉和地位。中国出现一批经济实力强大、富有竞争力的企业,如海尔、联想等,名列世界 500 强,但中国的广告传播却不尽人意。中国品牌的知名度不高,"Made in China"的产品意味着"一流的产品,二流的服务,三流的宣传,四流的价格",这严重削弱了我国跨国公司的国际竞争力。

中国品牌的跨文化广告传播现状不容乐观,与国际品牌纷纷抢占中国市场的情形相比,中国品牌在跨文化广告传播中落后一大截。语言是产品接触国外消费者的第一道屏障,富有诱惑力的英语广告翻译、流畅的产品说明都是博取好感的重要条件。广告与产品样本的英译质量,不仅直接影响产品本身的声誉与市场,还影响我国的形象。因此,广告的汉英翻译应引起足够的重视。

---

① 包惠南.文化语境与语言翻译[M].北京:中国对外翻译出版公司,2001:19.
② 李金英.广告语言的跨文化探析[J].石家庄经济学院学报,2001(5):528~534.

二、中国广告英文翻译的原则

国内外语界对广告翻译的研究有 20 年历史,各家意见纷纭。学者李蒉、马彩梅①在前人研究的基础上梳理出关于英汉广告互译的"五论",它们分别是变通论、简洁论、对等论、唯美论、含蓄论。

1. 变通论

1992 年,黎凡②提出,广告语言的繁杂向广告翻译提出严峻挑战。妙语连珠的广告要求译者突破死扣原文的传统,大胆创新,提高翻译质量。允许广告翻译变通处理的原因有三:

(1)广告的目的在于诱导消费者购买产品,文字只是手段,翻译时不需要拘泥于文字的对等;

(2)广告语言一般生动、形象,是语言的精华,不大胆变通就不会有出神入化的译文出现;

(3)我国广告常用四平八稳的套语,如不变通就有译成洋八股之嫌。

黎凡其后反复提到一个经典例子,"出手不凡钻石表"可译为"Buy a Diamand Brand Watch, if Every Second Counts for You",这一译法虽与原文字面意义想去甚远,但传达了原文的旨趣,这一变通法则深入人心。其实,任何翻译或多或少含有变通的性质。也有研究者认为,就特定的广告而言,变通翻译似乎也是唯一的出路,尤其是以下几种:利用谐音创作的广告,利用品牌文字构成展开的广告,使用双关语的广告,含有浓重民族文化色彩的广告③。

2. 简洁论

为了言简意赅,吸引读者,便于识别和记忆,广告写作应遵循 KISS 原则,即"Keep it short and sweet"。许多关于广告翻译的文章都涉及简洁问题,丁树德更是专门就此著文论述。他认为:

(1)汉语广告往往用修饰语来加强语气,说明产品特征,英语广告则用词简单,以口语为主,不少汉语中的诸名词组可以直接译为英语的形容词,如"速度快、效率高、行动灵活"可以直接译为"fast, efficient and handy"。

(2)汉语广告中有数量庞大的四字结构,造成排比、重叠,以加强语势,英语则无这一特点。汉译英应抓住中心,围绕中心词引出各个方面。

(3)汉语广告往往句子松散、信息量大,英译汉时应做到简洁紧凑,加强逻

---

① 李蒉、马彩梅.国内广告翻译研究一览[J].中国科技翻译,2005(18):2.
② 黎凡.谈广告翻译的变通[J].中国翻译,1992(12):29~31.
③ 李蒉.谈广告的可译性限度[J].西北大学学报,1999.29:126~129.

辑性。

（4）汉语广告有不少套语，英译时要译得引人入胜，考虑整体修辞，而不用关注辞藻。好的英文广告用词不多，却给人印象深刻。[①]

曹顺发也通过英译汉与汉译英两方面的大量实例表明，本着简洁的原则，广告用语的翻译应力求用最简单的语言来表达最复杂的意义，以使其易识易记。[②]

3. 对等论

对等论的依据应为奈达的对等翻译理论，该理论认为，翻译是从语义到文体的译语中用最切近而又最自然的对等语再现源语信息，故翻译应以对等为基础。据此，蒋磊指出，商业广告翻译主要要做到语义对等、社会文化对等和文体对。

（1）语义对等是最基本和最重要的对等。小到词，大到篇章，译者首先要确定翻译单位在语境中的意义，达到语义对等，避免歧义和望文生义。

（2）社会文化对等。翻译本身就是介绍外国文化，由于文化差异和语言形式的制约，英汉词汇很少一一对等，故翻译中应考虑社会文化因素的对等。应调整有浓厚文化色彩的习语、典故、转悠名词等，绕开文化背景译出真正含义。

（3）文体对等。英汉广告常见的基本形式有叙述式、描写式、联想式、问答式、引据式、诗歌式，翻译任务之一就是再现原文文体和文风，保持原文的神韵和形式。[③]

与此相比，其他持对等论的研究者更看重功能的对等，认为广告翻译遵循的应是功能对等基础上的等效法则，在语句层面上则不必拘泥于原文的表达法。[④] 但是，相比蒋磊的三种对等理论，功能的对等应该是广告最先考虑的。广告是功利性极强的文体，促销是其最重要的功能。大卫·奥格威曾说，广告不是艺术。他不想听到别人赞扬他的广告多有创意，只希望它能吸引人购买。

4. 唯美论

有研究者指出，美学因素在商业广告中起重要作用，成功的广告具有内涵美和语言美。内涵美包括意境美、形象美、情感美、文化美；语言美包括简洁美、词汇美、构句美、声韵美、修辞美。翻译时应力求再现原文之美，必要时加以拓展，使译文达到与原文同等的宣传效果。[⑤] 还有人认为，成功的广告是融

---

① 丁树德.产品广告的英译应简洁[J].中国翻译，1995(16):42～43.
② 曹顺发.广告用语的翻译[J].中国科技翻译，2002(15):43～45.
③ 蒋磊.谈商业广告的翻译[J].中国翻译，1994(15):38～41.
④ 苏淑惠.广告英语的问题功能和翻译标准[J].外国语，1996(2):51～56.
⑤ 汪文格.谈商业文字翻译中美的再现与拓展[J].湖南大学学报（社会科学版），1999(2):86～89.

合美学、语言学和心理学的艺术精品,在跨文化交际中,当广告的字面意义与美感发生矛盾时,译者应舍弃形、义,再现美感,以强化其感召力和诱惑力,达到交际效果,因此广告翻译应坚持"忠实与创作辩证统一、等效与求美有机结合"的原则。①

5. 含蓄论

有些学者指出,广告的交际任务制约其语言的选择,使广告语体呈现出既简明又含蓄的特点。广告语言的创意及翻译也应该在词语、句式、修辞和民族文化心理这四个方面体现这一特点,准确表现商品主题,给人以启示,使受众产生心理共鸣和购买欲望。

其实,以上几种学说互相补充、互相融合。如含蓄论中就明确指出含蓄应与简明相结合。事实上,含蓄和简洁都是美的一个方面,强调广告译文之美,须变通原文的字面,其目的正是为了达到译文和原文功能的对等。

中译英广告需要结合以上五种理论,在有效传达的基础上精益求精,既彰显文化内涵又促进产品销售。具体的原则有:

1. 用词考究,准确传递信息

遣词讲究学问,用词是对译者英语水平和汉语水平的考验,稍有疏忽,便会出错。如天津出租车公司的广告语"接天下客,送万里情"被译为"Ready to meet guests from all over the world. Ready to speed them up on their way."这段英文翻译不得不说相当忠实于原文,但无形间拉远了企业与客户的距离。其译文的遣词尚欠火候,未传达出中文广告词的朗朗上口和亲切而富于人情味的文风。"接天下客,送万里情"对仗,传递出亲切感和安全感,牢牢抓住读者的心。这则英文翻译却相当普通,没有任何肯定、积极色彩的形容词或与之对应的名词,淡淡的英文不能拉近和客户之间的距离,反而让人觉得不痛不痒;此外,译文稍显累赘,不能体现简洁明快的文风。倘若针对读者改用第二人称,再根据英语广告词甜美积极的特点加以大胆改进,效果大不一样,改译为"Your comfort and safety is our promise","comfort"、"safety"、"promise"都带有明显的积极色彩,让人产生安全感和信任感,比之前的译文更简洁有力。

2. 句法合适,顺应英语文法

中文词汇博大精深,往往一词一句内涵深远,翻译成英文时译者很容易将短句越译越长而破坏句法的整体和谐。国内不少中文广告把简单译成复杂,把生动译为平淡,把句子译得绕口冗长,如上海丝绸内衣的广告"她们是最舒适的服装?上海丝绸内衣系列与你共享完美"被译成"Are They the Most

---

① 唐艳芳.谈广告翻译的美学策略[J].浙江师范大学学报(社会科学版),2003(2):112~116.

Comfortable Garments? Shanghai Silk Underwears Enjoy Perfection with You",这种翻译忠实于原文内容甚至结构,英语广告语言中倾向于多用简单句、短语、疑问句和祈使句,可译文中却使用复合句,看来累赘。试译为"The Most Comfortable Garments? Shanghai Silk Underwears Perfect You",简练的问句反而更能引发人们的思考,顺应英语文法是译者翻译时应慎重处理的事情。

3. 文化差异,巧妙传递

这是翻译中比较头疼的问题,首先,由于汉英文化与传统方面的差异,要把中国特有的产品生动形象地植入广告译文,困难重重。然而,广告最重要的功能是传递信息,原文读者与译文读者面对同一产品,应当得到相同的信息。这就要求译者适时转换形象和喻体,调整结构,用解释、补充和对应替换等方法来保证物品形象准确和传递。如:

曹州城内有一隅首,名曰"尤之女"。据传尤女酿得一手好酒,偶被孔子一饮,赞曰:"圣贤至美!"故得名"圣酒"(曹州圣酒)

原译文:There is an intersection named "Girl Youzhi" in Caozhou City. The story goes that Girl Youzhi made a good kind of liquor which Confuciusm drank by accident. He praised this liquor to be a delicious one. So it got its name as Liquor "Shengjiu".

这则译文中,"Confucius"对英语读者来说并非人人皆知,因此,应在其后增加解释性翻译"the great ancient Chinese educator"。其次,孔子的话"至贤至美"译成"a delicious one",过于简单,未反映出孔子这句文采十足的话的内涵,我国古人通常称"清酒"、"浊酒"为"圣人"和"贤人";"至贤至美"的意思是酒之上品,可以译为"excellent"。最后一个词"Shengjiu"只是用音译把名称译出来,"圣酒"高尚高雅、品质优良的寓意完全丢失。原广告的丰富内涵完全被简单的音译给遮蔽了,译文使整个产品黯然失色,毫无档次。①

三、中国广告英文翻译的误用解析

1995年,《亚洲周报》刊登了题为"当心你的语言"的文章,文中这样说:"亚洲出口产品的广告说明常常显得千奇百怪。而不幸的是,顾客看到这种糟糕的英语时,就会判定该产品的质量同样低劣。"刘全福、胡媛媛②认为,近年来国内广告翻译质量大致趋于看好,但也不乏许多不足之处,原因自然也要一

---

① 张泽芬.论汉英广告翻译的原则[J].现代教育,2006(12):25.
② 刘全福、胡媛媛.近年来国内广告翻译得失例话[J].上海科技翻译,1996(3):22~24.

分为二。第一,译者专业知识丰富,且本着为厂家负责的宗旨,以严谨认真的态度提供了较高水平的译文。第二,译者知识层次低下,主观上难以达到广告翻译中的某些特殊要求,译文质量自然不高。另外,某些产品广告虽然附有英文,但印刷错误百出,这实际是利用洋文招徕国内顾客,即使译得再好,也无从谈起质量了。

译者的专业知识和态度、译者的文化涵养,对翻译中文广告起着极其重要的作用。国内的广告译作大多资质平平,更有许多出现这样或那样的错误。接下来,就让我们来探讨一下中译英广告的几种误用类型。

1. 语用失误引起的误解

由于交际一方使用歧义语或措辞不当,使对方没能理解自己的本意而造成的失误,或者由于交际一方未表达清楚"言外之意"导致交际失败,都算语言语用失误。这是因为汉语习得者将言语行为策略,或将母语的言语行为策略,或将母语的对应词迁移至英文中,由于中文的语用意义不同于英文,从而造成失误。

(1)语用规则的迁移造成的语用失误,即对应词或对应句结构从汉语向英语迁移。如上海生产的"标准牌"缝纫机曾被误译为"Typical Sewing Machine"。"标准"指产品质量、技术和规格均符合进口市场的标准,而"typical"是"典型的、普遍"的意思。普通缝纫机在追求新、奇、异的国际市场上怎么会有销路呢。一则锅巴广告词"本品可即购即食,食用方便"被译为"opening and eating immediately",这里,用"immediately"并不能表达"即食"的意思,反而使国外的消费者认为"不吃掉,商品马上会坏",那又有谁会买此产品?再如,国内一种高档装饰材料的英文说明书有这样一句话:"Our Decoratring Materials Will Manke a Fancy House for You(我们的装饰材料会使你的住房变得如同迷宫一样)"。不幸的是,"fancy house"在现代英语中是"妓院"的委婉语。外国产品说明书常出现"物美价廉"的字样,价廉常翻译为"cheap"。然而,"cheap"一词在英美国家的广告中已经不再使用了,因为它使人联想到价格低廉的劣质产品。"cheap"已经被"economical"取而代之了。

(2)第二个原因是语用意义的迁移。如我国很有名的"杭州西湖藕粉",在国际市场上屡屡受挫,其英文对应词"Hangzhou Lotus Roots Starch",不适宜的语用意义迁移是产品在国际营销策略中失败的主要原因。"Lotus Roots Starch"是"藕粉"的对应词。"粉"在汉语中指细末儿,因此粉末状是粉在汉语图示意义认知模式中的一个属性。根据汉语语用规则,"粉"既可以粘附在指代粉末状的名词上,如面粉、奶粉、淀粉,也可以指代由豆粉指称的各种食品,如粉丝、粉条。《新英汉词典》将"starch"译成"淀粉、淀粉类食品",而在英语中,除了指"粉"或"粉末状"物质外,它还暗含长胖或增肥的危险。英美顾客看到产品名后望而却步,就不难理解了。①

(3)泛化语言语用意义规则也是汉译英广告翻译失误的一大原因。不恰当地套用汉语的句法和语篇结构,因汉语和英语的一词多义现象在语义、语法上的差异也会造成翻译失误。例如,"西凤酒厂生产"这简单的句子常被翻译为"Manufactured by Xifeng Wine Factory"。"wine"在汉语中可以表示多种酒——白酒、啤酒、黄酒……但在英文中只能表示"葡萄酒","alcohol"指含有酒精的饮料或液体,"liquor"则专指烈酒。"factory"是小工厂,因此译文不够准确,国外的酒厂和制酒者常用"brewery"、"distiller"或"distillery"来表示。至于"生产"一词,译文居然用"manufactured"(人造),这显然不符合英语语用规则。

用词不当,造成歧义误用,不仅达不到促销目的,还使品牌知名度美誉度下降。因此,选择语言词汇时要慎重,特殊用语要反复推敲,甚至小范围试验,方可得到好的译作。

2. 文化差异引起的误解

跨文化广告的难点就在于文化的差异性。由于民族文化差异的存在,不同的动物和花卉在不同文化中具有不同的象征意义。在中国,乌龟常被借用来骂人,但在日本却是吉祥长寿的象征。鹤在中国是吉祥的象征,但在印度却被用来喻指伪君子。菊花在中国备受青睐,但在意大利、法国和日本却是不吉利的。中国人喜欢用龙、象和孔雀给产品命名,但这些动物在西方多数国家却不受欢迎。可见,在翻译以花卉和动物名称命名的产品时,应该特别注意在进口国文化中的象征意义,不便直译的,则应考虑另取译名。

(1)品名误译。英语词汇丰富,同一个单词可以构成不同的俚语,表达不同的意思,这些俚语常有特定意思,不细细考究,很容易忽略这方面的含义。名牌服装"罗兰男装"曾被译成"Pansy Men's Clothing"。"pansy"不仅指紫罗兰,还指女性化的男子,这无疑为其赋予特定含义,有多少人会去购买呢?前几年我国生产的"白象"牌电池,在国内很受欢迎。因为"白象"在中文里有"吉祥如意"的文化内涵。此产品销往国外,直译为"white elephant",不但不能吸引消费者,甚至引起反感。因为"white elephant"在国外是固定词组,在南亚一带地区被视为神圣的动物;这个词组还有沉重负担的意思,引申为中看不中用的东西。这种"没有使用价值"的商品,外国消费者是不会购买的。后来改译为"Pet Elephant",这种译法给外国人美的感受,使他们联想到亲切可爱的小白象形象,因此很快打开销路。"白熊"如果翻译成"Polar Bear",其销售也

---

① 党芳莉、唐禾. 跨文化传播中的语用失误研究[J]. 上海财经大学学报,2006(6):24~30.

会遇到问题。因为 Polar Bear(北极熊)在当代国际文化中有特殊含义,是俄罗斯在国际政坛的昵称。所以,"白熊"还是译成"Bear"较好。上海产的"白翎"钢笔打入国际市场时,因其译名为"White Feather"而无人问津,词译名不符合英语习俗。英语里有一句成语——"to show the white feather",表示软弱而胆怯,有临阵脱逃的意思,这样的译名肯定不受欢迎。

(2)无视客户精神需要。国内不少广告译文设计出发点摆脱不了汉语广告的习惯,无视国外英文广告注重精神需要的趋势,在译文中煞费苦心、不厌其烦地引用枯燥灰色的专有名词和术语,致使译文累赘呆板、缺乏神韵,这样的广告难以唤起国外读者的兴趣。例如下面这则广告译文:

中国人参酒是用上等葡萄酒,经过长期陈酿,配以中国东北人参,采用科学方法制成。本品含有多种维生素,有机酸,有机铁,多种人参酐,人参宁,配糖体等成分。经常饮用有健脾胃、补气血、生津液、强心身之功能。

Made of well-aged choice grape and Ginseng produced in Northeast China by sciencific method, this product contains various kinds of vitamins, organic iron, various Panaquilon, Ginseng, Glucoside, etc. This wine has special efficacy in strengthening the spleen and stomach, nourishing special efficacy in strengthening the spleen and stomach, nourishing spirit and blood, generating saliva and invigorating mind and body if taken constantly and regularly.

此译文上可见国内酒类广告的翻译常识,通篇八股,译文满纸医药名词,不知是卖药还是卖酒,在国外读者看来,那些中药名词也晦涩难懂。中译英广告必须谨记,客户阅读广告时眉头紧锁,绝不是个好兆头。

3. 审美差异引起的问题

民族审美差异经常可见。例如,中国人写文章有"语不惊人死不休"的习惯,汉语读者能接受夸张性的表达,其他民族的读者可能难以接受。国内食品的广告,多数称其有医用价值,有的吹得天花乱坠。国人相信食疗,因此相信这类广告者大有人在,但若直接翻译成英语,可能引起反感而被拒绝。国内的护肤用品广告都称其产品具有使皮肤"增白、细腻、白嫩"的功效,然而这与国际审美潮流相悖,在西方发达国家,黑里透红被视为健康富有,白皙代表贫困和疾病,因此,翻译化妆品广告时,一定要考虑不同民族间的审美差异,对原文作适当处理。邵隆图早期的作品说"今年二十,明年十八",这样的语句在英语世界的人看来简直是天方夜谭。在翻译"返老还童"、"精选名贵天然成分制成"时,要进行适当淡化处理,以免引起反感。[①]

---

① 张泽芬.论汉英广告翻译的原则[J].现代教育,2006(12):203.

4. 语法错误

中文的语言特点与英文的迥异,翻译中文广告时,译者有时为了配合整体的意思而忽视语法:单复数时态等的错误可能造成语句不通。

精选名贵天然成分,有去头屑、止痒特效。——发嘉丽三合一定型摩丝。

It's great for your hair because of its fine choice of precious natural ingredient that can effectively stops the itching and removes dandruff.

本产品含有多种成分,故"ingredient"应为复数。另外,"can"后面的两个动词都不能用第三人称单数形式。

对营养性缺铁性贫血,胃十二指肠溃疡、胃炎、神经衰弱及病后康复有显著的辅助治疗作用。

It not only can help to cure people notable of nutritional and ferrite——lacking anaemia, gastric and duodenal ulcer, gastritis, and neurasthenia, but can act as an auxiliary treatment to these diseases and people's recovery from illness as well.

按照语法规则,"not only can, but can"应换成"can not only, but"。另外,译文中的缺铁性贫血应为"iron-deficiency anaemia"。

生产的"家美乐"牌122升和145升电冰箱,造型美观,质量可靠,噪音小,耗电少,使用安全方便。

With its production scale of 122, 145 litre refrigerators manufacture by our plant noted for their graceful style, reliable quality, low noise, low power consumption, easy to operate, safe, etc.

译文句子结构残缺不全,将被动态用成主动态,将形容词当做名词,意义模糊不清。改为:

The refrigerators of 122 and 145 litres manufactured by our plant are noted for their graceful styles, reliable quality, low noise, low power consumption, easy operation and safety.

将适量本品涂于面上,轻轻按摩于面部。

…slightly rub it on face and massage it for a while.

"It"指广告产品,我们尽可以将洗面奶涂于脸上,但按摩的不是洗面奶,宾语应该是面部。所以改译为:

…slightly apply it on the face and massage the face for a while.

因为语法原因导致译作意义扭曲的例子不胜枚举,翻译时要特别注意检查句法是否符合语法规则,是否有语法错误。

5. 印刷错误

翻译结束之后,往往也会出些乱子。书写、打字各方面的疏忽可能造成单词拼写、标点符号、大小写等出现错误。

　　本品根据台湾风味瓜子配方,采用地道重要材料科学精制而成,风味独特,卫生清雅,甘醇生津,有益健康。

　　It produces in Taiwan fiavor prepared with pure, traditionai chi ese medicse material, science, it's delish frongrongrance, clean, It can quench your thirst promote your appetite and build your heal thy body.

这则译文非常糟糕,其中三分之一的单词出现印刷错误,加上标点符号在内,很难找到一个完美的句子。改进如下:

　　On the basis of the formula for Taiwan flavor, Tamanshan Melon Seeds are prepared with genuine traditional Chinese medicine. Delicious and clean, they can relieve your thirst and benefit your health.

四、中国广告英文翻译的方法与技巧

　　分析以上诸多中文广告误译的案例可以看出,翻译时不可忽略中国与西方国家的审美习惯差异;不可生搬硬套、逐字对应翻译;不能掉以轻心、犯低级语法错误。广告是实用性文体,翻译后的英文广告要如原文一样具有宣传、推荐的作用。广告翻译既要准确传达信息,又不能过于强调语义对等,而要牢牢立足于广告创意的初衷,视不同情形使用不同手法,保持灵活。

　　英汉广告翻译一般有直译法、意译法和套译法三种。

1. 直译法

　　根据彼得·纽马克的定义,直译指"把原来语言的语法结构转换为译文语言中最近似的对应结构,但词汇则依然一一对译,不考虑上下文"。李克兴提出:"纽马克的直译、异化翻译和语义翻译从出品的译文效果上看,区别非常有限,因此可以统归于直译,它主要用来处理一些原文意义较明确、句法结构较简单、完整、按字面意思直接翻译便能同时表明句子的表层意思和深层意思的广告口号或标题。"[①]

　　松下,您明智的选择——Choose, Panasonic? Very wise.
　　长虹音响,您的理想——Changhong stereo, your ideal.
　　上海丝绸及纤维织品,一摸就知——Shanghai silk and other fibre knitwear, with the touch that's just right.

将"一摸就知"翻译成"with the touch that's just right",不够简练,所以改译为"Shanghai silk and other fibre knitwear, touching is believing"。这样不仅

---

① 李克兴.论广告翻译的策略[J].中国翻译,2004(11):64～65.

传达了愿意,而且语句短小精悍、朗朗上口。

越过历代君王的长眠之地——Across the vast land where the emperors eternally slumber.

客厅设备考究舒适,气氛温馨,全套厨房设备为欧洲各厂生产——Bedrooms of grace and comfort. Complete set of kitchen equipment. 100% supplied by renowned manufactures from European(Jingcheng)

老板牌打火机每天使用,二十年后唯一应该调换的无非是铰链——After 20 years of daily use, the only thing we had fixed on this lipo lighter was the hinge.

时速为60英里的这种新式"劳斯莱斯"轿车最响的噪音是来自车内的电钟——At 60 miles an hour the loudest noise in this new Roll Royle comes from electronic clock.

考察上述直译例子可见,对于译者来说,直译是最简洁的翻译方法。①

2. 意译法(Liberal translation)

奈达提出著名的"动态对等"理论,后来发展为"功能对等"理论,他认为,所谓翻译,是在译语中用最切近而又最自然的对等语再现源语的信息,首先是意义,其次是文体。这一定义明确指出翻译的本质和任务是用译语再现源语信息,翻译的方法用最切近而又最自然的对等语。同时这一定义也提出了翻译的四个标准:传达信息;传达原作的精神风貌;语言顺畅自然,完全符合译语规范和惯例;读者反应类似。

李克兴提出:"意译或灵活对等,动态对等,功能对等翻译或传意翻译或归化翻译其实大同小异:意译是一个相对于直译的概念,通常指取原文内容而舍弃其形式,是一种经过消化后的'语内翻译',容许译者有一定的创造性,但原文的基本信息应该保留。"②广告翻译中,有不少实例涉及各自的语言特点和语言习惯或文化习俗,它们的语言形式和文化背景为译文读者所熟悉,这时采用意译可用更符合当地消费者的形象、生动、委婉的语言来吸引读者。

例如,"月兔牌"空调如果直接翻译成"Jade Rabbit",美感将完全丧失,因为玉兔嫦娥的故事在中国广为流传,翻译为"Moon Rabbit",才能充分展示其中的韵味,后面如果说明介绍这个故事,就能在传递商品信息的时候传播中华文化。

又如,福建金鹿牌蚊香的广告语是"默默无闻的奉献",这是成功之作,以"蚊"代替"闻",既突出产品无臭无味的特点,又强调产品的高质高效,广告形

---

① http://yy.lw61.com/yyfy/200903/42.html.
② 李克兴.论广告翻译的策略[J].中国翻译,2004(11):64~65.

象简洁、生动鲜明。英译的话,就很难体现"蚊"和"闻"的巧妙替换,所以,意译为"Mosquito Repellent Incense, Repelling Mosquitoes in Silence"。通过意译,这则汉译英广告用押尾韵的修辞方法较好传达了产品的特点。另外,从文化差异和语言习惯的角度出发作适当转换。为使译文读者得到和原文读者基本相同的文化信息,翻译中遇到特别大的文化差异时,用直译无法传达信息,这时就要仔细寻找对应的表达方式,进行必要的转换,或者用俗语成语典故等进行润色,否则就可能传递错误的广告信息。

以下都是用意译法来翻译中文广告:

今日在手中,万事好成功——All go better with Jinri.

茅台移开,满室生香;国酒茅台,源远流长——①A VIP treat which diffuses the finest first aroma; A national favor that won a 1915 diploma (originated in 135 B.C)

艾诗让您散发自然韵味——②Enchanreur. Unfolds your natural magic.

上海牌电视机,有目共赏——Shanghai TV—Seeing is believing.

滴滴香浓,意犹未尽——Good to the last drop.

3. 套译法

套译法套用英文中的惯用结构来翻译。被套用的结构可以是成语、谚语、一句诗。总之,被套用的结构必须是英语广告读者喜闻乐见的、家喻户晓的。例如,17世纪英国著名诗人Robert Burns的著名爱情诗 *My love's like a red, red rose* 在英美人士中广为传诵,经久不衰。相机广告"红梅相机新奉献"的译文为"My love's like a Red Rose",用"Red Rose"来命名"红梅牌",同时套用"Burns"的诗句,不仅间接传达红梅相机质量上乘,更使该产品在欧美消费者中深入人心,实在妙不可言!

4. 其他方法

除了以上几种方法以外,针对不同的广告,译者可以灵活采用变通手段,按照广告文体的规律使译文读者对译文的接受及反映与原文读者的相近,坚持在功能对等的基础上的等效原则,运用技巧与变通策略,使译文具有最佳可读性,又准确、简洁,尽量符合原文广告的风格,如转变描述逻辑、变归纳法为演绎法。③ 不少语言研究表明,中国人的思维方式崇尚归纳法,先描述或先叙

---

① 丁衡祁.翻译广告文字的立体思维[J],中国翻译,2004(1):75.
② 刘全福.近年来国内广告翻译得失例话[J].上海科技翻译,1996(3):22.
③ 闻俊红.企业产品占领国际销售市场的广告翻译策略——英汉广告的跨文化差异和翻译策略[J].企业经济,2008(12):77~79.

述理由,后作结论,归纳全文。英美人往往采用演绎法,开门见山地摆出结论、论点,再推演。译文在不改变原文功能的同时进行适当的调整。

> 在四川西部,有一美妙去处。它背依岷山主峰雪宝顶,树木苍翠,花香袭人,鸟声婉转,流水潺潺。它就是松番的黄龙。
>
> One of Sichuan, a finest spots in Huang long (yellow dragon), which lies in Song pan country just beneath Xuebao, the main peak of the Minshan Mountain. It has lush green forests filled with fragrant flowers, bubbling streams and song birds.

将这一名胜简介的最重要信息调整至段首,作为主题句,这样的逻辑顺序符合英美读者的阅读习惯,可获得更好的效果。

第三节 跨文化广告传播的英汉翻译

一、国外广告的中文翻译概况

自从1979年可口可乐成为在中国上市的第一家美国公司,外国的产品大量涌入中国市场。随着国际商务的快速发展,为了让中国人接受这些国外产品,广告主迫切要求恰如其分的翻译来传播产品的概念内涵。国际广告的传播分为一体化策略和本土化策略,各有其理论基础[①]。所谓一体化策略,就是用统一的广告主题和内容,统一的创意和表现,在各目标市场的国家和地区实行一体化的信息传播。尽管各国和各地区的文化差异甚大,但人性是共通的,人人都追求美、健康、安全。世界正趋向全球化,人们也拥有更多的共同需要和喜好,国际广告的一体化策略顺应这一历史潮流,万宝路、可口可乐、麦当劳的一体化策略都取得成功。

本土化策略,就是根据目标市场国家或地区的特点,采用有针对性的广告策略,制作相应文案、广告创意和广告表现手法的广告作品。该策略基于各国或地区文化的差异,认为国际广告活动只有遵从各目标市场区域文化、心理等方面的特异性,才能让目标受众接受广告传达的信息。本土化策略实施的杰出代表有宝洁。

其实,一体化、本土化各有利弊,许多国外广告主都结合使用本土化和一

---

① 陈培爱. 广告学概论[M]. 北京:高等教育出版社,2004:252.

体化,携手4A跨国广告公司在中国的分公司或中国本土广告公司执行中国市场的广告,广告翻译也由本土人士进行,力求契合中国市场需求和中国人的心理。

二、国外广告中文翻译的原则

广告创作根植于文化基础上的综合性艺术,它集社会学、美学、心理学、市场营销学、文学、语言学于一身,具有鲜明、独特的语言风格。

从语言层面上来讲,英语广告虽以口语体为主,但很注意修辞,运用各种修辞手段,用艺术的形式去实现商业目标。它不仅可以引起读者的联想,开拓读者的丰富想像,激发读者对商品的兴趣,而且可以增强广告的鼓动性、说服性。常用的修辞手法有双关、比喻、夸张、头韵、尾韵、造字、排比、拟人、设问。翻译成中文时,既需要传递英文信息,译文又要亲切易懂。为此,翻译成中文的时候大都需要打破原广告词的语言形式,用国人能够接受的语言形式来传达广告信息,实现劝诱。

从文化层面来说,中西方广告的文化背景不同,翻译中难免会遇到文化方面的差异。在这种情况下,译者需要对比这些文化背景和大众审美情趣,解决因文化差异而造成的理解困难,及时调整译文。改变其中背离中文的表达,采用国人能够接受的文化信息和表达形式,使译文在传递信息的同时实现和原文功能上的对等。因此,广告翻译的成功与否主要取决于语言和文化两个方面的传达。翻译时应该遵循的原则除了上文提到的变通、简洁、对等、唯美、含蓄等,还要符合"信"、"达"、"雅"等传统标准。

1. 破除语言文字隔阂,实现广告的交际目的

一方水土养一方人,而一方人特有的语言是其他人理解的难点。在英语广告中,不细细研究,有些俗语根本无法理解。如美国有些小汽车的车身都喷着"I am yellow",而车本身并非黄色的。这令很多中国人纳闷,感觉这句话印在车上莫名其妙。其实,这里的"yellow"并非指颜色,而指"出租车"。很明显,"I am yellow"应该翻译成"我是出租车",这是一则出租车自荐广告。

香港街头曾出现过一则广告"She wants to put her tongue in your mouth"。这则广告里,一位年轻女性着装整齐,发型工整,微笑着面对镜头。这则广告当时引起轰动,因为"put her tongue in your mouth"这个短语的译意如果直译就是"把她的舌头放到你的嘴里",这让人有不好的联想。但是,当我们挖掘出"tongue"有"语言"的意思是,把短语翻译成"她要把语言交给你",就一目了然了。

2. 辨识文化差异，灵活转换

丰田进入美国市场时，广告标语是"Not all cars are created equal"（并非所有的车子都是生而平等的）。这句广告语出自美国《独立宣言》，其首句为"Not all man are created equal"，美国人都很了解，所以，这则广告得到大众的认可。但若在中国这样宣传，恐怕就难以理解了。于是，他们把广告换成"车到山前必有路，有路必有丰田车"，这套用了中国的俗语"车到山前必有路"，这样的广告注意到两国不同的文化差异，巧妙对译，达到很好的效果。

3. 译作符合中文广告语言习惯

四字成语广泛使用，这是中文广告语言特有的现象。翻译英文广告时，除了表达原意，还要尽可能使译文朗朗上口、易于传播，如果可以以四字格出现，则更好。

Trust for life. (American International Assurance)——财务稳健，信守一生。（美国国际保险）

Prepare to want one——众望所归，翘首以待。（现代汽车）

Elegance is an attitude——优雅态度，真我性格。（浪琴表）

Be good to yourself. Fly emirates——纵爱自己，横纵万里。（阿联酋航空）

三、国外广告中文翻译的误用分析

优美的广告往往带来巨大商机，准确、优美的翻译有助增强广告的效力。翻译广告是一种产品，像所有其他产品一样，必然有优有劣，虽然不乏优质产品，但同样不尽人意。

1. 语用失误

用词不准确造成理解差异，甚至可能变成严重的虚假诈骗广告。2007年国内雅思网站出现了一篇题为"警惕德国留学广告的'翻译错误'"的帖子，提到德国留学广告翻译错误，把"职业学校"翻译成"college"（学院），令学生误将"高专"认作"大学"。无论有心还是无意，都对消费者造成误导，有些学生甚至因此误入歧途，改变人生。[①]

在句子翻译方面，由于语法或句型不通造成的误译比较常见。如"This email, including four attachments, may include confidential information"。它的意思是"这封邮件，包括它的四个附件，很可能包含机密信息"（五个文件都

---

① 警惕德国留学广告的"翻译错误"[OL]. http://www.100wai.com/html/112/waiyu__BE_AF_CC_E8_B5_112996.htm. (2007-10-17).

可能包含机密信息）。这样简单的一句话，有人可能会错误地翻译成："这封邮件，可能包含四个附件，也可能包含机密信息。"这样一来，意思就全错了。

犯这种错误，可能因为：在一个句子中，先后出现两个相同的动词，把大家搞糊涂了。按照英语语法，第一个"include"是现在分词，作为定语，用来修饰"email"，第二个"include"则是这句话的谓语动词，是这句话的核心，大家错误地以为这句话有两个并列的谓语动词，有两个并列的核心。

又如："I cannot recommend this book too strongly for Java programmers."有些人将这句话翻译为：我不能向 Java 程序员强烈推荐这本书。乍一看，译文好像是对的，其实意思正好相反！这句话的正确意思是：(这本书太好了，因此)"我必须向 Java 程序员强烈推荐这本书"。之所以理解错误，主要原因就是望文生义，看见"cannot"，就以为这句话是否定的，其实"cannot"与"too"连用，恰恰是肯定的。在英语中，类似的情况好像还有一些，比如"cannot"与"but"连用，也是表达肯定的意思，请看例句：

"I cannot but tell a lie."（错误：我不能撒谎。正确：我必须撒谎）

对于这些表面否定但实际上是肯定的词组，译者必须熟谙英文语法，切不可望文生义。

2. 语言平淡疲软，缺乏广告味

译句语言平淡乏力，缺乏艺术感染力是许多外国广告翻译成中文后出现的问题，虽然没什么大错误，但读起来总让人提不起精神，更别提推销了。

如，Coke refreshes you like no other can.——没有什么能像可乐那样令你神清气爽。

对比原文和译文，就会发现译语广告乏力疲软，原文则透出唯我独尊的霸气。此外，"coke"指的是可口可乐，因为美国人已经很熟悉"Coke-cola"的商标了，但是翻译成中文，简单的"可乐"二字没有显示出品名，受众可能理解成"非常可乐"、"百事可乐"等。李秀平[①]将该句译为"可口可乐——提神醒脑，无与伦比"。这样一来，原文中的那种唯一性就体现出来了，产品功效特色等都展示出来，此乃佳作。

再来看一例：

A deal with us means a good deal to you.

译文一：和我们做买卖意味着您做了一笔好买卖。

译文二：同我们做买卖，都是回报丰厚的好买卖。

译文一翻译痕迹太浓，机械照搬原文用词，致使译文表达生硬。译文二较

---

① 李秀平.英语广告翻译常见问题分析及对策思考[J].西华大学学报(社会科学版),2006(6):99.

译文一虽然摆脱了翻译腔,没有将"mean"对号入座地翻译成意味着,但是广告文字表达没有力量,不像原文广告那样让人充满自信。其实完全可以摆脱那些固定思维,翻译成"同我们做买卖,保管您回报丰厚"。①

再比如:

The Unique Spirit of Canada. ——别具风味的加拿大酒,独特的加拿大精神。

这则广告中的"spirit"有"强性酒"和"精神"的双关意思,但是,这种双关在翻译时只能意会、难以言传。尽管译者殚精竭虑,在形似上苦下工夫,采用分别表义法,翻译效果却大打折扣,难尽人意。其实这句话给人的理解是"独特的加拿大精神是加拿大酒",这样牵强的表达法没能将酒推销出来。将"spirit"的"精神"和"烈酒"双关意义融入广告,李秀平译成"加拿大酒——别具风味,提神带劲"。

许多广告翻译过来后不尽人意,这与中西方的文化有很大关系,不同的文化底蕴衍生出不同的遣词造句的格式和习惯,由莎士比亚的著名喜剧《皆大欢喜》衍生出的香烟广告"All is well that ends well"被译为"烟蒂好,烟酒好"②。这样的翻译虽然朗朗上口、形式整齐,但忽略了最重要的内容,烟蒂和香烟的好坏关系并不大,"that ends well"并不等于"烟蒂好"。为了将两个"好"翻译出来而犯了内容上的错,那就因小失大了。后来有译者将其翻译为"越抽到后头越有味儿"或"抽过方知该烟好"。改译后的句子更合适,广告的意味在其中,逻辑也合理。

3. 不符合中文表达

翻译是为译语读者服务的,且译文为译语文化所接受。要了解广告语言的特色,尤其是英汉两种语言不同的广告语言特色,才能更好地为译语群服务。汉语广告词往往千锤百炼、精雕细刻,即使口语体广告也颇为精致,不像英语广告那样用拉家常的谈话方式。现代英美广告崇尚流畅的口语,英语广告词句大都大众化、口语化,即使书面语体广告英语也较多使用非正式英语。英语广告用词朴素简练,汉语讲究优雅。因此很多英译汉广告不经过润色就直接照搬翻译的做法令产品黯然失色。

We're not in the computer business. We're in the results business. ——我们不在经营电脑,我们是在经营成效。

完全照翻的译文让汉语读者觉得非常平淡甚至有点不知所云,读者不禁

---

① 李秀平.英语广告翻译常见问题分析及对策思考[J].西华大学学报(社会科学版),2006(6):99.

② 陈牧.英语广告中双关语的运用技巧及翻译[J].才智,2008(5):65.

要问:"成效是怎么经营的?"译文未细细琢磨源广告,既未突出产品的特点也无响亮的口号,可以说是失败的译作。后来改为"唯我电脑,成效更高",不仅符合中文四字格的阅读习惯,朗朗上口方便记忆,更突出电脑质量好、成效高,不失原意还一目了然。

四、国外广告中文翻译的方法与技巧

1. 直译法

与汉语广告英译相同,英语广告汉译时,直译法也是基本方法,采用基本对应的翻译法,添加适当的文采,一则译作就产生了。

如:

(1)Life is a journey. Travel it well. ——人生如旅程,应尽情游历。(联合航空)

(2)Challenge the Limits. ——挑战极限。(三星电子)

(3)Winning the hearts of the world. ——赢取天下心。(法国航空)

(4)Hand in Hand, future in Your Hand. ——伴你同行,齐握未来。(太平洋人寿)

(5)The Relentless Pursuit of Perfection. ——专注完美,近乎苛求。(雷克萨斯)

(6)The newly built Tianyu Gloria Plaza Hotel Xi'an is an elegant 4-star delaxe hotel in the city and managed by Gloria International Hotels. ——新建成的天域凯莱大酒店是西安城内一座雅致豪华的四星级大酒店,它归属于天域国际连锁大酒店。

(7)The "2003 Chinese Government Organization Chart" has now been updated to December 20th, 2003. ——全新《2003 中国政治组织机构图》推出了,此图表出售截止日期为 2003 年 12 月 20 日。

(8)Domestic and overseas friends are welcome to invest and do business in Wuxi. ——欢迎海内外各界朋友来无锡投资、做生意。

(9)The perfect choice of modern business traveling and vacations. (Singapore Hotel)——您现代旅行度假的最佳选择。(新加坡大酒店)

(10)We at TOYATA know everything about great performance, performance is everything to us. So naturally, we know a good show when we see one, and is with great pleasure that we are able to share some musical acts through the TOYATA classics concert series in spring. Born and natured in Asia, it is our way of saying thank you to our supporters and our attempt at bringing the world closer with music. Thank you for making the TOYATA classic a success for ever 14 years. We look forward to presenting more world renewed acts in the future, and delivering nothing less than an outstanding performance once again.

我们了解关于丰田展示会的一切,展示会就是我们的一切,所以很自然地,当我们看到一个"秀",我们就知道它很成功。我们很荣幸和您一起分享丰田贵族系列春季音乐系列展示会。我们公司建立成长于亚洲。"让世界感受音乐"也是我们感谢支持我们的朋友的一种方式。谢谢您对于丰田贵族系列成功所做出的贡献,走过了14年,我们期盼着在将来能推出更新的活动,也就是再举办一次出色的现场发布会。

由于文体平实、意义清晰,以上几则例子完全按照传统直译的方法,翻译重视语义,或作形似的对等处理,使之字字忠实、句句对等,完全表达原文的意思,还使译作符合广告文体。

2. 音译法

英文中的商品名称会大量使用自行组合而来的词汇,在中文中找不到一一对应的字词,通常情况下,如果商标的名称是姓氏、公司名称或者新造词语,翻译成中文时就要采用音译法。全球第一驰名商标 Coca Cola 在 20 世纪 30 年代被译作"可口可乐"可谓妙哉,这个译文比原文还要妙,原文中的 Coca 和 Cola 只是两种植物的名称,而中文译名却把饮料的特点巧妙地融合在一起,读音上也相似,这个译名对其在中国市场的推广起了巨大的作用。Pepsi 译为百事也非常好,给人万事如意的感觉,读音也朗朗上口,和原文相近。目前很多全球大牌都是采用这种方法,如:

    Mazda——马自达汽车
    Avon——雅芳化妆品
    Pierre Cardin——皮尔卡丹
    Kodak——柯达胶卷
    Philip——飞利浦电器
    Canon——佳能相机
    Revlon——露华浓化妆品

汉语商标翻译方面的麻烦就比较少,大多直接用拼音来表示文,有助于外国人了解汉语,翻译人名、地名。如,李宁译作"LI-NING"。[①]

3. 创译法

之所以称之为再创型翻译或创译,因为这类广告都有众所周知的英中对

[①] 郭自嘉. 跨文化商标广告翻译[J]. 重庆科技学院学报,2008(10):138~139.

照两个文本。其中文版本,虽然都与英文文本在表层意思上很少有相似之处,但历来被认为是英文文本的翻版,故此,我们仍称这类中文文本为翻译,即带有一定创造性的翻译,而不是纯粹的创作。译者必须在译语环境中找到能调动和激发消费者产生购买欲的语言和文化手段,这时广告翻译已显而易见不再是简单的文字转换,而是创造性工作。如西方著名的 Poison 香水在翻译成中文名时可谓煞费苦心,"poison"一词的本意是"毒药"或"毒物"一类令人憎恶的东西。一旦用作香水品牌,就不能直译。市场分析研究发现,一些女性追求野性、粗犷的异国风情,为了迎合她们的口味,精心设计 Poison 香水,受到不少女性的青睐。要将其介绍进我国,翻译时要充分考虑我国女性与西方女性不同的特点——温柔贞静,运用逆向思维进行创造性翻译。译者创造性地将其译为"百爱神"香水,一下子受到中国女士的欢迎,打开市场。俗语说,爱美之心,人皆有之,用了"百爱神"香水,人见人爱,何乐而不为呢?

再来看一则例子。

《泰晤士报》广告"We take no pride in prejudice"原译为"对于您的偏见,我们没有傲慢"。该译文虽然注意到英文广告想借助小说《傲慢与偏见》的互文性来吸引读者眼球,但译文让并不熟悉该互文性奥秘的中国读者感到费解。所以改译为"公正的报道,我们的骄傲",摒弃了互文性的译句却更加精炼,广告意味也更浓。改译也未完全反映原文的双关语创意,但有所改善。事实上,"We take no pride in prejudice"蕴含着两重意思,一是说,我们不为偏见的报道感到自豪;二是无论偏见有多深刻,我们都不会怠慢。所以改译为"公评天下事,笑纳百家言"。这一创造性的翻译使报纸的宗旨一目了然,虽然与原文的形式相去甚远,但却可以收获意似、神似和功能相似的最佳广告效果。

4. 编译

先来看一则实例。

What is in a name?

It sounds ordinary on paper, a white shirt with a blur check. In fact, if you asked most men if they had a white shirt with a blue check, they'd say yes.

But the shirt illustrated on the opposite page is an adventurous white and blue shirt. Yet it would fit beautifully into your wardrobe. And no one would accuse you of looking less than a gentleman. Predictable,, the different white and blue check shirt has a different name. Viyella House. It's tailored in crisp cool cotton and perfectly cut out for city life. Remember our name next time you are hunting for a shirt to give you more than just a background for your tie.

On women and children's wear as well as on men's shirts, our label says—quietly but persuasively—all there is to say about our good quality and your good taste.

Our label is our promise.

翻译1：

名字算什么？

    写在纸上它听起来平平常常。带蓝格的白衬衫。事实上，如果你问大多数男人，他们是否有带蓝格的白衬衫，他们都会说有。

    但是，下页展示的衬衫是色调大胆的蓝格白衬衫。它为你的衣柜增添讽刺，穿上它没有人会责怪你缺少绅士派头。可以预想，这种不同的蓝格白衬衫会有一个不同凡响的名字——维耶拉。它为都市生活选用凉爽的棉布精裁细制。下一次你寻购衬衫时请记住我们的名字，它给你的不仅是作为领带的背景。

    对妇女和儿童的服装正如我们对男人衬衫的承诺，我们的品牌摆在那，这里展示的是我们的上乘质量和你们的一流品味。

    我们的品牌是我们的承诺。

经过编译处理，同一则广告风格迥异、面目全非：

名牌推荐：

    英国人以其衬衫的风度文明于世界。其知名品牌就是维耶拉衬衫，它以精纺棉布作为面料，由英国维耶拉品牌精心裁制，质量上乘，畅销世界。维耶拉特此郑重承诺：蓝格白帝，是白马王子的首选，风度翩翩，惹来窈窕淑女的青睐。穿上维耶拉，男人闯天下。穿上维耶拉，生活真潇洒。维耶拉还请您关注我们出品的妇女和儿童服装，百分之百的一流品味，百分之百的质量保证。①

李克兴在分析这两篇译作时提到，前一篇虽然文体活泼，但是给人以拖沓松散的感觉；后者倒显得更为精炼，读起来朗朗上口。后一篇采用灵活编译的方式，可读性比句句忠实、句句对等的译文强一些。由此可见，编译也不失为广告翻译的一大策略。重新编构原文，整合句式的方法最适合因载体改变而需要改变广告体裁的广告。如电台稿变为印刷广告的话则需要更精炼的编译，改编部分内容使其适合相应的读者，这是编译最大的作用。

Savings Protection Plus

Now you can look to the future with confidence Introducing Savings

---

    ① PeterNewmark, *More Paregraphs on Translation*, Multilingual Matters LTD, Frankfurt Lodge, Clevedon, Hall, Victoria Road, Clevedon, England, 1998：176.

Protection Plus, the savings plan that protects you and your family from life's uncertainties.

Now, with regular savings you can look forward to a brighter tomorrow. Savings Protection Plus has built-in life insurance to ensure that you and your loved ones are financially secure should the unexpected arise and something happen to you, you or your family will receive the Sum Insured plus the Cash Value accumulated in the plan.

储全保

面对未知将来，仍可安心自在。汇丰银行诚意献上全新的储全保，助您未雨绸缪，令生活无忧。

储全保是一个兼具寿险保障的灵活储蓄计划，透过定期的储蓄投资，即使不幸遇上以外，身伴的挚爱亲人亦可获取投保额全数及所得的现金价值，令经济无忧。

先来看看这个服务项目名称的处理。"储全保"不是直接从英文中翻译得来，而是重新创造得到，突出该项服务的内容、功能，令受众一目了然。第一段中英文基本上做到对应，但文中语句的词藻比较华丽，注重汉语四字格的使用，如"安心自在"、"未雨绸缪"，这样汉语通过同义反复，工整对仗，读起来颇具韵味。第二段中英文的中心意思是"储全保令经济无忧"。而英文语篇体现了典型的"一般——具体"的宏观结构模式，以概括段落大意的语句"Now with regular savings, you can look forword to a brighter tomorrow"开头，然后用细节"should the unexpected arise and something happen to you, you and your family will receive the Sum Insured plus the Cash Value…"加以详尽地叙述或论证。在英文广告中，这种"一般—具体"的内在结构非常普遍，常常作为宏观结构模式，构成广告文案的主体框架。而在对应的汉语广告语篇中，体现典型的"原因—结果"模式，阐述储全保怎样令经济无忧。不难看出英汉翻译过程中出现语篇重构的现象。

Business Vantage

Your time is money, Which is why Hongkong Bank is pleased to introduce an account that offers maximum convenience in business banking——the Business Vantage Account

汇丰商业理财户口

阁下生意繁忙，处处讲求效率，处理众多不同的银行事物，亦务求快皆简易。汇丰银行深谙每个生意人所需，率先为您推出全新汇丰商业理财户口，将多项商业银行服务集而为一，为讲求效率的您节省时间，带来更多方便。

该广告英文语篇极其简单易懂。开篇强调"时间是金钱",汇丰提供 Business Vantage 为客户最大限度地提供方便。对应的中文语篇在阐述上比较细致,遵循"原因—结果"模式,"your time is money"对应为"阁下生意繁忙,处处讲求效率,处理众多不同的银行事务,亦务求快皆简易",突出该项目服务为商业人士所需。"汇丰银行深谙每个生意人所需",强调汇丰以客户为中心,缩短与客户之间的距离,增加亲切感。随之总体介绍这项服务如何方便大众,"率先为您推出全新汇丰商业理财户口,将多项商业银行服务集而为一,为讲求效率的您节省时间,带来更多方便"。

5. 浓缩型翻译

舍弃原文中的部分内容,浓缩精炼部分而成的翻译就是浓缩型翻译,也叫欠额翻译,常用来对付那些原文写得不够精练、信息过剩的文本。

Overseas. Time set free overseas. (Vacheron Constantin)——自由真义。(江诗丹顿)

Wherever you are. Whatever you do. The Allianz Group is always on your side. (Allianz Group)——安联集团,永远站在你身边。(安联集团)译作完全扬弃"whatever you are, whatever you do",以最简洁的语句表达安联集团在你左右的中心思想。

对于信息冗长的文本,首先抓取主旨和诉求点,然后在诉求点上简洁翻译就可以了,至于其他的部分,不必苛求一一翻译出来。

6. 不译

不译当然不算翻译,这里说的不译指选择性翻译。一般来说,有些产品名可以选择不译,有些特别短小精悍、朗朗上口的短语也可以不译。

如沃尔沃 S80 广告"Volvos have always forced other cars to be safer. This one will force them to be better. (slogan:) For life"被译为"Volvos 安全可靠,早已闻名天下。崭新 S80 一登场,再度成为典范!(口号:) For life"。

不直接翻译 for life,而是直接照搬,因为这则精炼的口号没有理解上的困难,但要想翻译成对应的中文短语则比较费力,因此,不妨直接引用。

再如:美国运通的广告"Use the American Express Card to reflect your classic style. (slogan:) do more"译为"使用美国运通卡,配衬经典性格。(口号:) do more"。

"do more"很简单,所以不译,直接引用。随着英文在华人世界的日益普及,这样的中西合璧广告语将有增无减,因为广告主有理由相信其针对的受众不可能听不懂这类简短明白的英文广告词;再说,这种词形式上虽然有些不伦不类却带点异国情调,从整体的广告视觉效果来看更加引人注目,或许还能产生出奇制胜的效果。因此,从方法论上看,这种照搬原文的"不译"正如今年轻人时常夹杂点英语。

其实,在翻译中,没有绝对的策略,也没有绝对正确的译法,最重要的是根据原文使用适合的方法和技巧。以上介绍的几种方法,是英语广告汉译的基本方法,也许今后会有更多的方法。译者须坚持"知"、"守"、"执中"的广告语翻译原则:"知"即清楚地了解原语和译语文化语言之间的差异;"守"指在翻译过程中坚守译语文化导向的标准和策略选择;"执中"指发挥译者的主观能动性,在原语和译语文化之间求得动态平衡。在兼顾原语文化的基础上,坚持译语文化的价值取向,采取灵活多样的翻译策略,使译文在语言和文化两个层面实现原作的劝购、信息和美感功能。

本章小结

本章介绍了跨文化广告传播的语言翻译问题。在翻译过程中,译者遇到的两大阻碍是语言和文化的不同。东西文化差异主要体现在价值观不同、心理特点和思维方式不同、地理环境和社会环境不同这三大方面。这些方面的不同造成的语言障碍有:词汇空缺、词义冲突、语义联想、语用涵义、民族心理差异。

中国广告译英的原则有传统的五论:变通论、简洁论、对等论、唯美论、含蓄论。此外,还有具体的原则:用词考究准确传递信息;句法合适,顺应英语文法;文化差异,巧妙传递。在常见的误用例子中,英译存在的问题有:语用规则的迁移造成的语用失误;语用意义迁移;泛化语言语用意义规则这三类语用错误;品名误译、无视客户精神需要这两类文化差异引起的误解;审美差异引起的误解;语法错误;印刷错误。实践中,对于中国广告英文翻译的方法有:直译、意译、套译和其他灵活变通的方法。

国外广告汉译的原则有:破除语言文字隔阂,实现广告交际目的;辨识文化差异,灵活转换;译作符合中文广告语言习惯。常见的错误有语用失误中的词语误用,句法错误等;语言平淡效果欠缺广告味;不符合中文表达等。常见的方法有直译法、英译法、创译法、编译法、浓缩翻译法和不译法。

广告翻译涉及不同国家的文化,译者须坚持"知"、"守"、"执中"的广告语翻译原则,在翻译时要特别注意遵守法律法规,不添加虚假信息,同时,担负保护世界文化多样性的重任。

【案例】

跨国公司中国攻略:洋品牌要起好"中文名字"[①]

美国投资银行 Goldman Sachs 有一个驰名的中文名称"高盛",含"高度兴盛"之意。这是一个在中文里颇为吉利的名称,更是一个值得保护的品牌。

这家美国投资银行很早就将中文名称注册,但只是到了去年才决定创建一个视觉品牌来体现"高盛"。

高盛不久将启用首个双语品牌标识,它是由香港扬特品牌识别咨询公司(Enterprise IG)设计的。高盛表示相信,面向中国市场推出本地化品牌是正确的策略。

负责高盛全球对外联络事务的主管卢卡斯—范普拉格(Lucas Van Prag)表示:"品牌是公司声誉的一个有机组成部分,我们对品牌的呈现十分重视。显然,我们希望能在中国确立鲜明的品牌形象,并且能在那里自主把握品牌的使用权。这就是为什么我们首次进行标识的本地化。"

在许多外国公司眼里,中国已具有神话中"黄金之国"的地位。快速增长的经济,依照世贸规则开放兴旺的本地市场的承诺,都吸引着这些企业。对于跨国公司而言,与本地对手实现差异化和建立自己的品牌已成为工作重点,以求在一个对手纷至沓来的竞争环境中及早确立自身地位。

扬特品牌识别咨询公司(Enterprise IG)是 WPP 广告集团的一个子公司。公司董事总经理黛伯拉—查特文(Debora Chatwin)透露,有越来越多的公司希望建立包含中文名称的品牌。

查特文女士说:"金融服务集团和其他行业的许多公司都在酝酿取中文名称。我认为这个主意不错,因为假如他们不抓住主动权,自己去解决这件事,那么中国人会为他们取名,这就有可能使公司落得一个完全不合适的中文名称。"

已有数起给外国公司擅自起名的事例,这些名称除了有好笑的一面,也会对品牌造成损害,而且还可能会约定俗成。而另一些外国公司则发现,它们的品牌和标识被当地竞争对手大胆采用。

总部设在美国西雅图的咖啡店星巴克(Starbucks)最近对中国咖啡公司"上海星巴克"提起诉讼。上海星巴克使用了与星巴克完全相同的汉

[①] 未名.跨国公司中国攻略:洋品牌要起好"中文名字"[J].商场现代化,2004(6):43.

字,只是在前面加上"上海"。

美国贝克—麦肯思(Baker & McKenzie)律师事务所合伙人乔—西蒙(Joe Simone)透露,许多中国企业家采用久经验证的致富窍门:"他们开办一家模仿企业,然后指望得到一笔钱作为停业条件。不过,中国司法体系提供的品牌保护正在改善。"

此前,施乐(Xerox)和花旗集团(Citibank)不得不耗费巨资变更其中文品牌,因为这些品牌已被脑筋灵活的中国人抢先注册。

德国富而德律师事务所(Freshfields Bruckhaus Deringer)香港办事处合伙人康博曦(Connie Carnabuci)说:"原则上讲,我向客户提供的建议是,在把他们的品牌翻译成中文之前要三思而行。"

与扬特品牌识别咨询公司的查特文女士一样,康博曦女士也表示相信,有意在中国确立品牌和开展业务的外国公司应当起一个中文名称。

她指出:"就文化而言,名字的深层涵义在中国是极为重要的。人们为了挑选合适的名字不惜代价。他们会去请教算命人,征询多方面的建议。"

目前,查特文女士正为数家外国大公司客户工作,这些公司有意创建中文品牌。"我们已为纽约人寿保险公司(New York Life)创建了一个双语标识,并正帮助他们推广这个标识。我们还为一家大型信用卡发行机构工作,他们有意大力开发内地市场",她说:"我们的理念是营造视觉和谐。我们从不会碰主标识,因为那是企业的主题形象。我们只是要增强这种形象。"

常用汉字有5000个,这使取名或开发名称成为一个复杂的过程。创建中文名称的方式有两种。有些外国公司采用音译途径,选择一个听上去像原有品牌,而且有助于增进其品牌形象的中文名称。另一些外国公司,如高盛,则选择了按字母直译,赋予中文名称特别的涵义或标志。德国汽车制造商Mercedes-Benz在中国的名称是"奔驰",既有"飞奔"的涵义,听上去又与"Benz"谐音。

丹麦老人牌(Hempel)涂料集团最近与香港招商局国际集团(China Merchants)联手,面向中国南方市场开发了一种新的墙面漆产品。Enterprise IG为其策划了品牌名称"Prism"和双语标识。其中文名称是"海虹"。

"这是一桩巧事,因为这两个汉字放在一起有'光'和'色'的涵义,这是最理想的传递形式。我真希望给所有客户起中文名称都能如此简单",查特文女士说。

第六章　跨文化广告传播的民族情感问题 >>>

第一节　文化、民族与民族情感

在跨文化广告传播中,受众的民族文化和民族情感最终决定效果。每个民族都有自己独特的文化,不考虑受众的民族情感,不仅效果令人堪忧,甚至产品销售和经营管理都会出现问题。

一、文化和民族

露丝·本尼迪克特在《文化模式》一书中引用了迪格尔印第安人的一句箴言:"一开始,上帝就给每个民族一只杯子:一只陶杯,从这杯子里,人民饮入了他们的生活。文化是化育人类的一杯泥土,它赐给人第二生命。"[1]每个民族都有自己的独特文化,他们受文化的耳濡目染。

文化是一个人群成员赖以区别另一人群成员的共同思维方式,是同一文化里人们有效沟通的重要途径。正如美国人霍尔所言,生活中的一切都受文化的影响,文化是文明拱门的中心,所有生活的事件必须经过这一渠道。[2]

(一)民族的定义

关于民族的定义,国外至今没有统一的认识,学术界的理解也不尽一致。2005年5月,第三次中央民族工作会议指出,民族是在一定历史发展阶段形

---

[1] 刘双、于文秀.跨文化传播:拆解文化的围墙[M].哈尔滨:黑龙江人民出版社,2000:21.

[2] Hall, E. T. *The Hidden Dimension*[M]. New York: Doubleday. 1966.

成的稳定的共同体。一般说来,民族在历史渊源、生产方式、语言、文化、风俗习惯以及心理认同等方面具有共同的特征。有的民族在形成和发展过程中,宗教起着重要作用。

一般认为,民族是人们在历史上形成的有共同语言、共同地域、共同经济生活以及表现于共同文化上的共同心理素质的稳定的人们共同体。这是狭义的民族定义。广义的民族泛指处于不同历史阶段的各种共同体(原始民族、古代民族、近代民族、现代民族),或作为一个区域内所有民族的统称(如美洲民族、非洲民族、阿拉伯民族),或作为多民族国家内所有民族的总称(如中华民族)。本章所谓民族指后一种情况。

民族形成的过程,实际上就是民族语言、民族心理、民族精神、民族经济和生活、民族文化、民族特征形成的过程。

"nation"一词与汉语的"民族"含义不尽相同,"ethnic group"一般译为"族群"。有学者主张用"nation"(甚至对外直接用民族的汉语拼音"minzu")来指称"中华民族"之"民族",用"ethnic group"来指称构成中华民族的包括汉族在内的56个民族的"民族"。[①]

(二)民族与其他概念的联系与区别

1. 民族与种族

民族与种族的形成均体现了人类社会发展的自然历史过程,受地理环境的制约;在特定的历史条件下,民族压迫与种族歧视相互交织。

民族体现了人的社会属性,划分的标志是语言、习俗和经济生活的文化特征。种族体现人的生理属性,划分标志是肤色、毛发、面容、遗传基因等生理特征。

2. 民族与氏族部落

氏族部落是民族的前身,氏族部落解体后形成最初的民族与国家。

民族是阶级社会以来的人们的共同体,氏族是原始社会人们的共同体;民族的形成以地缘关系为基础,氏族部落则以血缘关系为纽带;氏族部落同时具有管理社会的职能,民族仅以传承文化为主要功能。

3. 民族与国家

最初的民族与国家几乎同时形成并相互作用,二者在原生形态下相互吻合。

国家按照所辖的国土疆界来划分,民族按文化特征来划分。一个民族可建立多个国家,如阿拉伯民族。许多民族亦可共处一个国家,如中国。

---

① 胡岩.民族与民族概念的发展.人民网[OL]. http://www.people.com.cn/GB/guandian/8213/28144/28155/2082220.html.(2003-09-10).

二、民族文化和民族情感

(一)民族文化与广告文化

民族文化指各民族在发展过程中创造出来的带有该民族特点、反映该民族历史和社会生活的文化,包括物质文化和精神文化。通常指精神文化方面,主要包括语言、文学、科学、艺术、哲学、宗教、风俗、节日。[①] 每个民族都拥有独特的文化,每个文化都有禁忌,禁忌不能随便触动,否则适得其反,如穆斯林国家禁食猪肉、印度教徒则不食牛肉。精工钟表公司在马来西亚的广告中用"人类创造了时间,精工表使之完美"的广告语,马上接到观众的投诉,因为马来西亚人大部分是虔诚的穆斯林教徒,他们认为是真主,而非人类,创造了时间。精工把广告语改成"人类创造了记时法,而精工使之完美",才获得马来西亚受众的理解。

前述广告因为未能准确把握民族文化的内涵,引起受众的反感。其广告影响企业在受众心中的形象,受众产生抵触情绪,甚至抵触企业的产品。这样的广告适得其反。

民族文化影响广告传播,因为广告是文化的一部分,它反映所在社会、民族的文化,自身也成为消费文化、广告文化,甚至民族文化,的一部分。鲍德里亚在《消费社会》中指出,"消费主义"不仅仅是物质的消费,更是符号的消费,广告是消费社会到来的助推器。广告不仅是经济活动,还是文化交流,承载丰富的文化内容。广告文化是从属于商业文化的亚文化,同时包涵商业文化及营销文化。广告文化的物质载体是商品,文化通过商品传播,商品通过文化增值。比如在中国,通过商品传播文化的做法早在丝绸之路时代就开始了,丝绸之路带给西域的不仅仅是丝绸,它以丝绸为载体,向西方世界传播了古老的东方文化。

广告之为文化,因为广告信息传播整体价值观念,形塑群体行为模式,广告体现审美价值,给目标受众审美愉悦,唤起受众情感上的共鸣,获得灵魂净化和情操陶冶。广告不知不觉地影响社会大众的生活。影响越深广,人们对广告的理解和接受也就越容易。

广告文化体现民族的语言、艺术、风俗,民族文化身上打上广告的烙印。如印度、日本的广告中,民族文化彰显得淋漓尽致,受众看到广告,就知道这是他们国家的广告作品。

---

① http://baike.baidu.com/view/147908.htm.

(二)广告与民族情感

文化包括知识、信仰、艺术、法律、伦理、风俗,其中的信仰、风俗等都与民族情感联系紧密。跨文化广告传播触及民族底线,惹得众怒,该广告主瞬间就会成为"民族公敌"。如前几年的丰田霸道、立邦漆和耐克,其广告涉及侮辱中华民族的象征和图腾——龙、狮子、中国功夫和飞天。不知是使用不慎还是故意为之,但是无论如何,广告都伤害了中华民族的情感,后果可想而知。在泰国也有相同的案例:日本索尼的mp3广告中,释迦牟尼闭目入定,但一会儿竟然凡心萌动,睁开双眼,随着音乐不停摇摆。此时广告语"索尼,让佛祖动心"出现。这则广告在泰国一播放,泰国举国愤慨,泰国盛行佛教,佛祖竟然凡心萌动,这是对佛祖的亵渎,终于招致外交抗议。

人们的信仰、态度和价值观不同,处理外来讯息的方式也有所不同。同一文化中,人与人沟通时会发生正常的误解;当人们跨越文化进行互动的时候,尤其是试图跨越那些价值体系差异较大的文化的时候,正常的误解就会被夸大。这不仅给个人带来意义解读的困惑、心理情感的隔膜、文化身份的疏离,甚至引起文化族群关系的失谐和冲突。

商品同质化,买方主导市场,非生活必需品需求弹性很大,则消费者的情感取向会显著影响商品销售。商品同质化意味着来自不同厂家的商品大同小异;买方主导市场意味着供大于求,消费者有比较大的选择余地;非生活必需品的需求弹性一般都比较大,即使暂时不购买,也无所谓。因此,如果消费者厌恶品牌或品牌的所有者,就会放弃该品牌商品而选择其他品牌,或暂时不购买。可以说,在跨文化广告传播中,涉及的语言翻译、意识形态、价值观、整合策略等的问题,最终都与民族情感有关。

(三)民族情感的把控

广告如果无视民族文化和民族情感,刊播伤害受众民族情感的广告,受众就会通过投诉、抗议、集体舆论来表达意见,政府会通过行政手段加以解决。民族情感不能乱用,更不能滥用。民族情感的旗帜过分挥舞,是民族主义的不理性和不成熟的表现。

民族主义与爱国主义既有联系又有区别,有时是一种文化情感,有时是一种政治思潮,有时是一种社会运动。[①] 一般来说,弱势民族在遭遇外部强敌的不公待遇时容易形成救亡图存的民族主义,在快速振兴过程中则容易形成狭隘的或极端的民族主义与理性民族主义并存交织的局面。狭隘的或者极端的民

---

① http://baike.baidu.com/view/79630.htm.

族主义的突出表现是狂妄自大、盲目排他和暴力泄愤,在特定环境下甚至会演变为军国主义和法西斯主义。理性的民族主义则具有爱国主义的自尊、自信、自强、自律、理性、宽容等诸多特质。在多民族国家中,理性的民族主义常常是爱国主义的核心要素,二者共同构成推动民族兴旺发达的内在精神动力。

关于民族情感的把控和民族主义的理性成熟发展问题,将在后面章节中详细讲解,此处不再赘述。

第二节 跨文化广告传播民族情感问题的学科解读

在第二章《跨文化广告传播理论基础》中详细介绍过跨文化广告传播涉及的各种理论,但关于民族情感问题,则还需要更加深入的理论解释和理论探讨。本节内容不仅局限于传播学和广告学,更涉及美学、心理学等各学科相关理论。

一、传播学相关理论

(一)传播基本模型与共通的意义空间

传播学是跨文化广告传播的奠基石,传播过程中出现的民族问题要从最基本的传播要素和传播过程模型究其根源。跨文化广告传播的理论模型主要来自于大众传播。考察大众传播的要素和环节,跨文化广告传播的模式可以用图6-1来表示。

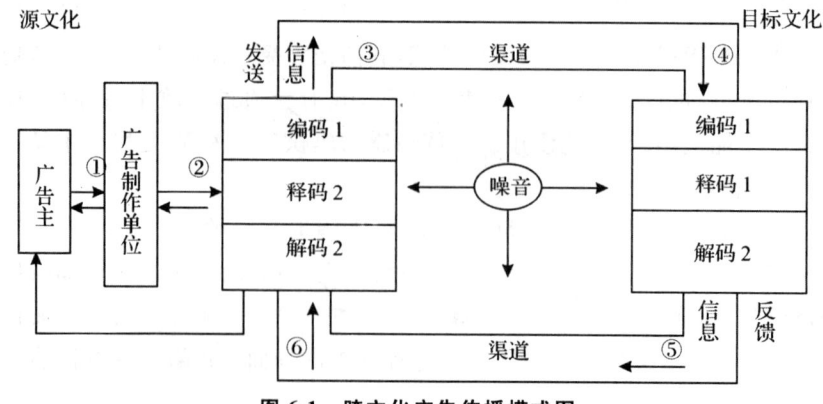

图6-1 跨文化广告传播模式图

广告由编码者进行编码,体现编码者的意图,如立邦漆的中国龙广告,广告公司的创作人员为了突出立邦漆的"滑",同时为了融入中国文化环境,特意选择了具有浓郁中国特色的符号——龙。这一信息通过广告媒介的传播,到中国消费者时,译码出现偏差。中国的消费者看到龙从柱子上滑落,滑落是因为日本品牌立邦漆,就发出抗议和愤怒的反馈信息。广告主和广告公司接收到反馈信息后才调整自己的传播内容和传播方式,其广告代理商李奥贝纳申明称"这则广告是在李奥贝纳公司内部每季全球广告评审会上展出的",并未真正进入市场,是名副其实的"飞机稿",同时也向中国消费者致歉。

龙是中国的图腾,是中华民族的象征。每个国家对传统文化的理解不同,在中国,龙的内涵非常丰富。立邦漆的广告用戏剧性的、夸张的手法,让龙从柱子上"滑"下来,强化了立邦漆的"滑"这一特性,不过,这一"滑"未引起受众的共鸣,反而引发不安的联想:古老的中国龙被日本的立邦漆刷得油亮油亮的,却失去了腾云本色,成为盘在地上的"蛇龙",这似乎意味着中国传统文化要向日本的商业文明俯首称臣。

在该案例中,广告信息的编码者(创制者)和解码者(接受者)并不在同一条认识轨道上,本土文化元素既可以成为编码者建构良好品牌信息的因子,也可以成为解码者解构品牌信息的因子。从主观愿望出发,编码者或许更愿意朝着正面的、积极的效果去理解这些文化元素,解码者的接受背景和思路则不一定按编码者所指的方向。

图 6-2　立邦漆"盘龙滑落"广告

除了经典传播模式的阐释外,在跨文化广告传播中还应该注意追寻共通的意义空间。

传播在一定的社会互动中进行,没有共通的意义空间,传播容易出现偏差和误解,产生隔阂,造成传播的阻碍。共同的意义空间有两层含义,一是对传播中说使用的语言、文字等符号含义的共通的理解,二是大体一致或接近的生活经验和文化背景。共通的意义空间为传播奠定基础,使传播顺利进行。在龙的意象上,立邦漆的广告编码者与译码者没有共通的意义空间,他们对"龙"的理解和意义出现巨大偏差。

(二)选择性接触和二次编码

选择性接触是拉扎斯菲尔德等人提出的概念,他认为,受众不会不加区别地对待所有传播内容,而是倾向于"选择"那些与自己的既有立场、态度一致或接近的内容。[①] 同时,他进一步引导出选择性注意、选择性理解和选择性接受等理论。

接收外界信息时,人们的感知和记忆是有选择性的,文化背景影响人们的信息选择和记忆,不同文化中的人们对信息感知和记忆的选择性不同,人们总是有意识或无意识地接受那些能加强自己观点的、符合其信仰和以往经验的信息,接受不合拍的信息会引起认知上的不协调,在跨文化广告传播中,我们要重视这种选择性感知和选择性记忆的倾向,努力使广告信息符合受众的文化背景。

在百事可乐的"中国祝福你"广告中,每个人都拿起灌装百事可乐,高唱《中国祝福你》这首中国人耳熟能详同时蕴含深刻爱国情感的歌曲,场面气势恢弘,感人肺腑。百事可乐抓住了中国建国60周年华诞的重大时机,充分融入中国人民的爱国情感和集体主义精神,广告播出后大获好评,不少人表示,看过广告后感觉"精神为之一振"、"很感动,很震撼"。

二次编码是程曼丽在扩展传统传播过程模式的基础上提出的概念。如果说,普通的传播只需要一次编码——将原始信息转换成可被一般受众接受的信息,那么国际传播的编码就需要两次,第二次编码是将本国一般受众接受的信息转换成为可被他国受众或全球受众接受的信息。程曼丽指出,二次编码就是语言的转换和文化的对接。如果说,语言转换只是技术性的手段和浅层次的转换,文化对接就是深层次的转换。程曼丽认为,国际传播中的文化对接包括两个方面:一是与国际通行的认知、规范体系对接,即人们常说的"国际接轨";二是与传播对象国的社会文化习俗对接,这涉及传播的针对性。本节探讨的民族情感问题,就出现在文化对接的第二个方面。

美国骆驼牌香烟有一句广告名言"我宁愿为骆驼行一英里路",潜台词为,烟民为买骆驼烟,宁愿走到鞋底磨穿。电视画面是烟民高跷二郎腿坐在神庙前,其鞋底磨穿之洞非常醒目。该广告在泰国引发举国共愤,原因是泰国盛行佛教,佛庙乃至尊圣地,在神庙前亮脚丫展示污秽,实属大逆不道。泰国的广告受众在进行二次编码的时候,主要的是跟自身的文化进行对接,如果不了解民族文化的差异和禁忌,只会对接错位,二次编码偏离传播者初衷。

---

① 郭庆光.传播学教程[M].北京:中国人民大学出版社,2007:196.

二、广告的诉求方式和品牌来源国效应

(一)广告诉求方式的转变

广告要用适当的表达方式来激发消费者的潜在需求,促使其产生相应的行为,以取得预期的效果。按照诉求方式,广告可分为理性诉求广告和感性诉求广告两大类。①

俗话说,"天老情难老",情感是人类永远不老的话题。以情感为诉求对象来寻求广告创意,是广告发展的主要趋势。在高度成熟的社会里,消费者的消费意识日益成熟,他们不会轻易因为广告而心动,也不会盲目地追随。他们追求与内心深处的情绪和情感相一致的"感性消费",只有触及他们的内心,打动他们的心,才会促成消费。观众们看广告时已经不只注重产品的性能和特点,广告中融入情感因素,才能打动人,进而影响人,激起强烈的感情共鸣,广告才能收到好的广告效果。成功的广告创意,都在消费者的情感方面大做文章。

情感在广告中的应用应该是有感而发、水到渠成的,是真情流露,不应生搬硬套,甚至无病呻吟,不该抒情的时候乱抒情,不该感慨的时候乱感慨。一些广告煽情太过,结果弄巧成拙,吃力不讨好,损害了自己的形象,甚至使消费者产生抵触情绪。

这种情绪会直接影响产品销售,消费者越来越以自己的喜好为消费标准,销售也在很大程度上取决于消费者的情感。看来,在跨文化广告传播中启用情感诉求,是一着妙棋,也是一着险棋。运用得好,能真正打动目标群体,促进产品购买;运用失误,产品、品牌都将受到不可估量的损失。

2008年,阿迪达斯的奥运系列广告——"一起2008,没有不可能"在中外各大广告节和广告比赛中都获得好评,甚至还捧回广告界"奥斯卡"——戛纳国际广告节户外广告金狮奖。2008年北京奥运上,该广告以较大的曝光率引起中国受众的注意。这则以"中国人民众志成城、团结一心,没有什么不可能"为big idea的广告运动,做到"以情动人",充分运用中国人民为圆梦百年奥运所付出的爱国情感和中国人有别于西方的集体主义精神。

电视广告和平面广告一经刊播后,其效果却与阿迪本身的广告意图南辕北辙、相去甚远。很多网民用"地狱"、"阴冷"、"恐怖"、"邪教"、"异样"、"幽灵"等负面词汇来描述该广告,同时,电视广告的背景音乐也让中国消费者疑惑不解。

---

① 陈培爱.广告学概论[M].北京:高等教育出版社,2005:8.

阿迪达斯用灰色来表示虚拟世界，这个虚拟世界却被消费者异化为"阴间"、"地狱"，阿迪达斯通过广告传递品牌精神、品牌理念的努力撞得头破血流，无功而返。

图6-3 阿迪达斯"一起2008，没有不可能"系列广告《胡佳篇》

从这个案例中可以看出，为了抢滩各国市场，跨国企业无不使尽浑身解数，想要融入本土。在中国常见的就是以"家"、"国"、"集体"为情感的诉求点。一旦启用针对目标消费群体的情感诉求广告，"怎么说"就成了当务之急。

图6-4 阿迪达斯《郑智篇》

在跨文化广告传播中融入本土情感元素,使其更加接近目标群体的文化和生活,更深入人心,以情动人。由于跨越了不同民族的文化,广告创作者在对其他民族情感的把握和创作上稍显陌生,如果生搬硬套、矫揉造作,不仅不会引起共鸣,还会引发目标受众的集体反感甚至口诛笔伐。

合理使用情感诉求,使民族情感与品牌形象二位一体,能更好地使广告的内涵融入目标受众心中,使之从广告中得到情感的沟通,获得自己需要的信息。

(二)品牌来源国效应

什么是来源国效应?简单说来,当国外消费者看到产品上印有"Made in China"时,会联想到产品物美价廉。当我们购买香水时,更愿意购买来自法国的香水而非美国的;当我们评价电器制造的时候,德国人的良工精细程度总能得到消费者好评。来源国效应问题对于那些需要增加制造业出口的国家(特别是资源贫乏的发展中国家)来说,相当重要,对于那些生产和销售在不同国家进行的公司也相当重要。在跨文化广告传播中,产品的来源国也成为影响民族情感的重要变量。

如果立邦漆、丰田霸道车不是来自日本的品牌,那么其广告对中国人民的民族自尊心和民族情感的伤害就不会如此巨大。日本帝国主义对中国人民的侵略战争和烧杀抢掠,在中国人民心中留下伤痕。立邦漆和丰田霸道在进行跨文化广告传播的时候,没把握好运用中国民族图腾和中国民族元素的度,导致中国消费者把日本帝国主义对中国的侵害与这两个品牌的广告内容联系起来。

大量研究发现,在发达国家之间,在发达国家与发展中国家之间,在发展中国家之间,这种现象也都存在。美国、英国、芬兰、瑞典、日本、危地马拉、土耳其、印度的被试(消费者)都存在刻板印象。这种刻板印象不仅影响企业的购买决策,而且影响消费者个人的购买决策。[①]

由于两次世界大战和如今依然不平息的一些地区局部战争和种族歧视,世界上各个民族之间或多或少都存在民族矛盾和斗争。在跨文化广告传播中,对产品的来源国应该采取针对性的广告策略。如日本产品到中国,广告中应该少涉及中国民族文化元素和民族图腾,尽量不展现产品来自日本;而日本产品到台湾(由于日本对台湾半个世纪的殖民统治,台湾消费者普遍比较偏好日本产品),就会特别标明自己"Made in Japan",日文常常出现在产品包装

---

① Warren J. Bilkey, Erik Nes. Influence on Evaluation of Product by Original Countries[J]. *Journal of International Business Studies*. 1982 Spring/Summer:89~99.

上,以博取台湾消费者的好感和促进销售。

三、广告心理效应

(一)什么是广告心理效应

广告心理效应指广告对消费者的心理所产生的影响。它可能是认知方面的,也可能是情感方面的,还可能是行为方面的。[①]

最早的广告心理效应模式是国际推销专家海英兹·姆·戈得曼提出的AIDA模式,它主要描述广告影响消费者购买决策的一系列心理活动,A为Attention,即引起注意;I为Interest,即诱发兴趣;D为Desire,即刺激欲望;最后的A为Action,即促成购买。

引起观众的注意,诱发消费者的兴趣和欲望,促成消费行为的产生,是现代广告的主要心理功能。广告负责信息交流和社会心理沟通,瞄准消费者的心理需要,适应其心理过程,达到心理沟通的目的。跨文化广告传播同样适用AIDA模式。

勒韦兹和斯坦纳提出L&S模式,更加清晰地描述了消费者对广告的反应——认知过程、情感过程和意志过程。只有正确把握和运用广告的心理功能,才能有效地打动消费者,达到良好的诉求效果。

(二)广告心理效应的运用

不同的国家和民族,有不同的民族文化和民族心理,制作有针对性的广告,才能打动目标消费者,而不会出现民族情感问题。中国人讲求物美价廉,日本人追求精益求精,美国人崇尚热情奔放,法国人讲求浪漫自然……

沃尔沃针对不同地区的受众心理,提出不同的广告诉求点,如针对法国人追求高雅、浪漫的民族特性,诉求地位和休闲;瑞士是山区国,道路弯曲不平,诉求改为安全可靠;墨西哥是发展中国家,诉求价格的实惠。万宝路1996年初在中国策划了"万宝路贺岁锣鼓比赛",震天的鼓声和鼓手鲜红的装饰,红色象征着吉祥、幸福,与新春的喜庆气氛相融合,既符合中华民族的特点,易为中国受众所接受,又成功移植万宝路广告中西部牛仔渲染的雄壮、野性的阳刚之气。在香港,为了迎合追求雅致的都市情调,万宝路西部牛仔的形象换成衣着华贵的、开着轿车的成功年轻人,从而取得成功。

---

① 黄合水.广告心理学[M].北京:高等教育出版社,2005:74.

四、接受美学和期待视野

(一)接受美学和期待视野概念解析

接受美学亦称"接受理论"、"接受效果研究",产生于20世纪六七十年代的德国,80年代中期传入中国,成为令人瞩目的文艺思潮。其创始人之一姚斯从读者的历史地位、读者接受的反馈、作品的价值由读者理解而定、创作时对读者的考虑等方面展开详细论述,高度肯定了读者在文艺实践中的重要地位及能动作用。[①]

姚斯在其著名论文《文学史作为文学科学的挑战》提出"期待视野"这一概念。接受美学和期待视野虽然属于美学范畴,在文艺创作中运用较多,但其强调以读者为中心,对跨文化广告传播也具有重要启示。跨国广告主应充分考虑受众的期待视野和审美情趣,或以标准化,或以本土化的方式展现产品和品牌形象。

在面对具有"召唤结构"[②]的广告作品时,接受者会不自觉地调动自己的想像力和理解力,积极地补充和丰富原有的广告艺术意象,接受者的这种发挥包含强烈的原创性。首先,作品有不确定因素,接受者会根据自己的文化修养和人生经验等,对作品进行极富扩张性的发挥,体验到只有他自己才能体验到的对世界的理解,并对作品反映的社会生活进行再认识和再评价。在这一接受过程中,广告作品的含义和社会效果并非永恒不变,而会随着时间、地域和接受意识的变化不断发生变异。不同的接受者会从新的文化语境出发,以新的人文精神、审美趣味理解广告作品,赋予文本新的意义。不同的接受意识会引起接受者对作品的不同反应,导致不同的理解和判断,价值观和审美观的不同,也会造成对广告作品的含义、价值的不同理解。从这个意义上来看广告作品,可以说,接受者不是广告可有可无的被动的消费者,而是广告意义不断生成的积极参与者和创造者。所以,正确地说,广告的形象、含义、价值和效果既不是广告作品的固有物,也不是接受意识的固有物,而是二者相互作用的共同产物。

观众是广告作品的接受者,也是广告价值的体现者。观众观看广告时,应

---

① 袁媛.接受美学对英汉广告翻译之启示[J].西华师范大学学报(哲学社会科学版),2009(01):102.
② 召唤结构原是英伽登阐释学中的概念,英伽登认为作品是一个布满了未定点和空白的图式化纲要结构,作品的现实化需要读者在阅读中完成对未定点的确定和对空白的填充。

该主动接受还是被动接受？这当然取决于观众本身,观众受情感的支配。使广告传达的信息和观众的情感相契合、相交流,观众才能产生共鸣,这也是观众期待的。广告只有使观众主动地配合接受,积极地理解,才能满足观众的期待视野。这样,观众才会产生新的印象,对产品产生美好印象。观众观看广告时,会和广告信息产生共鸣,产生出新信息。把情感因素融入广告,这样消费者才容易接受。从理性广告到感性广告,从硬销售到软销售的转变,说明广告人已经意识到这个问题。

(二)接受美学、期待视野和民族情感问题

经济全球化成为世界经济潮流,跨国公司的全球扩张成为现代社会的主要经营模式,广告成为不同国家或地区、不同民族、不同社会或同一文化内部各亚文化之间的主要交流活动。在广告的跨文化传播中,因为文化的差异而形成对广告的不同态度,对跨文化广告影响较大的文化因素有语言、宗教、审美观、民族习俗。不同的文化形态下,人们有不同的价值观点和追求,中国文化在古代日本、朝鲜、东南亚诸国有重要影响,源于希腊而盛行于欧洲的西方文化体系则与中国文化根本不同。文化间的差异导致人们沟通的反应方式不同,这种差异直接影响广告信息的传播。

在当代跨文化广告传播中,此类事件屡见不鲜。埃克森公司著名的老虎在泰国不会引起积极的反应,因为泰国人并不认为老虎是权力和力量的象征。在立邦漆的广告中,创意者也声称"给众多广告创意人看过,觉得该广告创意很好,并没有什么不妥",国内消费者觉得"恐怖"的阿迪达斯的奥运广告可以直接到戛纳"擒获""金狮子",从传播文化的角度看,这些广告的背后是文化差异。而从接受美学的观点看,这些广告的背后是不同的接受者先天的期待视野。

此类争议从侧面折射出经济全球化中不同价值观、世界观、人生观、审美观的文化群之间的文化冲突,也透视出东西方文化心理和审美心理的差异,是不同的"期待视野"中的广告理解。广告人做广告,是为了销售,当然也有许多广告人想方设法吸引眼球,做出各种各样的怪异的举动,但是他们都不希望自己的广告作品在遭遇非议后停播,甚至罚款。跨文化传播中出现的种种争议,都是因为接受者有不同的"前理解",其对广告的接受,也不会一成不变,而会根据自己的文化背景和人生经历等进一步理解、补充和丰富广告意向,不仅对广告的人物形象有自己的看法,而且对广告的种种暗含的意向有一定的认同或曲解。创作者的意指是明确的,但因为接受者有不同的期待,所以造成"一千个读者就有一千个哈姆雷特"的接受意向。其实,这一现象也与广告本身的文学意向和艺术化倾向有关。一般来说,越是具有艺术倾向的广告作品

越是会引起不同的理解而遭致争议。

第三节 跨文化广告传播的民族情感与价值观体系

一、民族情感和价值观体系

(一)认知体系及其构成

认知体系指认识论和知识体系,由感知、思维方式、世界观、价值观、信仰、宗教、艺术、伦理道德、审美观等构成。世界观和价值观是认知体系的核心,它们是同一文化群体成员评价行为和事物的标准,决定了人们的喜恶及对生活目标和方式的选择。认知体系是文化要素中最有活力的部分,在跨文化广告传播中,不同文化的认知体系决定了不同文化群体的成员对广告信息的感知和评判的差异。最能影响跨文化广告传播的效果的是感知、思维方式、世界观和价值观。

1. 感知

感知是人们在特定的社会文化环境中习得的视、听、嗅、味、触等感觉。感觉受文化的影响,不同文化中的人们之间存在不同的视错觉,这是由居住环境决定的。跨文化广告信息的制作和加工要充分考虑这一因素,避免因视错觉而产生误解。

2. 思维方式

思维方式指人们思维的习惯或程序。人类的思维方式既有共性又有个性。普通人想当然地认为别人的思维方式与自己的相同,思维方式的差异成为跨文化传播的重要障碍。广告策划和创意人员如果没有意识这一点,以自身文化的思维方式来组织广告信息,异文化的受众以他们文化的思维方式来解读时就会发生歧义或误解。

3. 世界观和价值观

世界观和价值观是认知体系的核心,影响着跨文化传播,世界观和价值观的差异是所有文化差异中最难弥合的。人们常常会顽固地反对与自己不同的世界观和价值观,在跨文化广告传播中,广告信息蕴含的世界观和价值观与受众的世界观和价值观差异越大,受众否定或拒绝广告信息的可能性就越大,反之,二者共性越多,跨文化广告传播成功的可能性就越大。文化体系的开放程度也决定了其成员对不同世界观和价值观的兼容程度。长期封闭的文化体系中的成员已习惯于用单一的世界观和价值观标准衡量一切,面对不同的世界观和价值观时,他们产生拒斥情绪的可能性较大,而在相对开放的文化体系中,其成员接触不同文化的机会较多,学会尊重和欣赏不同文化的世界观和价值观。传播者要清醒认识广告信息中蕴含的世界观和价值观,确定目标受众所处的文化体系的开放程度。

AT&T 的平面广告用竖起大拇指的手势表示对产品的肯定,这个广告在俄罗斯和波兰刊播时却出了纰漏。因为广告中的这个手势掌心向外,对俄罗斯人和波兰人来说,这是一种非常无礼的举动。

(二)民族价值观念系统

每个人都受价值观的支配行事。不同的价值取向,会使同一事物异化并被拉开距离,使得事物有天壤之别。广告是商品信息与文化信息的传播载体,必然融进民族特定的价值观念,尤其是当广告从传递有形的产品信息转向传递无形的文化附加值之后,广告中反映本民族文化事物和观念的诉求增多,再现特定文化的价值观。价值观反映的思想观念、道德行为准则、态度,实质上代表了社会的意志。一旦广告中传递的价值观得不到认同甚或引起反感,广告当然会受到排斥。耐克精心打造的广告语"Just Do It",以其对自我、个性、叛逆的推崇和张扬而风靡美国,影响了整整一代人。但这一广告宣扬的价值观在香港和泰国等地却未获得共鸣,该广告被当地人认为诱导青少年不负责任、干坏事而屡遭投诉,耐克只得将广告语改为"应做就去做",以平事端。

1. 文化价值观和消费者对文化反应分类

专家们认为,文化价值观念及消费者对文化的反应,大体上可以分为三类——控制、倾向和感觉反应[①]。

(1)控制。文化价值观念会影响人,迫使人们克制自己的思想与行为。这一点,跨文化广告传播应该充分重视。同样是洗衣机的电视广告,美国人则以男女幽会为创意背景:一男士午夜幽会归来将衣服轻轻放入洗衣机并开动之,随即进房间,其妻亦从外幽会归来,以同样的动作将衣服放进洗衣机,竟全然不觉洗衣机已经在工作。广告为突出其声音小而选取的幽会情景即便是中国的当代人亦不敢苟同。在中国的电视广告里,洗衣机的广告创意最常见的是省时省电还有让家庭妇女从家务劳动中解放出来,其中印象比较深刻的当属"威力洗衣机,献给母亲的爱"。

---

① 陈海洋.文化价值观与国际广告[J].现代交际,1995(1):38~39.

（2）倾向。指人们受文化价值观念的影响，在日常生活决策时进行调整，比如消费行为与消费观念的倾向。

例如，20世纪40年代末50年代初，美国的家庭主妇很难接受预制冷冻食品、速熟食品、速溶咖啡。部分原因是她们觉得如此不费劲地张口似乎不光彩。在这种情况下，推销方便食品的广告诉求重点就应该让家庭主妇明白：方便就是时间的节省，就是一种收益。省下的时间可用于干其他事，这丝毫不影响作为模范家庭主妇的勤勉美德。

美国通用面粉公司曾在面向日本市场的广告中宣称做蛋糕就像做米饭一样容易（该公司推销配好的蛋糕粉料）。不料，这句杰作竟伤害了日本家庭主妇的感情，因为日本妇女认为做米饭要有很高的手艺才行。

（3）感觉反应。指通过环境、事物或行动引起人们本能的愉悦或厌恶的感觉反应。同一种食物在不同的文化环境中可能引起不同的感觉反应。在美国，鹿能引起美好的联想，因为它与打猎和户外活动有关，具有阳刚之气的含义。而在巴西，鹿是"同性恋"的俗称。

2. 价值观念系统或价值体系

价值观念系统或价值体系是跨文化传播研究的核心内容之一。每种文化都有其独特的系统，它告诉人们什么行为是社会期望的，什么行为是社会唾弃的；应该如何爱恨，如何辨别美丑善恶，如何确定正常或是荒谬，如何衡量正义与非正义……在这种意义上，价值观是一个具有文化色彩的结构特征。

价值系统通常被描述为以下七个部分[①]：人与自然的关系，是天人合一还是天人相分；人际关系，是群体取向还是个人主义取向；动与静，是求动还是求静；做人与做事；人之天性观，是"性本善"取向还是"性本恶"取向；时间取向；社会地位观念。

以上七个部分，世界各地的广告不尽相同。在跨文化广告传播中，应该把握每个民族的价值系统特点，融入本土民族文化和民族价值观，又不误用、乱用、滥用目标受众国家的价值观念系统，是跨国公司广告主不容忽略的重要部分。

二、民族情感问题分类

（一）民族历史

每个民族都有历史，民族不同于国家，一个国家可能有好几个民族，一个

[①] 范红、黄瑞熙.中西方广告中的文化价值观——符号、语篇与文化价值取向[J].当代传播，2005(6):64.

民族也可能同时生活在几个国家。

图 6-5　邦迪广告《朝韩峰会篇》

在跨文化广告传播中,民族历史是不容忽视的重要部分。如日本对中国的侵略史,就让中国人民对日本品牌非常敏感,其广告如果误用中国民族元素和民族图腾,容易引发民族情感问题。

又如 2000 年夏季,朝韩峰会这个震动世界的话题引起全球关注,半个世纪的对峙终于握手言和。邦迪广告《朝韩峰会篇》敏感地抓住这个时机,把人们对和平的期盼,通过"愈合伤口"的概念倾注给品牌。在朝韩领导人金正日与金大中进行历史性会谈时,邦迪创可贴在"两金"碰杯的经典画面旁边发表自己的见解:邦迪坚信,没有愈合不了的伤口!在消费者心中引起共鸣。

(二)民族元素

民族象征元素是民族文化的体现,中国龙、中国红、万里长城、中国武功、美国的自由女神像、西部牛仔形象,日本的武士、和服等都蕴含深厚的民族历史和民族文化,广告制作和创意过程中应该特别注意和留心这些方面。丰田霸道广告中的石狮子、耐克广告中的中国功夫都是极具代表性的中华民族元素,使用这些元素本意是想要品牌本土化、中国化。这几年,中国元素在国际国内都大热,众多国际大牌都对中国元素情有独钟。将中国元素融入商业广告中,能使中国元素的传播更加普遍和大众。

民族元素用作广告的符号/符码,需要经过编码和译码,这两个过程会融入广告创作者和接受者各自的文化背景和理解认识,一旦出现偏差,无法正常对接,就会引发民族情感危机。中国的青岛啤酒通过与美国 NBA 结为战略联盟,使得这个有着百年历史的中国啤酒品牌融入美国人的日常生活。青岛啤酒早在 1972 年就登陆美国,但是一直局限于唐人街,全球化步伐被严重束缚。随后,青岛啤酒制定了"走出唐人街,进军美国城市"的战略,打入美国市场,特别是年轻人市场,塑造不同于以往的"Made in China"高端品牌形象。

在2008年奥运会后,青岛啤酒借助"NBA"这个美国元素的典型代表,融合中国传统文化底蕴和美国现代运动精神,进一步融入美国人的文化,青岛纯生啤酒成为美国年轻人热爱的高端啤酒品牌。

(三)民族风俗习惯

风俗习惯是地区文化的集中体现,它对当地居民有深远的影响。风俗习惯是民族特有的,在不同民族中的意义完全不同。同时,风俗习惯充分融入人们的生活,能影响消费者的购买决策。忽略"入乡随俗"是广告的一大"忌讳",广告一定要尊重这些民风民俗。Pepsodsent牙膏在东南亚某地区做广告时犯了错误,广告商宣传产品能使牙齿保持洁白的功效,想不到,在当地,发黑和发黄的牙齿才是"威望"的象征。

正如ABB总裁阿西·巴尼维克所言:"我们如何能取消千百年来的风俗习惯呢?我们没有也不应企图去这么做。但是我们的确需要增进了解。"①

(四)民族宗教信仰

宗教是自然力量和社会力量在人们意识中的虚幻的反映。它是社会文化的核心组成部分,其上有深厚的文化积淀。② 世界上的宗教主要有佛教、伊斯兰教、基督教(天主教、新教)、犹太教等,不同的宗教有不同的文化倾向和戒律,影响着人们认识事物的方式、行为准则和价值观念,影响人们的消费行为。这种影响不仅渗透于人类社会生活的各个方面,经常还是根深蒂固的。宗教禁忌,对于跨文化广告传播的限制是全方位的、不可逾越的。

广告构思涉及宗教,处理略微不当,宗教阶层就会出于颜面考虑而武断地判予"死刑",广告及品牌就要付出巨大代价。

法国有个服装品牌,叫Marithe+Francois Girbaud,拍了一名为"向女性致敬"的时装大片,很显然,这嫁接了《最后的晚餐》的创意,但更有原创性的是,与原著截然相反的女性意识渗透其中。海报出来后,罗马米兰法院和法国巴黎法院都有意见,认为侮辱了天主教。

又如大众旗下的CrossPolo平面广告,图片中严肃的宗教界人士戴起了耳钉、鼻钉,戴上了头巾与墨镜,它体现叛逆传统的热情。广告出来后,人们知道这个小车与原来POLO之间的区别。但是在一些地区,这个广告遭到禁播。

---

① 刘首英.对话:倾听46位世界级商业领袖的声音[M].北京:中国发展出版社,2002:93.
② 贺雪飞.潜在陷阱:关注跨文化广告传播的变量[J].中国广告,2005(6):6.

图 6-6　Marithe+Francois Girbaud 服装广告

(五)民族文化禁忌

　　文化禁忌包含的内容更加广泛,包括上述民族历史、民族风俗。宗教信仰中,更包括文字、人物、数字、颜色、动物、植物等。在中华文化里,龙是"权威"、"吉祥"、"腾飞"的象征,而英美文化中,龙是鳄鱼类的凶残怪物,是邪恶的象征。在中国,海燕是敢于搏击风浪、勇敢无畏的象征,但在一些西方国家中,海燕却等同于"社交圈里专事挑拨和兴风作浪的人"。"菊花"在中国是高贵典雅的象征,意大利将其作为国花,日本则将其视为皇室的象征,不接受以菊花的文字和图形作为注册商标;与这些国家相反,在法国,菊花被当成不吉祥的征兆;拉丁美洲人把菊花看作妖花,也不允许采用菊花图形的商标注册。

　　海尔在印度投放的广告中,一枚导弹掠过公园、穿过高楼、飞过学校、闯进住宅区,人们惊恐万分、四散奔逃。导弹最后飞入一户人家,原来这是海尔 TDX 电视的广告:电视里的飞机太逼真了,以至于引来真的空对空导弹防御。如果这部广告片在伊斯兰教国家播放,可能因为片中的场面太像美国用巡航导弹袭击伊拉克而引起反感,不仅无助于销售,反而可能引发轩然大波。文化禁忌是细致繁复的巨大工程,跨文化广告传播中,应该特别留心注意使用。

三、世界各地典型民族文化和广告禁忌

(一)中华民族地区

中华民族历史源远流长、文化内涵深厚。在现代的营销和广告中,中华民族都基本以勤劳善良、艰苦奋斗的形象出现。

中国文化是典型的以群体主义为重心的价值取向,通常强调为适应他人而约束自己的行为。因此中国的广告大都反映人们的群体和集体观念,强调整体,突出家庭和亲情。外国广告,尤其是西方国家广告,强调以个人为重心的价值取向,重视个人的奋斗和利益,突出以自我为中心的文化,强调个体的独立和主体作用,重视个性的张扬和表现。

勤俭节约是中国人的传统美德,因此中国人重视商品实用价值。中国哲学的终极理想之一是天人合一,强调人与自然和谐共生,在跨文化广告传播中,这些都可以合理适当地运用。中国广告强调"家本位",广告中出现的老年人形象一般都是尊者,需要年轻人孝敬。脑白金广告说"今年过节不收礼,收礼只收脑白金",暗含的是子女对老人的"孝",这是儒家"忠孝"、"仁义"思想的体现。总的来说,中国人的消费观念相对保守,这也是欧美性诉求广告在中国遭禁的主要原因。

总体来说,中华民族包含众多少数民族,各少数民族有自己的文化和宗教信仰。中国历史悠久、地域广阔,台湾问题这类政治话题是跨文化广告传播中特别需要注意的。众多企业的广告将台湾称为"国家",这无疑会伤及中华民族的民族团结和国家统一,民族情感会一触即发,产品和品牌都得不偿失。

(二)日韩地区

1. 日本

邻国日本和韩国是典型的岛国,自然资源比较匮乏,但日本善于吸收外来文化。在古代,日本受到中国文化影响深厚,在文字、茶道方面都保留了中国古代文化的痕迹。在现代化的过程中,日本又向欧美国家学习先进技术,迅速成为亚洲经济强国。

日本人普遍喜欢食用生鱼片,日本料理遍及全球。从日本料理的制作精细就不难看出日本人做事的精益求精,甚至严格苛刻。日本的社交习俗

可以用这样几句话来概括：待人处事彬彬有礼，微笑相迎精神欢喜；见面问好鞠躬行礼，谦让礼貌讲求规矩；语言文明说话客气，交谈乐于轻声细语；白色、黄色受人爱昵，绿色、紫色民间为忌；乌龟、鹤类长寿吉利，狐狸和獾人人厌弃。

　　日本人等级观念极强，体现在日常生活的各个方面。日本号称大和民族，其民族精神的核心是"集体本位主义"，日本人也很讲究"忠"和"孝"。爱面子、重名誉是日本人"耻感"文化产生的思想根源。漫长的封建等级制是形成日本人"耻感"文化的社会基础。纵式集团社会的管理模式是日本人"耻感"文化发展的平台。凡事察言观色、暧昧、圆滑的处世之道就是保全面子的表现。日本有崇拜、敬仰"7"的习俗，"4"是他们忌讳的数字。日本的禁忌是第二次世界大战，这与日本是二战的战败国不无关系。

　　2. 韩国

　　韩国与中国古代唐朝及之前的传统文化关系密切，渊源甚深，在博大精深的东方文化根系上与中国的儒道佛文化一脉相承。龙、凤同是中韩两国历史文化中频繁出现的彩绘符号，也同是令人景仰的高贵的文化图腾。从中国古代易经学说八卦图源生而出的太极图，是韩国国旗的基本图案。

　　韩国是单一民族的国家，排他性非常强，容易滋生狭隘的民族主义。韩国的民族文化代表有炸酱面、烧酒、泡菜、跆拳道、烤肉、佛国寺。中国的儒家思想对韩国文化影响深刻，尊敬长者，但是重男轻女。韩国同日本一样，"4"是他们的禁忌数字。

　　由于韩国和朝鲜历史问题，应回避韩国国内政治与朝鲜关系、甚至与日关系。这些都是跨文化广告传播中，规避民族情感的重点。

　　（三）欧美地区

　　西方社会以个人为本位，强调个人的突出和冒尖。从中世纪到近代到现代，西方世界的主流观念始终在团体与个人之间进行选择。在西方，个人主义是近代文化的主流，它是集团生活下激起的反抗，整个社会弥漫着尊重个人自由及个人英雄主义的气氛。广告当然无法摆脱与文化本身的黏着关系，受制于其所属的民族文化。

　　西方注重逻辑思维，与中国的直觉思维模式不同。爱因斯坦在总结西方文化成就时曾说：西方科学成就应归功于两大因素——亚里士多德创立的形式逻辑和近代兴起的科学实验活动。逻辑思维是西方文化中占统治地位的思维方式，是其本位观念之一。其广告也时常体现这一点，如打哈欠在人与人之间相互感染的动作，就传达出"communicating is very simple"的电信广告核心创意。

　　西方许多国家的历史都不及中华民族的悠久，加之西方许多国家地域狭小,人民经常迁徙,家园观念淡化,强调自由的生活及个人冒险超越,很少有集体主义精神。由于欧美文化的开放性,性诉求广告比较常见。圣诞节是西方的传统大节日,具有十分重要的历史地位,是欧美文化的代表符号。西方国家都经历过世界大战和各自的内战,民族问题和矛盾长期存在。美国的肤色和阶级观念深重,同时还有印第安人和黑人的种族冲突问题。这些都是跨文化广告传播,面对欧美广告受众时需要注意的。

(四)阿拉伯地区

阿拉伯民族不吃猪肉,忌讳说猪,也忌讳谈论政治和宗教信仰。阿拉伯地区民风保守,外地人甚至不能多看他们的妇女,带有性和浪漫色彩的东西原则上也要禁止,当地的妇女和儿童,也不会在广告中做模特儿。

穆斯林国家有斋戒和斋月,应该充分了解、尊重其宗教感情和风俗习惯。斋戒制度不仅是个神圣的宗教功课,也是伊斯兰国家的法律规定。阿拉伯地区流行"干净的右手,不洁的左手"的谚语,他们吃饭都是用右手将米饭送进口中,因为在他们的传统观念中,左手是不洁的,只能用来辅佐右手撕扯食物。平时干活,阿拉伯人也是更多地使用右手。

阿拉伯人大部分信仰伊斯兰教,向这些国家出口商品,商品包装的结构、标签文字、图案、色彩装潢及广告宣传,要注意尊重阿拉伯人的民族感情、宗教信仰和传统习惯,特别禁忌用猪或近似于猪的形象来制作广告、商标或包装的装潢图案,也不能用十字形的图案和造型,更不能用六角星形,因为它与以色列的国旗图案相似。通常,阿拉伯国家还禁止香烟、打火机、药品、巧克力、糖、熊猫、数字这些有争议的商品投放广告。

阿拉伯人喜爱白色,很多建筑物的外观都是白色的。阿拉伯人从小就穿阿式长袍。伊斯兰教允许一夫多妻制,由于宗教的原因,该地区常常发生战争和冲突,在跨文化广告传播中,不要涉及其宗教问题,避免使用禁忌话语和形象。

第四节 民族情感问题的传播过程解构和原因解析

一、民族情感问题的传播过程解构

不管是拉斯韦尔的线性传播模式,还是施拉姆的循环模式,其中必不可少的四个传播要素是传播者(编码者)、媒介、传播内容、受传者(译码者)。在跨文化广告传播中,涉及的各方分别是跨国企业(广告主)、广告公司、广告媒介、广告内容和东道国受众。其中,跨国公司和广告公司共同担当传播者的角色,广告内容已有论述,下面分别解析这四个部分在跨文化广告传播中所起作用。

(一)跨国企业(广告主)

跨国公司产生于19世纪初,至今已有200多年历史。二战后,跨国公司迅速发展壮大,90年代,跨国公司发展至鼎盛。作为经济全球化的微观主体,跨国公司不仅数量增加,其海外子公司的销售额也节节攀升。

随着经济全球化的纵深发展,众多国内企业跨出国门,在全球贩卖产品和品牌。对跨国企业来说,在异域他乡建立起良好的口碑与形象是很不容易的事情,需要在调研、生产、销售、服务等方面付出巨大的努力,而要摧毁辛苦建立起来的形象则很容易,一次失策的广告传播运动,就有可能使其长久建立的品牌和市场遭到颠覆。

如2004年相继被卷入旋涡的立邦漆,之前在中国经营销售了多年,之前,凭借过硬的质量、良好的服务、人性化的理念、健康明快的诉求,其已建立起良好的品牌形象。丰田车亦是如此,曾经制作投放过标语为"车到山前必有路,有路就有丰田车"的广告,凭着对中国文化的洞悉,令其名声大噪。在中国市场上,这两家企业在各自领域中都占有一席之地。然而,却都先后因为无视中国传统文化而激怒中国消费者,陷入信任危机。

从跨国企业一方来说,促进产品销售、打造品牌良好口碑是全球化营销的目的。传播中伤害了目标受众民族情感,最终的源泉在其自身。跨国企业进行广告传播,带着销售和推销的目的,但广告传播也是一种文化传播,会对目标受众进行"文化培养"和"文化植入"。

对企业来说,市场和效益高于一切,这一切需要付出。主宰市场的,不是丰田,不是立邦,不是任何企业,而是表面上看起来处在弱势地位的消费者。在国家和民族的问题上,他们不再是一个个个体,而是凝聚在一起的强势群体,在他们面前,企业十分渺小。

(二)广告公司

跨国企业增多,跨国广告公司也抢滩各国广告市场。在跨国企业的广告代理中,国际4A广告公司独霸一方。日本电通广告公司,当初在中国开办分支公司,目的主要是配合日本家电企业。麦肯广告公司,随着美国标准石油公司、可口可乐等企业的全球化步伐走向世界。在长期的经营活动中,跨国公司与全球化广告的代理机构形成固定的合作关系,成为其长期客户。全球化的广告代理机构与跨国公司在经济上相互依存,国际品牌的全球营销成功,造就了全球化广告代理机构在各国市场上的成功。

广告公司对广告内容和广告创意的把控居于主体地位,其专业性、责任心与道德感将直接决定整个广告成品的质量与道德水准。从专业上看,广告创作应从客户的需求出发,在受众的接受特性上下工夫,以大胆的创意,求变、求新的精神,提高"眼球效应",但广告人必须铭记,每件作品都会对受众、对社会产生影响。对于国际4A广告公司来说,不熟悉本土文化、漠视民族元素,都容易造成"问题广告"。

在为跨国公司进行广告创意的时候,融入本土元素和目标群体的文化符号无可厚非,如KFC推出的油条早餐、百事可乐为中国国庆祝福的广告,充分考虑目标群体的生活习俗和民族情感,迅速拉近品牌与目标受众的情感联系。广告是"带着镣铐跳舞",跨文化广告传播更是带着"双重镣铐"跳舞。不能为了创意、为了炒作、为了吸引眼球而创意,在涉及民族敏感象征物和话题的时候,应该注意尊重和合理运用。广告人要自觉地回避不良的社会风气、行为和思维模式,杜绝恶俗广告。

(三)广告媒介

作为把关人,传统媒体、新媒体拥有决定最终广告刊播的权力。伤害民族情感的广告流入社会,广告媒介具有不可推卸的责任。

虽然媒体的运行严重依赖广告收入,但每个国家的媒体都具有一定意识形态和价值观,有些媒体更是官方和政府的"发言人"。审核刊播广告时,要特别留心和注意跨国企业的广告,广告中出现的民族符号和民族图腾等象征物和话题应该反复审核,特别留心,一旦通过媒体这道关口,这类广告的影响会急剧扩大。

互联网打破了时间、地域的限制,拥有比传统媒体更广阔的传播范围,为广告主和消费者沟通提供了新渠道,不少跨国公司开始投放网络广告。网络广告传播的速度快,可同时跨越不同国家和地域的限制,成为跨文化广告传播中的"高危"媒体。网络媒介也不再热衷于充当把关人,"危险广告"出现的可能性增大。

(四)东道国国家受众

受众是广告最终的"评判者",评价广告效果的标准,不是广告主觉得不错,广告公司觉得创意绝佳,广告媒介的广告收入颇丰,而是广告受众觉得广告真正触动他们的购买神经,感情得到共鸣。现代的广告受众,单就人口统计信息看无法区分他们,跨文化广告传播涉及众多民族变量,把握不当,目标受众将无法接受。

互联网普及,受众可以轻松地拒绝并抨击他们认为不妥的广告内容和广告创意,网络舆论将对广告主和广告公司造成巨大压力。民族情感受到伤害的时候,受众容易偏激、缺乏冷静思考,甚至上纲上线,走向另一个极端。别有用心的人会在网络上挑拨、歪曲,利用广告内容大肆破坏民族关系。目标国受众遭遇此类广告时,应该就事论事,要求撤销广告、赔礼道歉等,谩骂不能体现民族真正的文化和素质,应该尽量避免。

二、民族情感问题原因解析

通过以上传受四方的分析和解构,现将在跨文化传播中出现民族情感问题的原因总结如下:

(一)经济全球化和跨文化广告传播日益频繁

全球化指在过去20年间日益增强的跨国流通与进程的综合运动。德国学者哈贝马斯认为全球化是"世界经济制度的结构性转变"[1],全球化的根本动力是世界生产力的巨大增长,主要是新技术革命导致经济全球化,即生产、商贸、金融、劳务的全球化。

跨国公司是经济全球化的载体,是跨文化广告传播的推动主体。伴随着跨国公司在东道国的投资、生产和经营,跨文化广告传播活动中携带的隐藏的文化价值和意识形态观不断显现,文化碰撞和文化冲突也经常出现,伤害民族情感问题的广告时常出现。这是全球文化融合和全球传播中不可避免的阵痛。

(二)新媒介和网络舆论

技术的发展使得信息迅速广泛传播成为可能。在《失控的现代性》一书中,阿君·阿帕都莱论证说,在现代和后现代之间,电子媒体和迁移已经造成划时代的断裂,形成跨国家的、跨领土的、跨地区的趣味、意见和享乐的一致性,正在从根本上削弱民族——国家对去中心的、流动的、去领土化的主体性和话语的控制。新的广告媒介的出现,使广告得以不同于以往的传统方式来传播,手机、BBS、Youtube、Facebook、Blog,甚至Twitter,传播完全跨越国家现实边界,跨文化广告更容易得到传播。

新的媒体环境,使得跨文化传播中的民族情感问题传播得格外迅速,扩大得很快,参与人数也很多。网络上可以自由表达意见,话语权得到充分保证。

---

[1] [德]哈贝马斯等.全球化与政治[M].北京:中央编译出版社,2000:74~75.

网络舆论正在迅速形成,影响不逊于传统媒体。

(三)文化麻痹和文化过敏[①]

"文化麻痹"主要体现在广告主和广告公司身上,主要指广告创作中对跨文化传播引起的后果不敏感,既意识不到产品表征的文化特点和广告符号所代表的社会意识形态和文化意义,又将文化差异性局限在对人物和物象符号的简单理解上,而忽略其后面的象征和隐喻涵义,广告创意中不经意地流露出文化霸权主义倾向,或者以所谓东方主义的眼光去创造关于广告接受国形象的文化刻板印象。

广告受众身上的"文化过敏",指广告跨文化传播中,接受者对产品表征和广告符号的文化意义过分敏感,过于关注社会、政治和历史文化方面的微言大义,有时候甚至表现出浓烈的意识形态过敏和狭隘的民族中心主义倾向。与对文化无知觉的"麻痹症"患者相反,在"文化过敏症"者看来,广告所言说的商品要素并不重要,重要的是商品背后藏匿的意识形态。

无论是广告创作者,还是广告接受者,都应培养对广告跨文化传播的正确意识和心态。

第五节 民族情感问题的规避和防控策略

跨文化广告传播活动日益频繁,稍有不慎就会伤及目标受众的民族情感和民族尊严,了解了传播过程各环节和原因后,当务之急是规避和防控。

一、跨文化广告传播策略

(一)标准化和本土化

在跨文化广告传播中,跨国公司一般会选择标准化(一体化)或者本土化策略。

标准化指国际品牌在全球所有国家和地区进行投放广告时,其广告策略、

[①] 马中红.文化敏感与广告跨文化传播[J].深圳大学学报(人文社会科学版),2007(06):137~139.

表现方式、品牌个性形象,甚至品牌名称的界定,都统一一致;广告运作过程中,采取同一种广告策略。标准化策略将全球市场看成一个共同市场。①

"本土化"一词来源于英语中的"indigenization",意为"土著化",后改为"localization",意为"地方化"。跨文化背景下的广告设计本土化以构建本土文化为核心,将国际品牌与本土文化关联;其对市场区域的划分以本土文化内涵的异同为依据,取代了以往以地域边界和历史传统为划分依据的方式。与以往相比,当代广告设计本土化更加注重本土人群、社群的组织形式和围绕日常生活的文化体验,包括与世界边缘性事件、历史事件等交叉的文化体验等。②

在全球使用统一品牌形象,有效运用了资源,节省了广告费用,但还是无法跨越"文化差异"这道门槛,甚至会伤害民族情感;本土化策略虽然能够"对症下药",但在品牌形象、广告费用方面的优势不如标准化。面对世界文化的差异和跨国公司版图的逐渐扩张,跨国企业大都开始采用折中主义:思维全球化、执行本土化。

思维全球化、执行本土化既需要表达统一的广告形象,也需要针对不同的目标受众变化进行调整,目前成熟运作的跨国公司基本都采取此策略。如麦当劳的广告总是携着美国文化,但麦当劳在不同国家有不同菜单,在法国配有香槟,在英国配有威士忌,在德国配有啤酒,在中国配有红茶。广告设计方面,虽然百事可乐统一采用蓝色和白色标准色,但是在邀请代言人方面各国却不同,在美国是大胆出位的热辣女郎,在中国是流行偶像蔡依林,以顺应各自文化特性。

(二)文化适应和文化转换

文化适应是影响文化传播的重要机制,一种文化传播到另一种文化圈时,通过自我调整,主动适应该文化圈的文化模式、文化特色、民族个性和民族风格,就会顺利融入该文化圈而被接受。没有这种适应,传播便不能正常进行,甚至半途夭折。

联想并购 IBM 的 PC 业务后进入其国际化的高速发展轨道,然而,联想在中国投放的广告显然不适合欧美国家的国情。因此,联想为 Thinkpad 系列笔记本电脑选择了适合欧美文化的广告内容和广告方式。欧美广告都偏重

---

① 王洁.环球化语境下的跨文化广告传播:冲突与和谐[D].武汉:华中科技大学,2006.

② 耿阳、陈燕.浅析跨文化背景下的广告设计本土化[J].艺术与设计,2008(6):102.

于夸张和黑色幽默,在《不可思议》篇中,家中的老太太在不知情的情况下,用联想Thinkpad笔记本切菜、剁肉、冲洗,甚至放入微波炉中烤,但笔记本未出现任何问题,依然完好无恙。欧美国家允许比较广告,联想笔记本通过与苹果Air超薄笔记本的比较,彰显自身不需要除了笔记本之外的任何配件,比苹果笔记本更加轻薄方便的性能。

人们属于不同的国家和民族,但有很多相同的地方。文化适应提供了立足差异性解决问题的思路,发掘人类文化的共性则为我们探寻成功的跨文化传播提供了另一条途径。目前尚无相应的概念指称这一现象,我们姑且借用"文化转换"一词来表述它。[①] 其着眼于文化的共性,通过对某一地域文化进行创造性的改造、更新而形成全球范围内广为接受的新的文化产品的过程,文化转换得到的是文化杂交混合体——多种文化符号融合的国际口味的新文本。

文化转换原理在具体应用过程中可分为三个阶段:去情境化、本质化与再情境化。进行跨文化传播时,在深入了解目标市场文化模式的基础上,捕捉为该文化模式和其他异质文化所共有的文化价值观,剔除这一观念存在的原有文化情境,把它转化为更容易为不同文化背景的受众所理解和接纳的本质性的创意概念;然后通过重新情境化的过程(广告表现过程),选择多种异质文化元素构建跨文化的新文本。由此观之,相对于文化适应而言,文化转换不是单一的适应过程,而是融合提炼的创造性的再生过程。

美国化妆品直销品牌雅芳,进入中国时间较长,但由于直销模式在中国发展并不成熟,同时又遭受官方的打击取缔,使得中国消费者对雅芳存在胆怯和抗拒心理。雅芳转而在电视广告中突出"雅芳明天更美好"的品牌口号,让雅芳直销人员现身说法,以真实的人物用平常的口吻讲述雅芳带来的变化,就会贴近中国消费者。

二、跨文化广告传播者的三阶段防控

跨文化广告传播中出现民族情感问题,广告公司、广告主、广告媒介和广告受众都有一定的责任和义务,"传者"(信源)决定了广告传播内容和传播方式,占有绝对的主导权,所以传播者在三个阶段都应该严格把控,规避矛盾和问题。

[①] 张淑燕、沈华峰.文化适应与文化转换——广告跨文化传播的两条路径[J].吉林省经济管理干部学院学报,2008,22(2):43.

(一)前期调查——知己知彼,百战不殆

企业要熟悉自己的文化模式,形成文化关联态度,认识到许多社会习俗和行为模式只有在一定的文化情境中发生才能相关联。广告投放遭遇障碍时,首先应检查障碍是否由自己在特定文化中形成的刻板印象所导致,这样才能更好地识别本文化与他文化之间的类同和差异。

在广告活动前期,企业应认真展开市场调查,其中包括公众信息和市场环境信息调查,在跨文化的广告传播中,指调查公众的认知体系、市场的文化信息。文化信息包括社会主导文化、习俗文化、民族文化、图腾文化等。企业只有知己知彼,才能制定正确的广告传播策略。

(二)中期创意——注重技巧,慎重为先

在前期全面收集信息的基础上,企业可以准确地对其产品广告进行定位,随后开始表现手法的创意和广告制作。企业应抱有真诚、友好的态度,尊重目标文化群的风俗习惯、图腾文化、规范体系;掌握目标文化群中非语言符号的特殊含义,避免误解;要站在平等的立场上进行广告传播,而不应有任何的民族或种族歧视。此外,巧妙运用图腾元素,不仅能增强广告的艺术性和美感,也能拉近与目标公众的情感距离,获得良好的效果。可口可乐2002年的贺岁广告词是"龙腾吉祥到,马跃欢乐多",利用中华民族的象征"龙"和驰骋千里的骏马,既增加了节日的喜庆气氛,又寓意中华民族的振兴与腾飞。

(三)后期投播——播前测试、播后跟踪

播前测试,顾名思义,就是在媒体正式刊播前,预先进行实验室测试或是在小范围内对广告创意进行测试。前者是从目标消费者中抽样,组织其观看广告并给出评价;后者是选择个别媒体,抽选较小的区域进行试投,收集试投区域内目标人群的意见。最后汇总、评估获得的反馈意见,进而修改广告作品。播后跟踪,就是在广告正式投播后,不间断地跟踪、评估,收集反馈意见,调整正在播放中的广告。一旦出现争议的声音和相关舆论,要及时进行调查和调整,甚至真诚道歉。

三、传受双方的"跨文化敏感能力"

(一)跨文化敏感能力概念

"文化敏感"是一种能力,它能够形成理解和欣赏文化差异的积极情绪,从

而促成跨文化传播中恰当和有效的行为,避免文化接受上的滞后和误读。在当下中国的传播语境中,这种文化敏感恰恰是广告创制者和广告接受者双方均十分缺乏的。① 陈国明、威廉·J.斯特罗斯塔的初步研究表明,具有跨文化敏感能力的人通常都具备自尊、自控、思想开放、移情、互动参与及延迟判断等能力。②

(二)广告创作者的文化敏感能力

(1)能够自觉克服跨文化对话中的刻板印象和文化偏见,建立文化对话的平等意识。在跨文化传播中,文化偏见无处不在,这些文化偏见既可能来自强势文化对弱势文化的歧视,经济大国对经济小国的轻视,也可能来自男性对女性的性别歧视以及世界范围内对有色人种和少数民族的歧视。有些文化偏见是有意识造成的,有些文化偏见往往是无意识的。广告制作方必须有意识地克服经济全球化过程中胜者的傲慢和偏见,以理解和欣赏的态度去了解所在国的社会、政治、意识形态、风俗和宗教生活,注意他们的文化敏感点和禁忌,切实把握所在国消费者的文化心理,考虑接受方的反应可能性,将文化偏见降低到最小。

(2)在广告跨文化传播中,"文化敏感"的能力还表现在广告制作者对异域文化差异性的认知和对文化共识性的把握,"一般说来,人们只能按照自身的思维模式去认识世界。其原有的'视域'决定了他的'不见'和'洞见',决定了他将如何对另一种文化进行选择、切割,然后又决定他将如何对其加以认知和解释"③。O'Donohoe 在关于民族性的研究中也称,民族是一个"想像的共同体",在民族性的语境下,广告的接受者体现出不同程度的归属感。这些研究表明,跨文化广告创意可以优先考虑异域文化中具有共识性和代表性的广告符号,并联系广告创意中的符号指向性与所在国接受者共同认知的核心价值,以避免误读。

(三)广告接受者的文化敏感能力

广告接受者的"文化敏感"表现为自尊自控的开放心态,即克服弱者心态和敌视心理,放下历史包袱,建立平等、开放、积极的文化接受心态,既在国家政治关系中保持意识形态和文化的警惕性,但又不把作为经济活动的广告行

---

① 马中红.文化敏感与广告跨文化传播[J].深圳大学学报(人文社会科学版),2007(6):137~139.
② 陈国明、[美]威廉·J.斯特罗斯塔.跨文化敏感[A].文化模式与传播方式[C].北京:北京广播学社,2003.448~454.
③ 乐黛云.跨文化之桥[M].北京:北京大学出版社,2002:67.

为与要求正义和正确性的政治行为混为一谈。

对接受者来说,培养"文化敏感"时还要学会理性地进行"延迟判断",学会以积极的心态、开放的文化敏感能力参与广告跨文化传播。所谓"延迟判断"就是利用时间上的延宕性理性审视跨文化事件,以避免主观情绪引爆未必正确的判断。据资料称,阿迪达斯"亚裔人形象"出自拥有一半中国血统的旧金山知名涂鸦创作人麦吉,这个形象曾经以表达反种族主义思想而被广泛采用,因此阿迪达斯的发言人指责抗议者时强调应该"先查找资料再发言"。如果接受者了解广告中漫画的来龙去脉,或许就能更理性地看待这一类广告。

四、全球传播能力模式

经济全球化和跨国公司活动的日益频繁扩大,跨文化广告传播活动不仅仅局限于几家大的跨国公司,也不仅仅局限于较发达的国家和地区的受众。经济全球化将地球上的人们都聚拢在一起,麦克卢汉预言的"地球村"终于出现。

在经济全球化的背景下,各民族文化大碰撞、大分裂、大融合,跨文化广告传播成为越来越重要的文化传播方式,其影响力超过任何其他传播方式,成为经济与文化全球化最有力的助推器。传受各方要真正在文化道德碰撞和交流融合中获得和谐共生的发展,跨国公司、广告公司、东道国国家受众、广告媒介等都应该拥有全球传播能力[①]。

培养全球传播能力的第一步是发展全球思维方式,对其他文化持有利于跨文化交流的开明态度。良好的全球思维方式促使人们恰当而有效地运用跨文化传播技能,促使人们正视世界潮流之变化而且参与调节这种变化的过程,同时追求多样性和文化差异都能够得到尊重和平衡的宽松语境。

除全球思维方式外,全球传播能力还包括其他三个方面:自我展现、文化描绘和交际校准,下图展示这四个方面的关系。[②]

(一)全球思维方式

作为心理过程,思维方式表现了个人或者群体的思考方法。思维构成整个信仰体系,决定了人们是否接受所生存的这个世界的真实——语言的和非语言的,隐晦的和直白的。它通过感知、推理以及直觉或精神的

[①②] [美]J.Z.爱门森.国家跨文化传播精华文选[M].浙江:浙江大学出版社,2007:20.

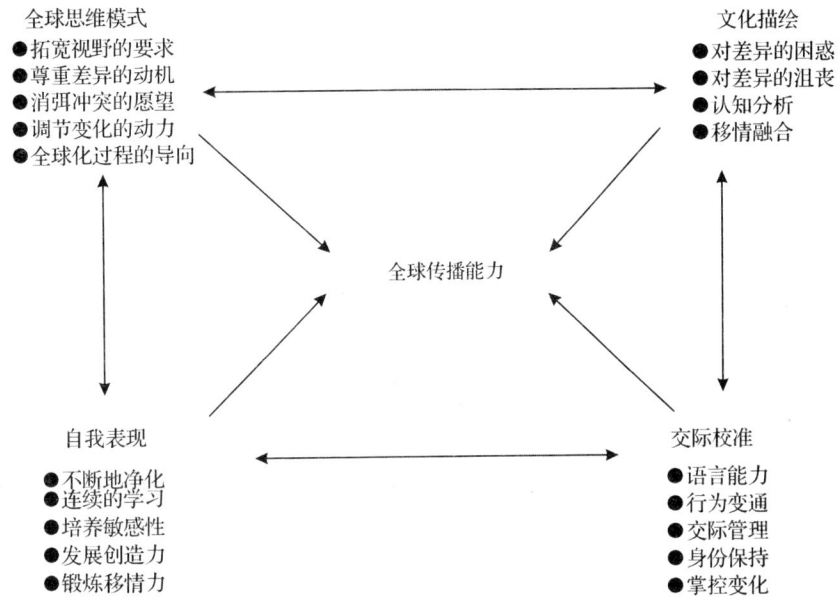

图 6-7　全球传播能力模式

过程来创造真实。

全球思维方式要求人们摒弃原有的排斥其他文化及其差异的认知滤镜,拓宽思路。它让人们用广阔的视角来观察世界,以积极的心态来期待新潮流与新机遇,从而以和谐的方式实现个人、社会和组织的不同追求。它的基础是开放的心态,它代表了民族中心主义和狭隘乡土观念的消退。与之形成鲜明对比的是,全球思维方式可以培养人们的协作能力。因此,虽然文化差异会带来问题,但认识和利用它来创造机遇,它便可以转而帮助个人与组织成长。换言之,全球思维方式的开放心态允许历时性的变化、进步和变革,促使人们正视文化差异及科技发展等潮流带来的影响。

广告传播者和接受者都应摒弃民族偏见和文化歧视,以开放的心态和广阔的视角来看待民族文化差异,接纳各种跨文化广告。

(二)自我展现

自我展现是促进创造、学习和变革的重要途径,自我展现是从低级到高级阶段发展的动态过程,意味着要对自我的个性特征进行不断地教育、解放和净化。自我展现是一种能力:通过想他人所想、感他人所感,寻求到与对方共享的传播信号并将自我投射到对方的心目中。

自我展现要求广告传播者不断探索和目标群体文化相契合的元素和符号,用全球化思维将其表现出来。广告创作过程,努力融合对方文化与自我文化,找到文化的契合点和共同点。

(三)文化描绘

全球传播能力要求人们描绘自身及他人的文化,这是获取文化知识的能力,文化描绘能力是拥有文化理解的表现。通过文化描绘这一认知过程,我们得到关于自身和其他文化的相关特征和知识,描绘出文化的图景来显示我们的理解程度。同时,更要求这种理解兼有消极和积极两个方面。对同种或异种文化的消极理解只代表人们知晓其他文化的存在,这种理解往往基于跨文化环境下的浅层体验。如国外品牌知道代表中国的符号和图腾有龙、中国红、中国功夫等,但这种了解十分肤浅,不能保证其广告创作能正确地处理或适应这一环境。

此时,积极理解就要求人们在这一认知过程中加入情感因素。换句话说,积极理解中加入"自我"的因素,有助于培养尊重、包容和接受文化差异的态度。

(四)交际校准

最后,全球传播能力还要求人们有一套行为技能。人们要在全球语境中讨论复杂的意义,把握复杂情况和矛盾冲突。培养全球思维方式、展现自我都要在交际中完成。它要求人们培养跨文化灵敏性,在全球传播环境中举止有效、恰当,不违反交际对象的规范和原则。

第六节 文化帝国主义与民族中心主义

美国广告界知名人士迪诺·贝蒂曾说:如果没有人做广告,谁能创造今天的文化,你又能从哪儿为文化活动找到比广告媒介更生动的宣传方式呢?[①]知名跨国企业早已不把广告仅仅作为推销产品的营销手段,以此来传达经营理念,塑造与提升企业整体形象,即"先推销文化,再推销商品"。经济全球化纵深发展,文化帝国主义(文化霸权主义)逐渐通过商业广告的外衣深入渗透。全球化不仅为广告传播带来广阔的舞台,更带来重重矛盾。在进行跨文化广告传播时,目标群体的国家和民族需要防控文化帝国主义和文化霸权,与此同时,也需要树立正确的民族情感思想,防止走向另一个极端——民族中心主义。

---

① 陈培爱.广告策划[M].北京:中国商业出版社,1996:36.

一、文化帝国主义

文化帝国主义指西方统治阶级对人民文化生活系统渗透和控制，以重塑被压迫人民的价值观、行为准则、制度和身份，使之服从帝国主义阶级利益。文化帝国主义既可以"传统"的形式，又可以"现代"形式出现。过去几个世纪中，教会、教育系统和公共当局在神或神权的名义下对原住民不断灌输顺从和效忠思想。这些传统的文化帝国主义手段仍然有效，现代化的，基于现代体制的工具对帝国主义控制而言日益重要起来。如今，大众媒介、曝光宣传、广告、世俗的表演家和知识分子起主要作用。今日，好莱坞、有线新闻电视台和迪斯尼乐园要比梵蒂冈、圣经和政治人物的公众演讲更有影响。

耐克恐惧斗室广告的问题，可以归结为"文化误读"，这一"文化误读"只不过是跨文化传播中的表面现象，其背后隐藏着国家之间、民族之间的权力关系，这种权力关系影响甚至操纵着跨文化传播。

经济全球化，政治、经济上的强势使得以美国等发达国家不仅把经济触角伸向全球，还通过文化传播输出西方的思想文化和价值观念。美国学者对国家权力和文化的关系有着敏锐和清醒的认识，福山在《文化的优越》一书中指出：在后意识形态时期，文化已经成为全球竞争的最后高地。曾任美国防部长助理的哈佛学者约瑟夫·奈提出"软权力"概念，他认为文化是一种易于接受的方式，可以在世界上建立美国的影响力。广告活动是商业活动，更是文化活动，因为创意者是有思想的，他们会自觉或不自觉地在创意中打上文化烙印，通过强大的传媒和商业力量，近乎强制性地使消费者接受信息，从而有效地传播美国文化。

虽然世界的主流是和平与发展，但地区动荡和局部战争一直存在。同时，国际上也有很多敌对势力，以各种方式打击和报复。例如在2008年7月，网上出现由TBWA、萨奇、恒美三家跨国广告公司为"大赦国际"设计制作的系列辱华广告，广告内容主要是借奥运体育项目歪曲、丑化中国，这一系列广告居然还在戛纳广告节上获得铜狮奖。广告主要选用射箭、游泳、举重三个奥运体育项目的画面，影射中国虐囚，并在每幅图片后都标注"奥运之后，争取人权的战斗必将继续下去"字样。这种明显披着广告外衣传播政治目的的广告，搭乘中国北京奥运的"快车"，抨击中国人权问题，实属新时期文化帝国主义的"典范"。

在强势文化和弱势文化之间，强势文化总是携带其价值观、意识形态对弱势文化进行渗透和扩张，在坚持开放态度接受各方广告文化时，应该坚决认清文化帝国主义的"真面目"，防止其"暗度陈仓"式的侵蚀和渗透。

二、民族中心主义

面对资本主义强势文化的入侵,弱势文化民族要自我保护和自我抵抗。西方消费文化的扩散开始减缓,主要因为受到消费民族中心主义的反抗。消费的民族中心主义指消费者潜意识中存在偏爱本民族产品而抗拒外国产品的心理倾向,这是根植于民族内心深处的本能。当自身受到外来威胁或自身非常强大的时候,表现得最为突出。市场越是全球化,消费者的民族觉醒就表现得越突出。研究发现,民族中心主义在中国市场明显存在,倾向指数为61.22,低于韩国(85.07),与美国接近。在跨文化广告传播时一定要注意这种民族化的问题。[①]

如果说,消费中的民族中心主义是对文化帝国主义的"反抗",那这个"度"是一定要把握的。无故煽动抵制外国产品的情绪,无故掀起"支持国货"的偏激舆论,都会让一个国家进入倒退和闭塞的境地。对于中国而言,改革开放30年来,发展迅速,跨国公司对中国消费文化的培育和发展都具有深刻的影响。国外的广告行业在各方面都比中国大陆"进一步"。为了利用传统文化打造中国真正的广告,为了中国跨国企业在异域民族文化环境中把握好各种民族文化、风俗习惯、宗教信仰,我们要向"老牌"跨国企业学习。

中国社会以及中国与世界的互动关系正在经历全面、深刻、复杂、敏感的转型,中国社会中传统的受害自卑意识与现实的经济社会进步唤醒的民族自豪感、自信心及盲目自大意识并存,在重大事件和敏感时机的激发下,容易与外部世界的反应相互激荡,引发非理性甚至比较极端的民族主义情绪。民族中心主义者将自己紧紧地束缚在自身的文化团体上,主观地用自己的文化观念来解释外界刺激、评判他人的行为。他们认为"我们的方式是最好的方式",不考虑文化多样性给人或组织带来的问题,他们倾向于生活在只有一种文化的圈子里。

经济全球化,各国都以更加开放的心态融入其中,获取共赢。不能因为惧怕强势文化的霸权主义和帝国主义,就闭关锁国,割断与世界上的其他文化的交流和沟通,这样的做法极端、偏激而不可取。强大起来的中国和自信起来的中华民族应该可以也能以平和、开放、包容的心态看待自己、看待世界,不因批评而自卑或者愤怒,不因褒扬而自大甚至狂妄。

爱国主义和民族情感都是民族和国家必不可少的,但坚持正确的爱国心态,沿着爱国与理性的轨道发展是社会发展的主流。面对复杂多变的局面,中

---

① 罗志芬.当跨文化广告传播遭遇"民族化"[J].中国广告,2004(6):54.

国更应该准确地认识和把握民族主义的发展方向,在促进理性民族主义和爱国主义发展的同时,防止极端民族主义情绪过度张扬。面对伤害民族情感的广告时,通过各种渠道合理表达自己的意见,媒介应该引导正确的舆论方向,各方机构和部门应协力解决此类问题。

本章小结

每个民族都有独特的文化,受这种文化的耳濡目染。关于民族,国外至今没有统一的认识,中国学术界的理解也不尽一致。民族是一个历史的范畴,并不是从来就有的。同样,随着社会的发展,到了一定的历史时期,民族就会消亡。民族形成的过程,实际上就是民族语言、民族心理、民族精神、民族经济和生活、民族文化、民族特征形成的过程。

广告文化包含于民族文化,反映民族的文化。广告文化要体现民族的语言、艺术、风俗等,民族文化身上也有广告文化的烙印。跨文化广告传播涉及语言翻译、意识形态、价值观、整合策略等问题,最终都围绕民族情感,广告对于民族情感的影响巨大。传受双方应该准确把握跨文化广告传播中的民族情感问题,以防文化帝国主义和过度的民族主义。

传播学中用传播基本模型解释说,跨文化广告传播中广告信息的编码者(创制者)和解码者(接受者)并不在一条认识轨道上,这是导致各类问题的重要原因。共通的意义空间要求传收双方要有一定的文化共识性。在选择性接触和二次编码方面揭示了,跨文化传播中,被受者会选择跟自己文化、价值观等方面一致的信息。二次编码的过程说明,受者在自身立场、文化背景、价值观方面对广告信息进行二次解读。

随着广告诉求方式从理性转向感性,致使在跨文化广告传播中,容易造成理解和情感上的错位理解和伤害。同时,品牌的来源国也会影响跨文化广告传播的结果。

心理学方面,从广告的认知、情感和行为三个方面进行探讨,不同的国家和民族有不同的民族文化和民族心理,制作具有针对性的广告,才能打动目标消费者,而不会出现民族情感问题。接受美学和期待视野揭示了跨国广告主应充分考虑受众的期待视野和审美情趣,或以标准化、或以本土化的方式展现产品和品牌形象。

认知体系指认识论和知识体系,由感知、思维方式、世界观、价值观、信仰、宗教、艺术、伦理道德、审美观等构成。世界观和价值观是认知体系的核心,感知、思维方式及世界观和价值观对跨文化广告传播的效果影响最为突出。

民族价值观对跨文化广告传播具有重要影响。文化价值观念及消费者对文化的反应大体上可以分为三类：控制、倾向和感觉反应。价值系统通常被描述为六个部分。

民族情感问题大致分为民族历史、民族元素、民族风俗习惯、民族宗教信仰和民族文化禁忌五类。同时介绍了世界上四个典型国家和地区的民族文化和广告禁忌，分别为中华民族地区、日韩地区、欧美地区和阿拉伯地区。

在跨文化广告传播中，涉及各方分别是跨国企业（广告主）、广告公司、广告媒介、东道主国家受众。在这其中，跨国公司和广告公司共担任传播者的角色，这些要素对跨文化广告传播中出现的民族情感问题都负有相应的责任和义务。跨文化广告传播中易出现民族情感问题，主要原因有三：经济全球化和跨文化广告传播日益频繁；新媒介和网络舆论；文化麻痹和文化过敏。

为了在跨文化广告传播中规避和防控民族情感问题，本土化和标准化广告策略方面，广告主要做好文化适应和文化转换。为了规避此问题，提出了三阶段防控策略：前期调查——知己知彼，百战不殆；中期创意——注重技巧，慎重为先；后期投播——摇前侧试、播后跟踪，传受双方都应具有"跨文化敏感能力"。同时，经济全球化和跨国公司活动的日益频繁。传受各方要在文化道德碰撞和交流融合中和谐共生，跨国公司、广告公司、东道主国家受众、广告媒介都应该掌握全球传播能力，包括全球思维方式、自我展现、文化描绘和交际校准。

全球化不仅为广告传播带来广阔的舞台，也带来重重矛盾。跨文化广告传播中，目标群体的国家和民族需要防控文化帝国主义和文化霸权；与此同时，也需要树立正确的民族情感思想，防止走向另一个极端——民族中心主义。

【案例】

麦当劳 PK 肯德基：洋快餐在中国的跨文化广告战

麦当劳叔叔和肯德基爷爷，从太平洋另一端崇尚自由和开放的国家——美国远渡重洋而来到古老而现代的东方。自从他们来到中国后，

就跟中国移动和中国联通、可口可乐和百事可乐、耐克和阿迪达斯一样，不是肩并肩，就是脸对脸。长期以来，它们对垒圆筒冰激凌、辣鸡翅、鸡腿汉堡等同类产品的故事，也早就为我们所津津乐道。但是在产品同质化严重的情况下，麦当劳和肯德基在中国的广告传播却各有策略。麦当劳是世界餐饮第一品牌，却不是中国餐饮第一品牌，因为有肯德基。在全球，肯德基有10000多家餐厅，而麦当劳餐厅有30000多家，是前者的两倍多。在中国则正好相反，肯德基的餐厅数是麦当劳的两倍多。麦当劳肯德基这对欢喜冤家，在营销上争得不可开交，争来争去，一个是世界餐饮第一品牌，一个是中国餐饮第一品牌，看似公平，实属无奈。本文将从两者的跨文化广告传播策略中一窥究竟：前者在一次广告传播伤害了中国人民的民族情感，而后者在长期坚持"立足中国，融入中国"的广告传播策略基础上，逐渐本土化。

1. 麦当劳——坚持传播美国文化，本土化却遭遇"下跪门"

"麦当劳不仅仅是一家餐厅"，这句话精确地含概麦当劳集团的经营理念。在全球麦当劳的整体制度体系中，麦当劳餐厅的营运是很重要的一环，因为麦当劳的经营理念和欢乐、美味是通过餐厅的人员传递给顾客的。然而餐厅并不是麦当劳这一世界品牌的全部，它只是冰山的一角，因为在它的后面有全面的、完善的、强大的支援系统全面配合，已达到质与量的有效保证，这强大系统的支援当中包括拥有先进技术和管理的食品加工制造供应商、包装供应商及分销商等采购网络，完善健全的人力资源管理和培训系统，世界各地的管理层，运销系统，开发建筑，市场推广，准确快速的财务统计及分析，等等。每一个部门各尽职能，精益求精，发挥团队合作，致力于达到麦当劳"百分百顾客满意"的目标。

麦当劳自从1990年进入中国以来，发展也可以用迅猛来形容。其在深圳开设的中国的第一家麦当劳餐厅，开业当天达4000名顾客举家前往，共享喜悦；随后1992年4月在北京的王府井开设了当时世界上面积最大的麦当劳餐厅，当日的交易人次超过万人。截至目前（2009年），麦当劳在中国的分店超过了1000家，更重要的是，它是欢乐和喜悦的代名词，已经将这种文化传播到中国大大小小的家庭中。

但是，世界餐饮第一品牌在中国的广告策略，从某种程度上说，麦当劳走的全球一体化广告策略，在全球将其年轻、欢乐、愉悦的文化氛围发挥到极致。虽然麦当劳在中国也邀请姚明、王力宏等中国文体明星担任代言人，但是他们的广告口号都是"I'm lovin'it!（我就喜欢）"这样崇尚自由、个性的品牌调性是带有传统的美国文化基因的。在供应的食品方面，麦当劳一贯坚持以汉堡为主的产品策略，使得中国消费者有点"审美疲劳"。面对肯德基隔三差五推出的新品，像是老北京鸡肉卷、中国早餐油条等符合中国文化，与中国传统饮食相结合的产品，更是把麦当劳的"汉堡政策"带入尴尬的境地。

中国和美国不同，中国人的餐饮文化几百年来已经根深蒂固，外来洋快餐无论如何都不能撼动中国握紧的筷子，如果进行全球化广告文化渗透，这条路走得注定比较漫长而充满荆棘。

2005年，麦当劳的一则广告《讨债篇》的播出，给了其全球跨文化广告传播的沉重一击。这则广告卖点主要是突出麦当劳的优惠券365天天都享有，广告内容如下：

顾客：一个星期就好了，一个星期……（老板摇头）三天时间，三天时间好不好？

老板：（态度坚决）我说了多少遍了，我们的优惠期已经过了。

顾客：大哥，大哥啊……（跪地拉着老板的裤管乞求）

旁白：幸好麦当劳了解我错失良机的心痛，给我365天的优惠……

当时该则广告在上海、西安、河南等地的公交车和麦当劳门店里循环播放，引起了中国消费者的强烈不满和抗议。在一家著名的门户网站上，对此事的评论和留言高达一万余条，在参与的调查中，有80%以上的人都认为，"为了折扣让中国人跪麦当劳简直是莫大的污辱"。

"中国从古至今对下跪都是十分在意的，让中国消费者为一点'折扣'下跪，其行为的动机已远远超出了幽默的初衷，促狭与戏弄了中国消费者尊严。"此种观点颇具代表性。然而，也有人认为，"麦当劳没那么坏，她和我们没有任何仇恨，我想一个很重要的因素，就是文化背景不同造成的"。

面对中国消费者暴风骤雨般的舆论，麦当劳中国公司立即发表声明，对日前引发广泛争议的"下跪"广告表示歉意。声明说：同时由于广告代理商李奥贝纳公司的失误，使麦当劳误认为《讨债篇》广告已通过有关部门的审批。在声明中，麦当劳公司表示"对此非常遗憾，并再次向社会各界人士表示歉意"。此前，在压力之下，麦当劳公司已于6月21日停播了该广告。

此"下跪门"事件是麦当劳在中国遭遇的头一遭滑铁卢。此前的各种欢乐祥和、美味喜悦的广告氛围一扫而空，取而代之的是中国消费者在相当长的一段时间对麦当劳的批判和抨击。作为一家进入中国10多年的跨国公司、国际第一餐饮品牌，这样的广告失误实属不该。为了无厘头的搞笑和幽默,而忽视了广告受众的文化和民族情感,为了创意而创意的广告,后果是可想而知的。

大多数国人对"不食嗟来之食"、"男儿膝下有黄金"、"贫贱不能移"等古语并不陌生。在这些古语中,蕴藏着中国传统文化的精神内核。而跨国公司麦当劳和跨国4A广告公司李奥贝纳的创意人员,对中国文化的不了解,用夸张的创意方式表达广告主张,结果遭遇了民族情感这道门槛。

2. 肯德基——立足中国,融入生活

农历一九八七年九月二十一,中国第一家肯德基餐厅在北京前门开业。从而开始了她在这个拥有世界最多人口的国家的发展史。截至2009年2月4日,肯德基在中国餐厅数量达到2500多家。据公司高层人士披露,"十五"期间,肯德基每年将在中国开设100家门店。我们不得不说,肯德基在中国已取得了巨大的成功。

俗话说,"外来的和尚会念经",那么肯德基这个外来的和尚是如何念熟了中国这本饮食经?很简单,在保持自己特色的同时,"为中国人度身做食品"。归根结底,还是在于融入我国本土文化,抓住中国消费者的消费心理和消费口味。本土化的产品并没有削弱肯德基洋品牌的形象,反而还为其在中国超越麦当劳的发展打下坚固的基础。

在中国,肯德基把重点放在加速推出中国特色浓郁的新产品上。从2000年开始,肯德基就不断揣摩国人口味,推出典型中国化的产品,如盐酥半翅、榨菜肉丝汤、寒稻香蘑饭、老北京鸡肉卷、粤味咕咾肉、油条早餐等。平均每个月,肯德基都会推出长期或短期的本土化产品。品牌和产品之所以诞生并具有生命是因为它们必定要满足消费者的某种需求而出现,肯德基新产品推广过程中伴随的产品宣传更是不脱离中国人的"口味"。在这一点上,肯德基就比麦当劳更加"本土化"。

而从其情感融入是肯德基电视广告宣传在中国能够深入人心的制胜关键。情感生活对于每个人来说都是生存的意义所在,中国人向家,重团圆,重感情。可以说,传统中国农业社会的生活形态是孕育"人情文化"的温床。在中国传统社会,主要的经济活动是农业生产,家庭是最基本的社会单位,个人随家庭在固定的土地上从事生产,生于斯,长于斯,老于斯,终于斯。日常生活中接触的人,除了家人便是亲戚,街坊或邻居。在这样的社会背景之下,传统中国便以儒家伦理为基础,发展出一套以"情"为中心的行为规范。都市化和工业化虽然改变了传统生活形态,但中国人的亲情,人情观不但不会消失,而且在现代社会中以感性诉求得以丰富展现。肯德基巧妙地将情感表现融入产品宣传,将亲情、爱情、友情与产品牵线,将产品的特色融于简洁的系列故事情节中,让人留下美好的记忆。

"自然人类,万年传承"——肯德基新奥尔良烤翅《传承篇》将我们的视线锁定在原始壁画上,岩壁上的绘画痕迹,舞动的原始人群,烘烤着自然美味,美味回归自然。另外,老北京鸡肉卷《融合篇》中爷孙两代人分别代表的中国传统文化和西方流行文化的融合。龙文化的意义对中国来说是非常深刻的,肯德基善于挖掘中国文化的精髓,于是《老北京鸡肉卷》——《龙篇》席卷而来。传统并不代表陈旧,传统并不是落后,也不是呆板,恰恰相反,我们看到肯德基在产品宣传中对中国传统文化的运用,因此可以说传统就是新潮。

从"一统天下的桶装营销",看肯德基的"以合代分"跳出细分的细分策略。桶装销售,装出中国的全家福,装进中国的多层次消费群体,一家,里头有老人、孩子、夫妻,中国人喜欢一家子的感受,在一家子的欢乐之中,肯德基悄然融入大家的生活,与"我就喜欢"相比,是更多的欢乐,是更多的欢乐产生了更多的消费,以一统中国家庭的肯德基与麦当劳相比,至少一个顶三。从这一点上就可以看出肯德基对于中国文化的理解,对于中国家庭文化的理解,就可以看出对于本土化内涵的深透了解。相比之下,麦当劳还是飘在他乡一朵漂亮的浮云,没有落根,没有落到文化这一扎实的根上。肯德基以地域细分、以文化细分对抗麦当劳的市场细分、群体细分,因为在更高一个层次的梯队上,所以更胜一筹。

特别值得一提的一则"立足中国,融入生活"的肯德基形象广告,将其立志要融入东方传统大国的信心和立场表现无疑。广告画面温馨感人、亲切自然。海玲,一个来自贫困山区的孩子,独自来到陌生的都市求学。是谁,帮助她圆了大学梦?是谁,帮助她融入社会,越来越自信?又是谁,给了她一个最温暖的家……广告中间包含了中国的典型社会现象:外出读书、融入社会、奉献爱心、回馈社会……以家和爱为主要核心情感,真实打动了中国消费者。

时值中国建国六十周年大庆,举国上下,共襄盛举。打开肯德基和麦当劳的中国官方网站,麦当劳最新的促销活动和新产品,依旧如故,而肯德基的网站上出现"举国同庆,建国六十周年"的字样。我们也许能够为它们的各自在中国的广告传播策略找到一个最真实的写照。

第七章　跨文化广告传播的整合策略

第一节　跨文化广告中的一体化策略与本土化策略

经济全球化,跨国公司为快速占领高份额的国际市场采用各种行之有效的营销策略,往往将广告作为"领头兵",以打开知名度。更多跨国公司进入同一市场,营销之战愈演愈烈,广告不仅自始至终地贯穿其中,而且扮演关键角色。面对更多竞争对手,市场结构日趋成熟,单纯的高知名度已经不能满足市场竞争的需要,此时需要培养与本地消费者的情感联系,树立美誉度,广告无疑是最佳的"宣传员"。

跨国公司为争夺国际市场推行的广告与传统的国内广告不同,这主要因为跨国公司进入的是各方面都与母国迥异的国际市场,广告投放在完全不同的语境之中,在国内十分成功的广告进入全新的文化氛围,广告传递的信息、理念未必受这个新的文化圈的欢迎。跨国公司熟知的本国的文化资产与新的文化氛围相冲撞,跨国公司亟须跨越文化障碍。

采用一体化策略有助于节省成本、便于统一管理,采用本土化策略有利于跨越文化间的差异,企业酌情使用其中一个策略均可成功征服国际市场。本章将对本土化和一体化策略展开全方位探讨,期望把跨国公司进入国际市场时面对的问题与抉择整合到一体化策略或本土化策略应用中。

一、一体化策略的概念及特征

一体化策略由美国著名学者李维特于1983年在《哈佛商业评论》上发表文章《市场的全球化》时提出。他认为,廉价的航空旅行和高新电子通信技术正在使世界成为共同的市场,消费者近乎趋同的品位、需求、生活方式将超越民族、地域和文化的限制,如果跨国企业充分利用这一大同趋势,使市场策略一体化,集中资源,大量生产产品,以同一策略的广告,用同一品牌的名称,塑造同一产品的形象,就可获得极佳的经济效益。

(一)概念

一体化策略并无既定概念,根据李维特对于市场一体化策略的描述以及大型跨国公司具体广告策略执行的情况,笔者将一体化广告策略定义为:跨国公司为了树立全球统一形象,借由同一广告理念,采取统一影象,统一口径在全球市场推出同一广告的广告策略。

(二)特征——统一性

广告一体化策略忽略不同文化间的差异,以统一姿态为跨国公司进行全球宣传,采用一体化策略的广告的典型特征是统一性——同一个广告理念和统一的表现形式,在全球市场推出。这并非无视文化差异,但只展示文化中共通的、本质的部分,赢得不同文化圈的认可。文化的表层、形式是不同文化间最难协调的部分,虽然不同的文化都有各自典型的文化表现,但一体化广告不会特别突出某一文化的典型特征,而是呈现基于共通文化本质的传播表现形式。

高露洁也使用全球化战略,无论是在亚洲还是在欧美,高露洁都投放相同的广告,但广告语换成各国语言,有的广告保持英文广告语,添加各国语言翻译。这是比较纯粹的一体化广告策略,统一的影象、统一的声音为高露洁树立起全球统一的形象——口腔护理专家。统一形象有助于企业形成权威感,以大气磅礴的气势征服全球市场。企业应结合考虑市场境况以及企业的具体情况,恰当采用。

二、本土化策略的概念及特征

与李维特的观点相左,普拉哈德(1987)认为,本地化经营主要针对地方性的竞争和消费需求,由子公司自主资源配置。在众多经营领域中,跨越各子公司的整体协调行动可能并不带来竞争优势;相反,还可能有损于竞争优势。克里斯特夫·A.巴特里特(1995)认为,尽管世界日益全球化,但世界上仍然存在许多差异。虽然李维特认为,国际旅行与通讯会缩小这种差异,但是各国消费者的品味、习惯及偏好的差异都离同质标准相去甚远,市场结构、销售渠道和地方法规也不同,各子公司应调整产品及营销策略以适应市场需要。

(一)概念

与一体化广告策略相似,本土化策略最初也是跨国公司全球化战略的内容。

本土化广告策略是跨国公司针对各国家市场不同的文化背景,在宣传产品时使用不同的广告主题传达不同的广告信息。从广告语、符号意义、文化象征、诉求主题、形象组合到广告经营策略、人才组合与培训、管理模式、公共关系建构等,要与各地相适应[①]。

本土化广告策略要求跨国公司积极准确响应不同市场中各异的消费习惯、消费心理、文化价值取向,跨国公司的母公司与各子公司在推行广告时并不以同一的广告理念规划广告制作,广告表现内容尽可能地采用本地文化典型表现形式,使本公司的产品以本土消费者所熟识与赞同的理念与表现形式征服本土市场。

(二)特征——积极响应本土文化

与一体化广告策略不同,本土化广告策略的突出特征是对本土文化的积极响应。本土化广告策略重视并尊重文化间的差异,根据本土消费者的消费心理、消费习惯、价值取向等确定符合本土消费者的广告理念,采用本土消费者熟悉的文化表现形式,建立企业与消费者之间情感纽带。采用本土化广告策略能树立亲切、尊重本土文化的形象,使企业文化与本地文化的融合。

作为全球饮料市场的领导者,可口可乐的全球化战略注重根据地区文化差异对广告进行相应的调整,可口可乐的广告口号"无法抓住那种感觉(Can't beat the feeling)",在日本改为"我感受可乐(I feel Cola)",在意大利改为"独一无二的感受(Unique sensation)",在智利改成"生活的感受(The feeling of life)"。尊重不同文化差异,广告理念与广告内容表现形式始终反映当地的文化习俗,迎合当地消费心理,积极应对文化冲突。文化多元化与一体化争议始终是全球化过程中备受瞩目的焦点,跨国公司也根据各自行业的不同情况采取本土化或是一体化策略。

三、跨文化广告中本土化与一体化广告策略的概况

本土化策略与一体化策略以不同的方式引领跨国公司走向成功。全球市场竞争机制日趋成熟,各种因素不断变动,新的影响因素不断产生,本土化策

[①] 刘绍庭.广告运作策略[M].复旦大学出版社,2001:57.

略与一体化策略也呈现相互交融的趋势,形成跨文化广告的"第三条途径"。

就目前而言,绝大多数全球营销者仍然倾向于使用大量修正的或完全本土化的广告策略。对国际广告商的调查发现,只有9%的跨国公司宣称在所有市场上使用完全标准化的广告,37%宣称使用了完全本土化的广告,大多数(54%)公司结合使用两种策略,实施"全球兼顾本土"的广告策略。[①]

跨国公司在拓展国际市场的过程中更多地采用本土化策略和"全球兼顾本土"的广告策略,是出于对消费者的尊重,对文化差异的认同与尊重。本土化广告策略和"全球兼顾本土"的广告策略顺应了经济全球化的要求,同时满足消费者和跨国公司的利益。

第二节 一体化与本土化广告策略

本节将讨论两种广告策略,重点分析跨国公司选用不同广告策略的利与弊,分析一体化策略的适用范畴,本土化策略实施需考虑的问题,引入本土化广告策略中文化融合的两种途径:文化适应与文化转换。

一、一体化策略的理论支持

一体化的广告策略要求跨国公司在全球市场上推出同一版本的广告,但各地人们的消费心理、消费习惯、价值取向等都显著不同,一体化策略如何用全球统一的姿态赢得处于不同文化圈中的消费者的认同与偏爱?

1. 人性的共通

高露洁、阿迪达斯、柯达等采用一体化策略的跨国企业的广告都诉求于人性。马斯洛认为,人的需求从低层次到高层次分为五类:生理需求、安全需求、社交需求、尊重需求和自我实现的需求。处于不同文化中的消费者拥有不同的消费心理、消费习惯、价值取向,但这五种需求是人性中的共通部分。跨国公司采用一体化策略时可以诉求于共同的人性。

2. 全球趋同

莱维特认为,"地球村"的形成使全球消费者的消费模式与消费心理趋同。在经济、政治、文化的相互往来之中,不同文化会趋同,处于不同文化的消费者

---

① 张韬.跨国公司在中国的广告标准化与本土化策略分析[D].广州:暨南大学,2002:19.

在不断改变,消费心理与消费习惯逐步趋同。全球趋同为一体化策略的执行提供了又一个理论基础。

二、一体化策略的必要性与不足之处

全球化过程中,文化多元性、尊重文化差异性等的呼声日趋强烈,各文化都有保持自身文化本色的自觉,一体化策略能否顺利执行,一体化策略究竟有没有发展前景,这是跨国公司应当深入思考的问题。通过对一体化策略的优劣进行全面的分析,可以得出一体化策略得以坚持发展下去的依据。

1. 一体化策略的必要性

一体化策略的典型特征是统一性,一体化策略要求跨国公司向消费者呈现同一个姿态。纵使消费者有不同的趣味与喜好,但广告呈现相同的东西。这种统一性能给跨国公司带来什么益处可以使之抵消了因忽略文化差异而产生的损失呢?

(1)一体化策略有助于节省成本。统一的形象,同一个广告版本,跨国公司可以使用同一则广告将产品推行到全球各个不同市场,其间仅需转换语言,毋须改动其他。广告调研与不同广告制作所需的人力、物力、财力,可以节省用于其他领域。这样跨国公司可以用最经济的广告花费方式得到最大的广告效益,节省大量的广告成本。广告成本的降低也可以降低产品成本,让利于消费者,赢得消费者的偏爱与信赖。

(2)树立跨国公司与产品品牌全球统一形象,使消费者对公司与品牌产生统一的认知。一体化广告策略中的广告是基于人性共通与全球趋同趋势的,因而同一则广告向消费者传达相同的信息。尽管消费者对广告信息的"解码"或多或少会偏离,但基于共通人性与趋同趋势的广告内核是一致的。跨国公司采用一体化策略使消费者对其产生统一的认知,消费者更倾向于选择形象始终一致的品牌。统一的公司形象也是跨国公司大气、自信的表现,容易获得消费者的信赖。

(3)培养统一的消费理念,引导相同的消费习惯,跨国公司可以借此发展规模经济。一体化策略能较完整地将跨国公司的文化理念传达给全球消费者,在持续不断的广告活动中潜移默化地影响消费者的消费习惯、消费理念甚至价值取向。消费者身上的文化烙印不同,跨国公司的营销引导中逐渐有了相似相通的部分,这相似相通的部分会随着时间而渐渐扩大,跨国公司的规模经济也就有了发展的空间,基于共同需求而大规模地生产产品,市场供求始终处于良性状态,大规模标准化生产降低了生产成本,价格上也就有竞争优势。规模化经营与消费者趋同的互动良好,规模经营带来的竞争优势使跨国公司全球市场的竞争中占据优势地位,这也给消费者信赖感,导致消费者的忠诚,同样促进消费者与跨国公司的良性互动。

(4)一体化广告策略有助于简化跨国公司的管理运作,提高管理效率。跨国公司在征服全球市场的过程中,因文化差异,不得不考虑市场运作的各个环节。广告是营销的"先头兵",最先打开国际市场之门。在市场稳固期,广告也贯穿始终。广告宣传促进消费者对新产品的认知,导致消费者心理、消费习惯与价值观的变化。在广告活动推广期间,跨国公司可以全方位监控广告,监控一二则广告比较容易,如果广告在推行中遭遇障碍,跨国公司可以立即与广告公司就这些障碍展开研讨,采取紧急应对措施,修正或停播已有的广告。使用一体化广告策略的实施可以高效率地应对市场状况,在最短时间内调整姿态。趋同性的消费趋势使企业得以实现规模化经营,跨国公司的管理得以大大简化,可将精力用于营销运行的其他环节,以创造更多的发展机遇。

(5)跨国公司与广告公司的合作将更加深入,建立良好的合作关系的同时,实现跨国公司与广告公司的共赢。实施一体化策略,跨国公司可以与一家广告公司建立全方位的合作关系,合作双方将以最坦诚的方式交流沟通,资源共享。广告公司对于跨国公司的全球化过程进行长期跟踪,深入了解企业文化以及产品理念,努力将之展现在广告之中,以最恰当的形式传达给消费者,并对其进行精心培育、引导。广告公司的努力可以放大跨国公司全球化进程中进行的种种努力,是无可取代的征服全球市场的同盟伙伴。同时,由于长期合作关系,跨国公司能够明了广告公司的优劣所在,扬其长避之短,这样的管理十分融洽、高效,双方共同成长发展。

2. 一体化策略的不足之处

忽略文化差异会导致实际执行上的不足。不同的国家和地区拥有各自的文化,这些文化在认知体系、规范体系、社会组织、物质产品、语言符号系统等方面都存在差异,如果盲目坚持全球统一性,忽视对当地文化的认同和尊重,将不可避免引发文化冲突。[①] 宝洁的"海飞丝"曾因忽视文化差异而在法国市场上遭到惨败。1984年,宝洁采用和其在美国一样的营销策略进入法国市场,但到1989年底,"海飞丝"在法国洗发水市场的占有额只有1%,只好退出法国市场。调查发现,广告策略失误是主要原因。头皮屑被法国人视为个人隐私,生产去头皮屑洗发水的企业极少在广告中直接展示头皮屑及其危害,但"海飞丝"的广告却采用了头发一边有头皮屑一边无头皮屑的洗发效果对比展示手法,并配以"头皮屑在你的背上轻语"(Dandruff talks behind your back)

---

① 张韬.跨国公司在中国的广告标准化与本土化策略分析[D].广州:暨南大学,2002:22.

的广告词,激化了消费者的反感,市场当然打不开。①

一体化策略以简洁、高效吸引跨国公司,一体化策略执行带来的实际成功更是让跨国公司跃跃欲试。但并不是所有行业的跨国公司都适合采用一体化策略,可口可乐、宝洁、丰田等都使用本土化策略,以适应处于不同文化中消费者的需求。一体化策略牺牲文化间差异,追求文化中共通的部分,但在不同情况下跨国公司就是要以这些文化差异争取消费者的认同与偏爱。

三、一体化策略的适用性分析

全球化不断深入,市场竞争将更加深入、精细。在文化的膨胀与融合中,各国文化将走出最初的迷茫、徘徊,步入自我思考、自我肯定的文化成熟阶段。受本土文化长期熏陶的消费者会自觉地倾向于本土文化倡导的价值取向,树立本文化的自信心与自尊心。在这种趋势下,能够采用一体化策略的企业愈来愈少。为赢得复杂的全球竞争,跨国公司将逐渐改变单一的一体化策略,结合一体化与本土化,提高自身应对国际市场各种突发情况的能力。

适于采用一体化策略,能够符合世界各地消费者需求与期望的"共性"的产品与服务十分有限,具体说来可分为以下三类:

(1)高新技术产品。例如电脑、手机、MPx类的产品。各国发展程度不同,但消费者追求最先进、最顶端技术的欲望却是一致的。高新科技产品的研制与开发符合这一共同的欲求,自然也是采用一体化广告策略。

(2)奢侈品。有分析家指出,世界各国上流阶层的共同需求比普通平民阶层的共同需求多得多,因此,名贵首饰、高档手表、裘皮大衣、香水等奢侈品可采取广告的标准化。法国香水的广告最典型,广告商往往将法文原作丝毫不变地搬到国外,以突出正宗法国香水的产品形象。法文的广告词、法国的浪漫情调以及法式的包装,这些正是世界各国的高收入阶层共同追求的。②

(3)以儿童和青少年为受众目标的产品和服务。研究表明,世界各国的青少年市场非常稳定,与长辈相比,年轻一代之间具有更多的相同之处。年青人在全球经济和文化趋于一体化的氛围下成长起来,他们对于一体化环境下的事物的认识和喜好也趋于一致。当今世界的任何一个国家,儿童对玩具类产品(如"乐高"积木),青少年对运动类产品(如"耐克"运动鞋)的需求都大体相

---

① 韦福祥.品牌国际化经营中国际化与本土化矛盾之平衡[J].天津商学院学报,2000(3):27.

② 张韬.跨国公司在中国的广告标准化与本土化策略分析[D].广州:暨南大学,2002:23.

似,因此这些产品在世界各国的广告表现形式也基本一致。①

四、本土化策略的必要性

跨国公司对文化差异的认识逐渐深入,认识到单独采用一体化广告策略很难适应国际市场竞争的要求。为了积极应对各种情况,跨国公司必须采用更灵活的运作方式,本土化广告策略即能脱离一体化广告策略中高度一致、全球标准化的广告运作模式的束缚,尊重消费者独特的文化需求与偏好,积极回应当地市场的要求。灵活的广告制作与管理使跨国公司迅速融入当地市场,与当地文化共生共荣。

1. 本土化策略的必要性

跨国公司推行全球化战略,其广告要跨越不同文化来传达产品和服务信息。此时,跨国公司面临抉择:广告运作管理应当全球一致抑或是各子公司根据当地市场的不同情况采取灵活的响应策略。莱维特指出,全球市场趋同为公司实行规模化经营提供了市场基础,一体化广告策略既满足市场需求,又为跨国公司带来种种益处。随着全球化的深入,各种文化因素介入跨国公司的发展,一体化广告策略已经不能满足跨国公司全球化的需求,各国际市场要求有专门针对本地市场独特的、有针对性的、典型的广告策略。

(1)难以逾越的文化差异壁垒。虽然各种文化相互影响、同化、融合,但文化仍然是群体与群体相区分的思维方式、价值观念体系,深刻的文化差异是无法消除的。中国与欧美等西方发达国家在民族心理、生活方式、价值取向和情感认识等方面的差异十分明显。换句话说,经济全球化进程中,政治制度、经济体制、法律等壁垒可以消除,但文化差异壁垒是自始至终必须面对的挑战。② 美国通用面粉公司面向日本推销蛋糕粉料,其广告宣传:(使用通用面粉)做蛋糕就像做米饭一样容易。广告说,通用面粉使用简便、容易,诉求对象是承担繁重家务的主妇,诉求重点非常契合诉求对象的利益,但是实际的广告效果并不理想。消费者调查之后发现,日本家庭主妇认为做米饭是一项技艺,能做一手好的米饭是值得骄傲的事情。如此看来,虽然在逻辑上并无不妥之处,但是广告语与主妇们的价值观念相悖,因而也不会成功。文化差异总是细微的、无形的,敏锐地洞察文化差异,全面考察广告语言传达的信息,才能避免文化差异带来的挫败。

---

① 张韬.跨国公司在中国的广告标准化与本土化策略分析[D].广州:暨南大学,2002:23.

② 马大龙.沃尔玛本土化战略研究——以济南市场为例[D].济南:山东大学,2006:6.

(2)消费者需求日趋多样性。全球化进程中,几乎所有与西方相异的文化都受到个人主义浪潮的冲击,个人主义盛行并受到新一代消费者的青睐。个人主义盛行,促使消费者需求个性化、多样性。此外,随着行业结构不断完备,从业人员构成日趋多样化,作为主要的购买力,他们对产品和服务的需求也多样化——多样化的消费时间,对同一种类产品的个性化要求,所处行业对其价值取向的独特影响等都促使消费者需求多样化。[①] 市场细分的核心是市场间和市场内部的需求差异,产品开发设计与营销手段都针对这一特定市场需求,比如,汽车有家用型、商务型、娱乐型、越野型等多种用途。只有敏锐感知消费者需求,致力于满足消费者多样化需求的企业才能在竞争中取得优势,在全球化进程中掌握主动权。广告宣传势必将产品独特的利益点传达给本土市场中的消费者,广告的制作与推行应以本地市场的情况为基准。本土化广告策略是准确、高效传递产品信息,赢得消费者偏爱的最佳途径。

(3)全球市场竞争日趋激烈,竞争方式多样化。跨国公司积极了解市场变动,研究营销对象,经济活动逐步自觉,全球市场竞争逐渐摆脱单纯追求短期、局部利益的肤浅状态。跨国公司以全球性、长期性的眼光看待市场竞争,在战略与具体策略执行上逐渐臻于成熟完善。在全球市场上,应当争取哪些市场,放弃哪些市场,争取这些市场时应当采取何种策略,如何维持市场份额,竞争对手威胁本公司的市场利益时应当如何应对……凡此种种,每个成功的跨国公司都有自己的立场并采用最合适的策略。跨国公司与竞争对手在激烈的竞争中共同成长成熟,跨国公司的成熟带动全球市场竞争日趋激烈,竞争手段也趋于多样化。本土化广告策略既是这一趋势的结果,又作为趋势中的一个组成部分促使更多跨国公司采用本土化策略。

(4)本土企业的迅速兴起对跨国公司造成不可小觑的威胁。振兴民族企业,这句口号并不仅仅是中国企业家谨记于心的训诫,相信世界上每一个国家的企业家都怀抱着这样一个希望致力于自身企业的创建、巩固。全球化带来了无数机遇,有雄心壮志的实业家都毫不犹豫地抓住机遇,在经济繁荣的时代开创自己的事业。与人力、财力、物力都十分雄厚的跨国公司相比,这些本土企业在竞争中似乎并没有什么胜算,但市场的真实情况是众多本土企业迎着严酷的竞争绽放出自己的可贵与睿智之处,跨国公司在竞争中反而显得较为被动。本土企业制胜的关键就在于拥有跨国公司最缺少的地利、人和。地利与人和,体现在本土企业的广告中即为采用本土消费者熟识的人物、生活情境,被本土消费者潜意识里默认的文化意义,散发本土文化气息的广告语,与消费者心理达到深度的契合,促使消费者将企业默认为生活中不可或缺的组

---

① 王玉武.海外市场需求呈现多样化[J].国际市场,1994(3):9.

成部分。跨国公司摆脱标准化模式的束缚，根据各地市场的情况推行广告，以与消费者沟通，取得认同感。在中国这个巨大的市场中，联想、海尔等企业，对跨国公司来说，都是实力毫不逊色的竞争对手。跨国公司若要取得市场竞争中的主导地位，唯有了解中国文化，尊重中国文化，洞察中国文化中的多元性，在广告运作之中善加运用。如果一味执著于本公司的文化，不积极回应市场需求，则其中国之路必然路途艰险。

2. 本土化策略的不足之处

尊重本土文化，借用本土文化征服本土市场是跨国公司实现全球化发展的关键。广告活动实质上是信息传播活动，语言修辞、情境截取、内在逻辑等方面都带有无形的文化烙印，全球范围内的文化则是形态万千、差别迥异。本土文化情境中，广告能否成功传播原本的信息，这不仅取决于广告制作者，解读者同样左右着传播活动的成败。文化差异始终是广告制作者需要注意的，在广告信息的编码与传达中要清醒认识本土文化特征，敏锐捕捉文化冲突之处，对自身文化做出适当取舍。

但另一方面，本土化策略也有其不足之处。

首先，跨国公司实施本土化策略，各地子公司根据本土市场情况各自进行广告运作，虽满足了各地市场的需求，但跨国公司在全球范围内的整体形象不一致，这是资源浪费。

其次，实施本土化策略有可能使子公司为争夺本土市场，在运作理念上偏离跨国公司全球化战略，甚至与原有战略相悖，阻碍公司的全球化进程。不仅如此，在遇到市场突发性问题时，跨国公司整合资源、应对危机时会遭遇协调上的困难，延迟问题解决的进度。

最后，本土化策略中跨国公司的广告资源较分散，管理比较复杂，广告费用也比一体化策略中的广告费用多出很多，增加了成本和管理的难度。

五、本土化策略具体执行中面对的基本的文化差异

文化差异的表现形式数不胜数，有些文化差异潜移默化地影响着跨文化广告传播而无明显的表现形式，不论是外在的具体形态的文化差异还是隐性的潜在的文化差异，都可以归入以下大类别中。

1. 风俗习惯差异

风俗习惯是人们根据生活内容、生活方式和自然环境，在一定的社会物质生产条件下长期形成并世代相袭而成的风尚[①]。风俗习惯体现在生活的方方

---

① 张小乐.文化差异与跨文化广告传播策略初探[J].商场现代化，2008(8):115.

面面,通常是显而易见的,带有典型的地域特点。在跨文化广告传播中,运用本土化表现形式传达产品信息能快速赢得本土消费者,亦能使企业融入本土文化氛围中。

万宝路香烟以粗犷、豪放的西部牛仔形象风靡全球,美国的自由主义精神、冒险情结及英雄主义情怀都可以用西部牛仔的形象来诠释。万宝路来到中国,其广告形象由西部牛仔驰骋在辽阔草原的景象换成中国本土豪迈壮观的舞龙舞狮的场景,色彩也是充满中国情调的红色,画面中豪情冲天的鼓手、矫健豪迈的舞者将万宝路传达的豪情壮志淋漓尽致地展现出来。中国的消费者并不熟悉西部牛仔,也没有欧美消费者对于牛仔的特别情结,但中国自古是礼乐之邦,大鼓与舞龙舞狮赋予中国人的震撼丝毫不逊于万宝路的西部牛仔给欧美消费者造成的冲击。所谓入乡随俗,万宝路使用中国本土文化的表现形式成功地传递了万宝路精神,自然也获得中国消费者的认同与偏爱。

2. 价值观念差异

价值观念指主体关于一类客观对象与主体之间价值关系的基本看法或总的观点,是具体的评价结果经过多次重复、长期积淀而形成的稳定的关于某类价值的思维模式[①]。文化价值观念不仅包括人们在社会实践过程中获得的对于客观事物的看法、认识和思想,也包括人们思考问题的方式,即主体在思维中反映和把握客体的方式。[②]

价值观念的差异是最不容易识别的文化差异,它往往存在人们的潜意识之中,潜移默化影响人的行为,深入调查本土消费者也未必能够准确把握其价值观念。虽然难以琢磨,但价值观念会严重影响广告传播。广告传播过程中,广告信息以适宜本土消费者的形式呈现,消费者对说服信息理解得十分清晰明确,但广告并不一定是成功的,因为产品信息不一定符合消费者的价值取向。价值观念对于跨文化的影响时刻提醒着跨国公司应当了解本土文化,尊重本土文化。

美国帮宝适进入日本市场时,诉求点在于:帮宝适尿片使用简便,让年轻的妈妈更省心。但日本的年轻妈妈们并不喜欢这种产品,因为日本妈妈们认为为了孩子而辛苦是妈妈应尽的义务,是妈妈的骄傲。为孩子奉献与牺牲是日本女性传统的价值观念,帮宝适的诉求虽在逻辑上很有说服性,但这种诉求与日本妈妈的价值观念相悖,当然不会得到认可。之后帮宝适改变了诉求重点——帮宝适给宝宝整晚金质睡眠,同样是为宝宝着想,与年轻妈妈的价值趋

---

① 赵有田.构建有中国特色社会主义价值观念体系[J].长白学刊,2001(1):16.
② 张传平.市场逻辑与文化价值观念的建构[J].学海,2006(2):15.

向一致，帮宝适的产品理念与消费者的价值取向相符，也就赢得认同，获得消费者的喜爱。

3. 宗教差异

佛教、基督教、伊斯兰教并列为三大宗教，文化之间有明显差异。处于宗教文化环境中的人们十分坚持自己的信仰，决不接受对其宗教丝毫的侵犯。跨国公司涉足不同宗教时，应慎重对待当地宗教，尊重本土人民的信仰。

索尼为了进入泰国的收录机市场，曾推出一则带有宗教色彩的广告：广告中，释迦牟尼带着耳机听索尼的收录机，身体随音乐摇摆，最后微启双眸。索尼的初衷是传达信息——索尼收录机让泰国人民虔诚信奉的佛祖都为之痴迷，索尼收录机的质量可谓上乘。但恰巧相反，泰国人民对这则广告十分反感，他们认为这种做法是对佛祖的不敬，是一种侮辱。经过泰国政府的交涉，索尼立即停播该广告，向泰国人民道歉。索尼认识到佛教在泰国人民心中的地位，但具体运用时没能细致入微地察觉其接受心理，不尊重本土宗教，引起消费者的反感。

4. 语言修辞的差异

语言修辞是文化的符号表现形态，包含一定的逻辑，与本土风俗习惯、宗教信仰息息相关。语言与语言之间的转换就是将一种文化的表征符号转换为另一种文化的表征符号。语言互译并不简单是字词表面意思的转换，还要与风俗习惯、宗教信仰等相联系，把信息所需表达的深层意思转换为另外一种语言中最适宜传达此种含义的表征符号。

六、本土化广告策略中的文化融合问题

跨文化广告传播涉及风俗习惯差异、价值观念差异、宗教信仰差异、语言修辞差异，这要求跨国公司客观评判自身文化与国际市场文化的相异之处。实施本土化广告策略要求以本土文化作为公司广告传播的文化参照标准，跨国公司自身文化如何融入本土文化是解决信息沟通问题的关键所在。

有学者提出广告跨文化传播中的两条途径：文化适应与文化转换。文化适应指文化传播到另一种文化圈时，通过自我调整，主动适应该文化圈的文化模式、文化特色、民族个性和民族风格，顺利融入该文化而被接受。跨文化的广告传播应通过主动适应来缩小与目标市场消费者之间的文化距离，实现跨文化传播的完整与畅通，为品牌跨文化传播的有效性提供有力保证。[①] 文化

---

① 张淑燕、沈华锋. 文化适应与文化转换——广告跨文化传播中的两条路径[J]. 吉林省经济管理干部学院学报，2008，4(22)：42.

适应的目的是在异质文化中寻求认同,其产品理念、价值观等都要根据本土文化进行调整。肯德基在中国市场上获得的巨大成功与其积极融入本土文化的做法密切相关。2002年,肯德基的电视广告"立足中国,融入生活"围绕小波一家拍了一系列生活剧,将肯德基的产品与小波一家的生活联系起来,体现出浓浓的家庭氛围和幽默情调。广告讲述贫困女大学生得到"中国肯德基曙光基金"的资助,上完大学,自立自强,成为肯德基大家庭的一员,反过来回报社会的故事。这个故事深深博得中国人的好感。2003年春节,从1月上旬到2月9日,白胡子"肯德基爷爷"一改平日"西装革履"的经典形象,其在中国的170多个城市800家餐厅的卡通侍者同时换上华人传统的节日盛装,为品牌增添了文化亲和力。① 肯德基以快餐文化闻名全球,快餐文化讲究快速、省钱、方便。在中国本土文化中,亲情、关爱、和睦等特征更具有吸引力。肯德基进驻中国市场,深入了解中华文化的精髓,舍弃原有的快餐文化,将中华文化注入企业之中,以本土文化引导本土营销运作,获得本土消费者认同,获得巨大成功。

文化转换是影响文化传播的另一种机制,指一种文化被另一种文化吸收、改造成为新文化形式的过程。② 文化转换着眼于不同文化中的共性,一体化战略中提到的人性共通和全球趋同都是文化转换的目标。与一体化不同,文化转换在认识到此类共性之后,将采用本土文化的表达方式传达这些共性信息。尽管广告传播方式不同,但广告信息的内核是一致的。沃尔沃汽车在中国市场上推出平面广告《洗礼篇》和《朝圣篇》,诉求为"驱动成功男人的精神信仰"。广告结合汽车与山水,极富中华文化色彩。中华民族自古以来就乐山好水,山水精神不仅是文人雅士的精神追求,也为各阶层人士所推崇。山水情结是中华民族独有的文化特色,沃尔沃成功连结车与成功人士的精神信仰,中国文化中合理运用了山与水的意蕴。诉求点相同,成功人士都追求自己的精神信仰,但各文化有各自不同的表征方式,广告要为不同文化穿上合适的表征外衣。

文化适应与文化转换是跨文化传播中本土化广告策略的两种途径:前者注重文化间的差异并以本土文化为参照基准舍弃企业自身与本土文化不相符部分,融入本土文化之中;后者注重文化间的共性,通过转换文化表征系统进行广告的跨文化传播。恰当运用文化适应与文化转换途径有助于跨国公司顺利实施本土化广告传播策略。

---

①② 张淑燕、沈华锋.文化适应与文化转换——广告跨文化传播中的两条路径[J].吉林省经济管理干部学院学报,2008,4(22):42.

第三节 全球策略,本土表现
——一体化策略与本土化策略的互补

一体化广告策略与本土化广告策略是跨文化传播两种截然相反的方式。关于一体化策略与本土化策略的争论也一直在进行。随着跨国公司的不断成熟以及全球化经验的不断丰富,跨国公司逐渐认识到一体化策略与本土化策略并非二元对立的,它们是互补的。一体化广告策略导致的僵硬可由本土化广告策略的灵活来弥补,本土化策略造成的零散可以由一体化策略的一致性进行统合。两者的结合即"全球策略、本土表现"。

一、"全球策略,本土表现"策略的内涵

"文化的多样性是经济全球化时代世界文化发展的标志和表现,是世界各国的地域文化形式维持其存在的主要表现"[1]。随着经济的全球化,在世界范围内的文化发展形成的所谓"普世文明"中,"仍将保留个别文明丰富的个性,普世文明的统一性中仍将蕴涵个别文明深刻的多样性"。因此,"全球策略,本土执行"的广告策略就有了理论上的依据与执行的必要。其概念内涵可以界定为:在全球营销战略的统一指导下,"全球策略,本土表现"广告针对不同目标市场的客观情况,适时调整广告的创意和表现方式,以适应不同文化背景下消费者不同的价值观、风俗习惯和消费偏好。[2]

实行"全球策略,本土表现"策略即能保持跨国公司全球化战略所需的战略方向,又给予具体实施中足够的灵活。企业可不拘于同一个表现形式,积极响应本土市场的文化要求,利用本土文化的典型形式推销产品,这与本土化策略的要求相符。在广告传播中坚持全球统一战略,使广告资源最大限度地贡献于树立全球统一形象,与公司长远利益保持一致。"全球策略,本土表现"的广告策略,既保持了国际广告的全球统一性,又考虑到不同目标市场的不同要求,能克服广告完全标准化和完全本土化引起的诸多问题,成为跨国公司广泛采用的广告策略。[3]

---

[1] 陈新文.全球化语境下的文化多样性与多元化教育[J].襄樊:襄樊学院学报,2008,1(29):84.

[2][3] 吴英劼.从奢侈品广告文本看跨文化广告传播[D].成都:四川大学,2006:29.

二、"全球策略,本土表现"策略的执行方式

为更好地执行全球化战略,跨国公司既要坚持全球战略方向的一致,又要争取各国际市场,顺应当地文化的要求,但单纯的一体化广告策略或本土化广告策略都不能满足全球化的需要,"全球策略,本土执行"广告策略是跨国公司全球化战略的最佳选择。具体来说,这种新型的广告策略有两种执行方式:一是模板式广告方式,一是指导式广告方式。

1. 模板式广告方式

模板式广告指公司总部根据消费国市场调查发现的共性,设计出一种广告模式,最终由广告公司根据各地的情况具体制作。[①] 具体的执行案例,比如麦当劳的电视广告《婴儿篇》,在不同的国家就将摇篮中的婴儿换成当地国家的婴儿,其他部分则不改变。这是典型的模板式广告运作案例,保留了全球一致的广告诉求,采用当地婴儿形象,拉近与消费者之间的情感距离,让品牌本土化,融入消费者生活,也融入当地文化。

2. 指导式广告方式

指导式广告指由总部对广告的策略、运行、预算及目标提出指导性意见,然后由地区经理或广告公司遵照执行。[②] 奥妙洗衣粉诉求于强力的去渍效果,但在全球市场上投放不同的广告。欧美市场上的广告中,一群孩子在雪地里尽情嬉戏,被泥巴弄脏了衣服,广告语为"OMO, dirt is good"。在非洲市场上,广告图景变为两个小伙伴在泥滩上玩耍,其中一位因弄脏了衣服而面露担忧,另一位朋友则将他带回自己家中,让母亲用奥妙洗衣服洗净了好友衣服上的污渍。在中国市场上,奥妙的广告展示生活中常见的不经意就弄到衣服上的污渍,暗示奥妙能清除多种污渍,配以三维动画图景。差别迥异的广告有同一个指导性的诉求——奥妙去渍。

模板式广告方式与指导式广告方式并无优劣之分,具体实施视市场要求而定。

第四节 跨国公司在中国市场的跨文化广告传播

中国市场的发展潜力吸引众多跨国企业,被视为其全球化战略中至关重

[①②] 陈月明. 文化广告学[M]. 北京:北京大学出版社,1998:235,238.

要的部分。1999年上海全球《财富》论坛的焦点是,"欲称霸全球,先逐鹿中国",明确指出中国市场的全球地位。GE、微软、英特尔、IBM、摩托罗拉、诺基亚、可口可乐、宝洁等大型跨国企业在中国市场上采用积极的营销战略。其成功背后是对中国市场的深入洞察,是制定战略决策的果断与睿智。这些企业来自西方发达国家,其跨文化传播运作必定带有浓重的西方文化色彩,两种文化的格格不入势必给传播带来严重障碍。

一、中西文化差异

跨国公司进驻中国市场,在带来本国产品的同时,传播附着于产品之中的本国文化。跨文化广告传播中,西方文化与中国文化的冲突不可避免。独特的价值观、思维方式、审美意识影响着中国消费者的消费心理和消费行为。了解中西方文化差异,尊重中国本土文化,融入中国本土文化不仅是征服中国市场的要求,也是成就跨国公司全球化战略的要求。

中国有五千年历史,儒家思想被认为是中华文化的集中体现,儒家提倡的"和谐"、"中庸"、"尊卑次序"等依旧在这片国土上承传不息。西方文化发源于古希腊文明,注重追求科学真理,强调逻辑、创新,最终滋生出繁盛的商业文明。中国文化与西方文化的差异体现在经济、政治、文化各个方面,跨文化差异处理得当与否关系信息传播沟通的成败。中西方文化差异难以一一陈列,下表将差异概况呈献给读者。

表7-1 中西文化差异概况

中国文化	西方文化
集体责任感	崇尚个人主义
中庸之道	立场鲜明
安分保守	富于冒险精神
缺乏创造力	富有创造力
轻视利益的获取	重视利益的获取
含蓄,好"面子"	直率,"面子"观念淡薄

中国人的中庸之道与集体主义责任感表现在日常生活、工作、学习等各个方面,渗透于行为之中。留心观察中国市场上的广告,可以发现广告画面很少单独一人,多为群体。追溯其原因发现,中国人的自我存在意识比较薄弱,集体感非常强烈。一个人过于出色而不能使所在集体获益就要面临"离群"的威胁;广告诉求单一,诉求质量第一而闭口不言其他的有关产品,诉求历史悠久则不再宣扬质量与信誉的绝对可信,凡此种种都包含着中庸的理念——无尽

善尽美之物,一方面出色则另一方面有可能逊于他者。中国人好"面子"的行为令无数国外友人百思不得其解,来中国定居很长时间,对中国文化的方方面面都了如指掌的"中国通"也解释不出个之所以然来。中国人神秘的"面子",让跨文化传播遇上了始终捉摸不透的谜团。面子无从解释,但它却不容许跨文化传播者对之有稍许的忽视。中华民族的敏感、细腻、多情都能在种种"面子"问题中找到痕迹。好"面子",那是隐藏在每个中国人心中的准线,看不到,捉摸不透,以无形的力量影响人们的行为。跨文化广告有时会触怒中国人的"面子",比如立邦漆广告中,中华民族的图腾"龙"滑落了,这就污损了中国人的民族尊严。出于"面子",中国人不能接受这种广告诉求,更不会认同产品,即使他们知道立邦漆并非故意伤害中国消费者的民族自尊心。

上表呈现的中西方文化差异可以归为三种。(1)价值观念差异。中国人注重集体主义价值取向,西方人注重个人主义价值取向。(2)思维方式不同。中国人偏爱感性思维方式,西方人钟情理性思维方式。(3)思想观念不同。中国人注重和谐统一,西方人则热衷于开放叛逆。

这些差异要求跨文化传播启用本土化策略和"全球策略,本土执行"策略。

此外,由于思维方式不同,广告传播活动分处高语境文化背景和低语境文化背景。在中国的跨文化广告传播语境被归属于高语境文化背景,而西方的跨文化广告传播归属于低语境文化背景。在高语境文化中,信息的传递与沟通通过肢体语言、上下文联系、场景等进行。高语境文化中,信息与信息之间存在高度的前后联系或是隐含在某一个体特性之中[①]。中国人偏重感性思维,受情境的影响较大,能捕捉到许多非语言信息。处于高语境文化背景之中,中国人习惯于含蓄的信息传达方式,讲究点到为止,追求意犹未尽。西方文化中常见低语境传播,信息准确、明晰、足量是传播沟通的保证。西方广告倾向于信息传达要"言无不尽",让处于所有情境中的个人都可以准确地接收广告信息。低语境文化背景的广告在高语境文化背景中的消费者看来会过于直白,没有回味与联想的余地;反之,低语境文化背景中的消费者看到高语境文化背景的广告会进行各种各样的解读,究竟哪一个才是广告信息的原意则不得可知。语境文化背景对信息的不同要求促使跨国公司进行换位思考,即以本土传播语境的角度审视跨文化广告的正误,尊重本土消费者的信息接收偏好。

二、可口可乐在中国的跨文化广告传播

在中国市场上取得成功的跨国公司都出色完成产品的本土化,从中不难

---

① 阳林.文化差异与跨文化广告传播[J].武汉科技大学学报,2001,6(3):33.

发现其成功进行跨文化传播,融入中国文化。

跨文化广告传播成功的案例俯拾皆是,其中最具代表性的就是可口可乐近年来的广告。1998年之前,可口可乐的广告还处于美国亚特兰大总部的统一部署之中。在中国,可口可乐广告不过是将西方市场上的广告配以中文翻译,广告展现的是原汁原味的西方文化。但自1999年以来,可口可乐开始实行本土化策略——"本土化策略,本土化执行"。实行本土化策略之后,可口可乐取得骄人的成绩。

1999年春节,可口可乐在中国东北农村拍摄《风车篇》电视广告,这被视为可口可乐中国本土化策略的里程碑。此前,可口可乐基本上使用美国本土的广告配上中文解说,一直是以鲜明的美国文化身份打动中国消费者。该广告整个外景全部在黑龙江省哈尔滨市附近的牛角沟村拍摄,片中的角色全部来自这个村子[①]。广告以中国东北地区村民庆祝春节为主题,用中国传统乐器的旋律为音乐背景,片中有驾着牲口赶集的人们、无忧无虑的中国儿童、迎风飞旋的风车,无一不蕴涵着浓郁的中国特色。《风车篇》广告之后,可口可乐广告的中国本土化策略就一发不可收拾,成为其开拓中国市场的法宝。2000年春节,可口可乐推出《舞龙篇》广告,用传统节日庆典的形式和中国消费者一起喜迎春节。2001和2002年春节,可口可乐依然沿用这种风格,连续两年采用中国传统的泥娃娃形象"阿福"推出电视广告,以动画片的形式表现东北小村庄的融融春意广告上市后,可口可乐采取了一系列营销措施,利用广告带来的效益,一次次掀起销售的高潮。可口可乐还十分了解中国青少年的偶像崇拜动向,请当红明星谢霆锋、林心如、张惠妹等代言自己的系列饮料产品。可口可乐熟知足球在国人心中的意义,在中国足球冲入世界杯之际适时推出庆祝广告,不知暖了多少中国球迷的心。[②] 2008年中国举办奥运,可口可乐抓住这一时事焦点,深刻理解中国人的炽热感情,在广告中喊出中国人的心声——"奥运,中国红起来"。电视广告展示了中华大地的璀璨文明,伴随着激昂的音乐,年轻人推动着红色的地毯穿越沙漠、冰川、森林、现代化都市,每到一处都汇集更多为中国奥运加油的人们。画面中有中国现代化的宏伟建筑、古老的城楼、策马扬鞭的塞外骑士、珍奇的国宝大熊猫、秦陵兵马俑,最后是手持奥运火炬的姚明邀请所有投身于中国奥运的人们"一起来吧",画外音则是"中国红起来"。这是所有中国人的殷切期盼。另一则电视广告中,街道上满是庆祝奥

[①] 韦福祥.品牌国际化经营中国国际化与本土化矛盾之平衡[J].天津商学院学报,2000(3):33.

[②] 蔡春影.跨国公司中国市场广告的跨文化传播策略研究[D].广州:暨南大学,2002:25~26.

运盛事的人群,烟花璀璨,一片欢腾振奋的景象,篮球明星姚明手举着奥运火炬微笑着邀请街道上的人群"一起来吧",顿时街道上人群沸腾起来,为这百年盛世尽情释放自己的热情。"奥运,中国赢"是奥运期间,每一个中国人最强烈的心声。电视画面中,一群普通、热情的中国奥运观众在欣赏奥运赛事时,情绪的激动溢于言表,中国运动员完成比赛,电视机前的观众们激动地高喊着"中国赢"。可口可乐关注中国人民关注的事,倾听中国人民的心声,广告透出浓厚的民族气息,让中国的消费者为之感动。

可口可乐的跨文化传播策略实属精彩,1998年之后实施的"本土化策略,本土化执行"使可口可乐更加"中国化",浸染了浓郁的中国文化气息,与中国消费者的情感也愈加真挚。中国人重视集体主义价值取向,偏爱感性思维,追求和谐统一,可口可乐注意到中国文化这一特质,以完全中国化的姿态进行本土广告运作。

(1)和谐的广告氛围。无论是春节期间的《风车篇》、泥娃娃"阿福"、《舞龙舞狮篇》,还是日常生活中启用明星所作的广告,抑或奥运盛事前后的广告,可口可乐的广告始终渲染和谐的氛围。孩子们的嬉戏,家庭其乐融融,人与人之间相互激励共同创造美好图景,这些都是和谐的表征。中国人重视和谐,儒家思想的核心理念深深渗入中国人的思想观念,向往和谐,追求和谐,在和谐的氛围中幸福地生活。可口可乐的广告并不宣扬美国叛逆开放的文化,而是顺应中国文化的精髓,将代表中国人心声的和谐统一文化作为新的中国的"可乐文化"。

(2)注重集体主义的价值取向。可口可乐的广告中从不出现一个人的独角戏,个人主义情结鲜有出现,广告中不同的人各专其职或相互协助,向着前方努力。"独木不成林"是中国的古谚,简洁地道出国人对集体的信赖。广告中,无论是为奥运赛事奔忙助兴的人们,还是手持火炬的体育明星,抑或是观看奥运赛事的观众,每个人都激情昂扬。更令人振奋的是,所有人的努力都汇聚到大集体的努力之中,这是牢不可破的后盾,是最具信赖感的城池,这份集体之力给中国带来执念与希望。可口可乐洞察了中国的动力之源,让中国消费者在广告中感受那份温暖与撼动。

(3)感性诉求方式。可口可乐的广告以感性诉求为主,但在高语境文化背景,习惯于感性思维方式的中国消费者对之钟爱有加。《风车篇》中,孩童无忧无虑,让人顿生怜爱之情,让人联想远去的欢乐童年,久违的怀恋萦绕心间;春节期间"阿福"系列,浓浓的年味,温暖的亲情,沉醉于幸福之中的诱惑,谁人不为之动容?奥运赛事的系列广告一反中华民族的含蓄内敛,豪情万丈地吐露出压抑心中已久的呼声——"中国红起来"、"中国赢"。可口可乐让千万人的呼声汇聚其中,震撼着、激励着所有有梦想的人。这就是可口可乐在中国的感性诉求,有柔情也有豪情,敏感的中国消费者又怎会感受不到其中的诱惑?

上述三点是贯穿于广告之中较为隐含的寓意,可口可乐广告传播中对中国文化的娴熟运用还有更明显的表现:

(1)运用中国本土人物形象。1999年之后,可口可乐广告开始"本土化策略,本土化执行",广告中的人物均为中国本土人物形象。基于中国人对于明星、名人的推崇,可口可乐广告中大都启用家喻户晓的知名人物,比如前文提到的谢霆锋、林心如、张惠妹;奥运赛事前后则是众多体育明星,比如姚明、易建联、郭晶晶;此外,春节系列广告中的儿童形象、父母、舞狮等均为中国本土人物。启用中国本土形象,可口可乐与消费者之间多了熟悉与亲切的情感,本土人物传达的情感更容易让本土消费者产生共鸣。

(2)注重风俗民情。一个地区的风俗民情总是能唤起当地人民特有的情感纠葛,中华民族拥有五千年文化,辽阔的国土上滋生了多姿多彩的风俗民情。春节、元宵节、端午节、中秋节等在整个中国本土上都得到郑重对待,作为延续古老情感的仪式,风俗民情传递着中国人民千年的羁绊。当然,不同的地域也有独特的风俗民情,象征当地的文化。可口可乐以春节为背景制作的广告,利用锣鼓喧天、舞龙舞狮的场景渲染中国春节淳朴的喜悦与最为质朴、纯真的欢愉,风车与孩童,父母与积雪的小村长,贴春联的阿福兄妹等都唤起现代都市人对于亲情的怀恋、渴慕、追求。中国春节是家人团圆的节日,是为了生活、为自我价值坚守自己职位的人们可以名正言顺回归父母亲人身边的节日。每个人心中都有属于自己的春节,不变的是对亲情的珍爱与怀恋,是对亲情的永久的记忆。可口可乐的春节广告贴切地诠释了亲情、对春节带给中国人民的那份欢愉与祥和,可口可乐的"中国情"也就为消费者所认同。

(3)采用典型的中国元素。可口可乐进驻中国有得天独厚的条件——标准色为红色和白色,红色占据最大的面积。在中国,红色是最喜庆的颜色,喜庆时,中国人总是用红色来表达喜悦之情。可口可乐身上的红色标准色即为中国元素之一,本土消费者看到红色就会联想起一系列喜庆情景,可口可乐将本土消费者的联想具象化,激发消费者的偏好。有本土特色的视觉形象还有"泥娃娃阿福"、春联、舞龙舞狮;听觉形象亦有出色表现,比如锣鼓声、呐喊声、春节时分的喧闹与祝福声。中国元素最能表征本土文化,也最容易引起消费者的情感共鸣,可口可乐十分注重运用中国元素来渲染广告氛围或是作广告主角——让中国元素说服中国消费者,赢得中国消费者。

(4)抓住中国的时事热点。可口可乐实施本土化策略,必定关注中国的时事热点,善于抓住契机。可口可乐以奥运赛事为背景制作的系列广告中,"中国红起来"、"中国赢"等振奋人心的广告语与消费者的心情高度契合,消费者感受到可口可乐以国民的姿态与热情投入奥运盛事。可口可乐不仅是饮料公司,而对中国怀有热爱与尊重,可口可乐向中国消费者传达了这一心理,奥运盛事成为提升可口可乐形象的契机。

可口可乐深刻洞悉中西文化的深层差异——价值观念、思维方式、思想观念,了解浅层次的文化表征之的差异。据此,可口可乐调整自身的文化以适应中国本土文化,通过文化转换——将适用于西方市场的文化表征转换为中国本土文化表征——使广告传播更符合中国本土消费者的接收模式。通过这些努力,可口可乐深深融入中国本土文化,取得本土消费者的认同。

三、可口可乐的启示

可口可乐是最早进驻中国的跨国公司,在中国市场上进行跨文化传播方面有经验。可口可乐在中国市场上的成功与其优秀的跨文化广告传播策略不可分割,进驻中国市场的跨国公司在进行跨文化广告传播时都可参照可口可乐的成功之处,探索适宜本公司的广告传播运作手段,提供具体执行上的指导。

1. 清醒认识本国文化与本土文化

深刻认识深层次文化差异(价值观念、思维方式、思想观念的差异)和表层文化表征差异,学会换位思考。在中国市场上,用本土消费者的视角审视广告作品,广告中蕴含的文化理念是否顺应本土消费者认知习惯,传达文化理念的表征是否符合本土消费者的传播习惯,整体传播过程是否适宜于高语境文化背景……细致入微的评判是传播成功的前提。

2. 采用本土文化表征方式进行广告传播

每种文化都有其独特的文化表征系统,注重文化表征系统的差异是跨文化传播最基本的要求。在西方国家,龙是凶猛的动物,是凶恶、灾难的象征,带有贬义色彩;而在中国,龙凤象征着吉祥、喜庆,龙还是古代皇族的象征。龙象征威严,中国人自称为"龙的传人",对龙极为仰慕。跨文化广告传播中,不仅应了解深层文化差异,还应慎重选择文化表征,使用本土消费者熟识、习以为常的文化表征。

3. 密切关注本土时事热点

关注所在国家的时事热点,在适宜的时机进行广告传播,可以获得时事契机赋予的独特传播价值。时事热点往往会煽动起本土消费者的情绪,在消费者最敏感的时机做好广告传播,可以最大限度地引起消费者的关注,这是普通的市场环境中无法得到的关注效果。广告传播中正确迎合消费者的情绪,表明跨国公司的立场,极易赢得消费者的情感认同,为日后广告传播的顺利进展做好情感铺垫。此外,参与本土时事热点可以让跨国公司迅速融入本土文化。可口可乐参与中国奥运盛事,其广告道出中国人的心声——"中国红起来"、"中国赢",让消费者从心底认同可口可乐,将其视为中国人的朋友和支持者。

宗教信仰也是跨文化广告传播中应当慎重对待的问题,索尼收录机在泰国市场上受挫就是典型案例。索尼并非漠视泰国人民的宗教信仰,恰恰相反,正是认识到佛教在泰国人民心中的地位,索尼才费尽心机制作了这则广告。根据泰国本土文化的表征习惯,与佛教有关的一切都需要尊重,否则便是不虔诚。索尼未准确掌握泰国本土文化表征习惯而误用,引起当地消费者的不满,最后广告停播,索尼向泰国人民道歉。宗教信仰差异并不仅在于信仰什么,也不应肤浅地将宗教符号作为本土文化表征而滥用,要深入理解信仰者的感情。在不触犯宗教禁忌的情况下,充分利用本土消费者对宗教的虔诚与热情,使广告活动成功传达企业对于消费者宗教信仰的理解与尊重,最终赢得消费者的尊重。

第五节　中国企业的跨文化广告传播

中国经济逐渐与世界经济一体化,跨国公司进驻中国获取巨大成功,这诱惑中国本土企业走出国门,寻找海外市场。国外跨国公司进驻中国,大都拥有成熟的企业营销理念及开拓国际市场的宝贵经验。与此相对,中国经济发展刚刚起步,企业发展还不够成熟,中国企业走出国门困难重重。中国在海外设立的企业以中小企业为主,规模不大且过度集中,平均投入约为40万美元,仅为同期发达国家的7%,发展中国家的10%左右[①]。据不完全统计,中国海外企业中盈利的占55%,其中多为非生产性企业;收支平衡的占28%,亏损企业占17%,以生产性企业居多[②]。这种状况,不仅与发达资本主义国家的跨国公司不可同日而语,甚至与许多发展中国家也有很大的差距。总的来说,这些海外经营的企业都不太重视品牌建设,作为品牌营销重要环节,广告策略更为他们所忽视。据统计,中国跨国企业带头人海尔集团在美国的广告促销年预算仅占其在美销售总额的1%[③]。中国跨国公司的跨文化传播意识还很薄弱,这

[①③] 李萍.借鉴发达国家经验发展我国跨国公司[J].广西商业高等专科学校学报,2001(3):14.

[②] 魏允哲、何凯.新世纪中国跨国公司发展[J].企业研究,2001(5):55.

与在中国市场的跨国公司的情况截然相反,忽略跨文化广告传播阻碍了中国企业在国外的发展。

一、中国企业在国外市场传播的弊端

根据对新华美通中国区总监陈玉劼的专访,可以总结出中国企业在国外市场传播活动的弊端。

1. 传播活动规模小

中国企业的海外传播都以企业为个体单独运作,传播规模都比较小[①]。中国企业还未将传播活动放在应有的战略高度,传播力度不足势必影响中国企业在国外市场的知名度,更无法建立深层次的偏爱与忠诚。

2. 传播活动带有盲目性,没有成熟的传播模式

中国企业的海外传播比较随意与盲目,缺少深入的市场调查,传播活动没有长远规划,也没有明确的传播目的。跨国公司在中国的传播活动则不同,其传播受总的战略的指导,每一个传播阶段都有具体的传播目标。传播活动能够获得什么效果、传播哪些内容、如何进行传播、传播活动没有办法完成的任务又是什么、通过什么途径来弥补传播的不足等问题都在统一的传播战略指导下由各传播策略具体解决。中国企业在国外的传播活动却没有这种自觉,随机的、小规模的传播不仅达不到预期目标,还造成资源浪费。

3. 传播活动缺乏积极性

跨国公司在中国的传播活动非常积极主动,与媒体的合作非常密切,中国企业在国外则非常被动。国外市场处于成熟的饱和阶段,企业之间的竞争非常激烈。本土公司借助长期的发展已经在市场上站稳脚跟,为本土消费者耳熟能详。相比之下,中国企业在国外市场资历浅,对于当地消费者而言,还是陌生的企业,消费者不会购买不熟悉的品牌。在此情况下,中国企业首先要提高自己的认知度,主动向消费者提供信息,耐心培育消费者。

二、跨国公司的成功对中国企业广告传播活动的启示

跨国公司在国际市场上获得的巨大成功与其广告传播方式相关,跨国公司在广告活动上投入的精力远远多于中国企业,对于广告传播活动的认识更

---

① 张男.中国企业的海外传播亟须加强主动性——专访新华美通中国区总监陈玉劼[J].传播,2005(10).

科学。中国企业缺乏广告运作经验,其对于跨文化广告传播的理解亟待深入。借鉴跨国公司的广告传播经验,可以为中国企业进行有效的跨文化广告传播积累智力资本。

1. 树立正确的广告传播观

中国企业应当正确认识广告传播活动,不应将过多的传播任务强加给广告活动,使其目标散乱;也不应轻视广告传播的作用,使广告传播活动处于被动状态。成功的跨国公司都有适宜自身企业的广告传播模式,一体化广告策略、本土化广告策略、全球兼顾本土的广告策略都是跨国公司多年探索出来的有效的传播策略。中国企业既然要走出国门,就要以全球视角来思考自身的广告传播策略,在实践中总结经验教训,形成适宜自身的传播模式。

2. 对市场进行深入调查

在华跨国公司取得的巨大成就与其重视市场调研的行为密不可分。了解消费者的需求、竞争对手优劣势所在、整体市场环境等,这是开展跨文化广告传播的前提。当然,对于本土文化的研究也必不可少,但这不可能一蹴而就,需要长时间的细细考量与体味。

3. 以本土文化视角反观企业的广告传播活动

中国企业进驻海外市场,进入的是与自身文化完全相异的文化背景。广告传播是一种文化活动,当地市场有惯习的广告活动方式。中国企业在准确了解当地文化的情况下,将广告运作与当地文化联系在一起,顺应当地市场文化的要求,顺应当地消费者的接受习惯。走出国门,中国企业要放弃以我为中心思考问题的方式,尽可能从本土消费者的视角来反观自身行为。在实践中,中国企业要善于发现问题、解决问题,积累自身经验,探索适用于企业的广告传播模式。

4. 灵活运用中国元素

中国元素是中国文化的典型表征,近年来成为世界流行元素,这一点在世界顶级服装、珠宝设计中均有体现。世界正以强烈的兴趣审视着中国,中国元素为世界著名设计师提供了灵感,他们创作出一系列精彩的作品。中国元素逐渐为世界所熟知,成为世界符号。中国企业拥有得天独厚的资源优势,其对中国元素的认知、理解、运用是国外公司无法匹敌的,恰当运用中国元素,让中国元素成为沟通中国企业与本土消费者的符码,发挥中国元素的潜力,必定为中国企业的广告传播活动带来优势。

5. 关注当地社会的时事热点

正如可口可乐借势奥运赛事一样,中国企业也应当时刻留意当地的时事热点。寻找有利时机,让广告出来说话,让消费者倾听企业的声音,树立企业的真挚形象。参与当地的时事热点是中国企业尽快融入当地文化的途径。

6. 善于运用本地人才

中国企业进驻海外市场还要克服语言障碍,语言障碍是影响跨文化广告传播成与败的关键。中国企业应善用当地人才,在广告准备、制作与推出执行阶段都请当地人才参与,以便及时发现问题,制定对策。在华跨国公司善用当地人才获得成功,中国企业也要利用当地人才为公司发展贡献力量。

本章小结

跨文化广告传播是全球化不可或缺的组成部分。根据公司属性及具体市场情况的不同,跨国公司在跨文化广告传播中可以采取一体化广告策略、本土化广告策略及全球兼顾本土的广告策略。

一体化策略指跨国公司为了树立全球统一形象,借由同一广告理念,采取统一影象,统一口径在全球市场推出同一广告。一体化广告策略的特征即为统一性,其理论支持是人性的共通与全球趋同。

一体化策略有助于节省成本;树立全球统一形象,使消费者对公司与品牌产成统一的认知;培养统一的消费理念,引导相同的消费习惯,借以发展规模经济;一体化广告策略有助于简化和跨国公司的管理运作,提高管理效率;跨国公司与广告公司的合作将更加深入,建立良好合作关系,实现跨国公司与广告公司的共赢。

本土化广告策略指跨国公司针对各个国家市场不同的文化背景,在宣传产品时使用不同的广告主题传达不同的广告信息。广告公司的广告语、符号意义、文化象征、诉求主题、形象组合到广告经营策略、人才组合与培训、管理模式、公共关系建构等都要与各地本土相适应。

使用本土化广告策略能灵活响应本土文化,本土化广告策略实施的必要性在于:难以逾越的文化差异壁垒;消费者需求日趋多样性;全球市场竞争日趋激烈,竞争方式多样化;本土企业的迅速兴起对跨国公司造成不可小觑的威胁。

"全球策略,本土表现"指在全球营销战略的统一指导下,针对不同目标市场的客观情况,适时调整广告的创意和表现方式,以适应不同的价值观、风俗习惯和消费偏好。

"全球策略,本土表现"的广告策略在广告具体执行时有两种广告模式:模板式广告方式和指导式广告模式。

【案例】

广告无国界——借广告一体化，打造国际化的中国品牌①

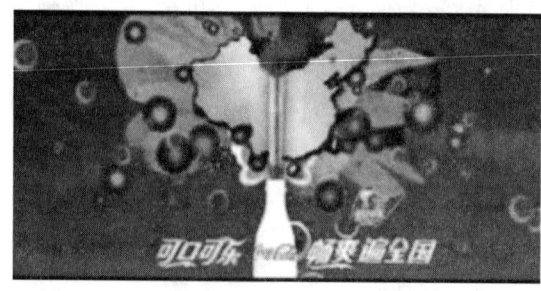

可口可乐，畅爽遍中国

　　随着经济全球化趋势的日益明显，品牌输出和跨国营销越来越频繁。我国加入WTO后，打造国际品牌、参与国际竞争已是题中之意，作为塑造品牌形象和开拓国外市场的主要方式的广告，就这样被推向前沿阵地，从此将不可避免地遭遇跨文化传播的问题。在跨文化广告传播中，人们普遍认识到要走"一体化"与"本土化"相结合之路，实施广告的"战略全球化，战术本土化"（Thinking globally, Acting locally）。

　　无可否认，实施本土化广告策略，融入当地文化，是国际品牌占领全球市场的必然选择，许多国际知名品牌，如可口可乐、宝洁，也靠营销本土化而在全球大获成功。然而，巨额的广告费用，对外形象传播的不一致性及协调各目标市场之间的关系等一系列具体问题使得这一策略对许多企业显露出现实的难操作性，广告的一体化策略在这些方面就凸显出优势，它不仅大大节约了成本，降低了企业的营销费用，还能形成规模经济效应。对于我国这样一个发展中国家来说，实施广告的一体化不失为在打造国际品牌之初的首选策略。

　　寻找世界性的广告主题，不同国家、不同地区、不同民族的人们，在文化价值观方面存在较大的差异，然而，其差异的背后又存在着许多共同点。Bartle Bogle Hegarty 的约翰·赫加蒂说："广告这一行业所做的正是把人们召集到一起来。所谓的国界都是人为的限定，伟大的广告的技巧之处就在于能够想出一个穿越国界，所有人都接受的思想。如果你过

---

　　① 范玲.广告无国界——借广告一体化,打造国际化的中国品牌[J].广告大观（综合版），2004(10):42～43.

分地被客观的种种差异所束缚,你就永远不可能写出伟大的作品。你应该关注的是那些共性的东西,而不是把人们区分开来的种种差别。这样你才能创作出跨国界的广告作品。"西蒙·舍伍德也说:"如果从人们的差异角度出发,无论是政治,道德或宗教,你都会找到具体的差别。它们明显地表现出来。法国人和德国人不同,越南人和泰国人也存在差异,但他们同样拥有很多共通之处。我们的观点一直是,在考虑消费者行为,考虑消费者对品牌信息的反应和对不同品牌的期望和要求时,他们表现出来的共性将比我们目前估计的要多得多。"

人性中有很多共通之处。比如说,人类有共通的心理欲求,如对安全、健康和荣誉的需要是跨国界和跨文化的,万宝路的成功就是基于人类共同的英雄崇拜。人类还有共通的生理需求,可口可乐的成功就是因为它抓住了人类共有的"口渴"的感觉,提出"口渴的感觉使四海成为一家"(A touch of thirst makes the whole world kin),鲜明地主张"口渴时请喝可口可乐"。一个多世纪以来,可口可乐变换过无数的广告口号,但这一主题始终是其全球广告宣传的灵魂。不仅如此,可口可乐的广告诉求还一直以健康、快乐、活力为主题,而这也正好是人类共同的追求。

近些年来,国内的企业在寻找世界性的广告主题方面也取得长足的进步,如海尔抓住了人类对"真诚"这一品质的追求,提出"真诚到永远"的核心广告语,这对其塑造全球化品牌形象很有帮助。建立统一的产品形象和品牌形象在广告中塑造统一的形象对产品和品牌的国际化十分有利,如果形象不统一,就会令消费者产生混乱的感觉,从而丧失对该产品和品牌的信心。产品和品牌形象包括直观的商标符号的设计和较为抽象的理念设计。综观世界上顶级的名牌,无论在商标设计上还是在理念设计上都体现出高度的一致性。2003年7月,日本松下电器集团开始启动其全球单一品牌战略,以Panasonic全面取代National,更换已于今年4月基本完成。又如,可口可乐的商标和广告牌在世界各地都是统一的,红底白字,简洁流畅,让人一目了然,品牌形象十分稳定。同样,麦当劳的金黄色弧形"M",以及Nike的"✓"在全世界也都一样。统一而简洁的商标便于世界各地的消费者识别和记忆。在理念设计方面,多年来,可口可乐的广告制作一直体现着"健康、快乐、活力"的主题,无论是在美国用摇滚乐、铜鼓乐、街舞营造出的强烈的美式风格,还是在中国推出的乡土味十足的"泥娃娃阿福"系列贺岁广告,可口可乐始终让全世界感受到它"健康、快乐、活力"的形象。同样,麦当劳的"更多欢笑,更多选择,尽在麦当劳"及Nike的"Just do it"张扬的青春、活力与个性,都在世界各地大放异彩,为品牌的国际化奠定了统一的基础。

这些世界名牌的做法为中国企业树立了很好的榜样,我们在国际广告传播中也应注意塑造统一的产品形象和品牌形象,这样才能使产品具备一种"世界性语言",从而在全世界通行。应规避民族情绪,培养国际视野。世界上绝大多数民族都容易产生民族文化优越感,即对自己的文化有强烈的认同感,而对外来的文化则加以贬低和排斥,这种优越感又往往与自卑和敏感的情绪相伴而生。海尔集团在 1997 年曾试图以"海尔:中国造"(Haier:made in China)的核心广告语来塑造其全球化品牌形象,却忽略了这一广告语其实包含了一种民族情结,仿佛是要为中国人争气,是一种典型的弱民族心态。事实证明,这一广告语成效甚微,海尔不得不又重新回到"真诚到永远"这一广告口号上。同样,"非常可乐,中国人自己的可乐"之类的广告词也暗含了民族排外情绪,对于产品和品牌的国际化十分不利。

在全球经济一体化的浪潮中,国界线变得越来越模糊,出产国的影响变得越来越微弱,一些国际知名品牌都在尽力淡化其与产地国之间的联系,它们从来不宣传自己来自何方,但仍然受到全世界消费者的认可,这给我们一些启示:要成为国际品牌,产地并不重要,只要产品和品牌得到消费者的认可。

如前所述,松下电器都已将带有"民族"含义的"National"更换为更具国际性的"Panasonic",而我国还在渲染"made in China"和"中国人自己的可乐",未免显得太过狭隘。此外,我国的绝大多数品牌都是采用汉字命名,在走出国门时通常用汉语拼音作为变通措施,这也是一种典型的想当然心理,以为汉语拼音能传达汉字所代表的含义,忽略了外国人并不懂汉语拼音甚至汉字代表的意思这一事实。例如,"长虹"在国人看来代表了一种宏伟壮观的气概,但汉语拼音 Changhong 在外国人眼里却没有任何意义。因此,汉字商标的国际化是必然的趋势,只有使用国际通用的语言,才不会造成传播上的障碍。海尔(Haier)目前也面临着这个问题,反而是海信还具备全球战略眼光,注册了"Hisense"的英文商标,它来自"high sense",是"高灵敏,高清晰"的意思,非常符合产品特性,同时,"high sense"也包含"远见卓识"之义,体现出海信的远大理想。适应全球性趋势引领消费观念。人类学家泰勒·莱维特认为:世界各国的文化正向趋同方向发展。世界正日渐成为麦克卢汉所说的"地球村",在这个"村落"里,年龄相仿,经历相近的人们正在跨越文化壁垒,其兴趣和品位向着集中化方向发展,这为跨文化广告传播减少了障碍。MTV 欧洲分公司的广告销售主管曾说:"一个 18 岁的法国男孩与一个 18 岁的德国男孩之间的共同语言比他与自己父母之间的还要多。在我们看来,这些孩子们就是一个'国家'。"

如今,全球的青年都在观看同样的足球赛,听同样的流行音乐,崇拜同样的明星,玩同样的电子游戏,全球性趋势使得各文化群体拥有更多的共同经验和共同文化。只要适应这些共同体验及文化,广告就能超越本土文化而非服从本土文化。国际行销的实践也证明,当人们发现一种新的消费观或新的产品符合需要并特别有吸引力时,其文化习惯及民族文化优越感就会让路。日本的家电、美国快餐深受中国消费者欢迎就是明证,百事可乐广告宣传自己是"新一代的选择",在全球范围内都未遇阻力也证明了这一点。因此,在国际广告传播中,我们应努力提高自身的创新能力,用新奇的理念引领世界消费的潮流。用民族文化打造特色的国际化民族文化是一个民族在历史长河的洗礼中凝聚沉淀下来的最可贵的东西,它融入了一个民族、一个国家的基本情感,运用民族特色来宣扬产品,能形成独特的广告风格,这与世界性是不冲突的。麦当劳和可口可乐在全世界大行其道,已然成为美国文化的代表;万宝路也是凭借其"西部牛仔味"十足的广告才风靡全球;法国香水和时装广告如果不以其浪漫的国度特色为卖点,肯定会失色不少。一个国家独特的气质、精神传统、美学观念及特有的文学等都能构成跨国广告传播的个性。中华民族是一个具有五千年悠久历史的文明古国,如果能在国际广告创作中融入独特的中华文化,形成鲜明的个性特征,不仅能避免广告淹没在信息洪流中,还能使中华文化大放异彩。当然,民族特色应选择当地受众易理解的方式表现出来,就像可口可乐在中国有"泥娃娃阿福"的系列贺岁广告,丰田有"车到山前必有路,有路必有丰田车"这样妙用中国谚语的广告语,我们期待着中国广告在异国他乡也有这样的精妙之作。

实施国际广告的一体化策略并不意味着广告的本土化策略不重要,相反,众多国际品牌的成功都证明了,营销越是国际化,就越是本土化。由于产品的限制以及各国文化和市场的差异,实施国际广告一体化时也不能完全忽略本土化策略。本土化和国际化并不矛盾,如果没有本土化,国际化就无从谈起;反过来,如果没有国际化的品牌作支撑,本土化也就少了根本。在中国品牌打造国际化的征途中,中国广告应致力于把两者有机结合,让文化成为跨国广告传播的纽带,而不是障碍。

第八章 跨文化广告传播的意识形态问题

第一节 当代广告传播意识形态概论[①]

我们都熟悉一个现实,现在的广告似乎并不推销产品,却顾左右而言他,变得不务正业。比如耐克的运动服饰广告,并不宣传运动服饰的实用功能,却鼓励人们只要喜欢就"尽管去做",提倡自由洒脱、我行我素的生活态度。现代社会的实践表明,人们消费产品,并不仅仅追求它的物质特性和实用功能,还因为受广告张扬的抽象的、非实用的精神因素所引发的兴趣和认同的驱使。广告的终极目虽是推销商品,却附带地传播生活态度、生活方式、生活哲学和意识形态。广告泛意识形态化的表征是,连洗衣粉的广告词也舍弃功能诉求,而公然树起"干干净净做人"的道德大旗。不难发现,当代广告中的一切商品,无不折射世界观,无不在表征精神价值和生活信念。广告的符号运作几乎已经意识形态化,广告已成为意识形态传播的重要领地。

一、意识形态——与权力相结合的价值观念

法国大革命中的哲学家德斯图·德·特拉西最早使用"意识形态"一词。他在《观念学原理》一书中解释说,"意识形态"这个名词指一种"思想的科学"或"观念的科学",这种"观念的科学"是一切科学的基础。[②] 当代的意识形态概念源自马克思的阶级理论,马克思将意识形态界定为统治阶级的"信仰体系"或"虚假的信仰体系"。早期的马克思主义认为,意识形态有先天不足,它

[①] 杨婧岚.当代广告传播中的意识形态[J].当代传播,2002(1):62~65.
[②] 宋惠昌.当代意识形态研究[M].北京:中共中央党校出版社,1993:2.

必须扎根在特定的经济土壤上。既然称意识形态是一套信仰系统,那就必然需要某种力量来为之推销。他们倾向于视这种力量为强制性力量,认为正是借助这种强制性力量,统治阶级才能将信仰灌注到每个人的思想中去。这种看法有致命的弱点——它无法解释,在现代的民主社会里,人们为什么会"自愿地同意",甚至会主动地配合意识形态的牵引。

  法国新马克思主义理论家阿尔都塞回答了这个问题。1970年,他发表《意识形态与国家意识形态机器》一文,建议从新的角度认识意识形态的功能。他认为,意识形态不只是人们头脑中的一套体系,也不只是记录在典籍中的教义,事实上,意识形态设计了我们日常生活的仪式,安排了每个人在这些"仪式"中的角色和行为。阿尔都塞认为,意识形态不存在真实与否的问题,他认为意识形态是一种思想构架,通过它"人们阐释、感知、经验和生活于他们置身其中的物质条件里面"①,意识形态建构和塑造了我们对现实的意识。阿尔都塞同时地指出,尽管个人作为主体觉得自己是独立自足的,觉得自己在直接、自由地把握现实,但实际上,他的意识是由一系列思想体系和再现体系限定的,这种把握只是他想像的结果。阿尔都塞把意识形态定义为"个人同他生存的现实环境的想像性关系的再现"。

  20世纪70年代以来,西方的意识形态批评家发现,他们需要一种更加能动、更富弹性的意识形态理论。于是,他们重新肯定30年代意大利马克思主义理论家葛兰西的"意识形态霸权理论",这就是所谓的文化研究中的"葛兰西转向"。在《狱中札记》中,葛兰西像阿尔都塞一样,并不把意识形态看作"虚假的意识",而是看作一切社会构形必不可少的方面。葛兰西对意识形态理论影响甚深,他提出文化霸权概念,认为在一定的历史阶段,占据统治地位的阶级为了确保他们社会和文化上的领导地位,利用霸权作为手段,劝诱被统治阶级接受他们的道德、政治和文化价值。倘使统治阶级在这方面取得成功,就无须使用强制和武力手段。葛兰西指出,霸权观念的关键不在于强迫大众违背自己的意愿和良知,屈从统治阶级的权力压迫,而是让个人"心甘情愿",积极参与,被同化到统治集团的世界观或霸权中。

  葛兰西的"文化霸权"理论具有重要的意义。从葛兰西的理论视角看,大众文化即是支配的又是对抗的,其内容由统治阶级获得霸权的支配和被统治阶级对霸权的抵抗共同构成。它不是统治阶级意识形态的通俗宣传,也不是一种自发的文化抵抗,而是一个谈判和斗争的领域。这一新的认识,一方面坚持了大众文化的政治性和意识形态性,另一方面又避免了庸俗的经济决定论和阶级决定论。

---

  ① [法]路易·阿尔都塞.列宁与哲学[M].伦敦:1971:152,12.

纵观意识形态理论的发展历程,意识形态不仅与政治相联系,还体现为多种形式。理查德·奥曼认为,意识形态是"一群拥有共同利益的人的观点——如一个国家、一个政党、一个社会或者经济阶层、一个职业群体、一个产业等等"。① 美国学者怀特将"观点"进一步扩充为"价值、信仰和观念",认为意识形态是一种"社会表达系统"。这表明,所谓的"意识形态"不过是一种能影响他人的价值、信仰和观念等的精神性因素而已。

然而,价值抉择、生活哲学、观点信仰等精神因素本身并不构成意识形态。真正的意识形态还必须与"霸权"相结合。只有当某个特殊的观点在某个范围中压倒其他不同观点,享有特殊的话语霸权,并将自己夸大为具有普遍的、永恒的适用性时,意识形态才会产生。学者们特别强调意识形态的特殊性,即它只是特定群体的特殊观点和价值。米米·怀特认为,意识形态是"一种文化的文本……特别的体现与规定着的……特殊范围的价值、信仰和观念",这种东西会"使其使用者产生特殊的知识和立场"②。正是这种特殊的知识、立场和观点,当它被其制造者——某一特殊的社会群体有意无意地普泛化、扩大化直至超出特定范围、具有超长的适用性和正确性也即话语强权时,意识形态才得以产生。所谓意识形态实际上是和权力相结合的、能影响他人的价值观念。③

二、当代广告的意识形态化④

当代广告正上演着一场意识形态化的戏码:始则产生出观点、知识、信仰、立场,次则借助媒体帝国的霸权之手,对不设防的受众进行天长地久的渗透和包围,最终将隶属于特殊群体的世界观和价值选择普泛化。

广告理论,从早期的情感氛围派强调"广告要用联想和暗示传达产品完美、质量和声誉的印象"到20世纪60年代大卫·奥格威主张"把商品与某种特殊的形象联系起来,要给每个广告一种与之相称的风格,创造出其正常的个性特色";再到唯情派大师伯恩巴克提出"广告要把产品联系到消费者的需求上面,要有足够的冲击力、渗透力,使之能够进入消费者的视野和心灵";一直到艾·里斯和杰·特劳特所阐发的"对未来的潜在顾客的心智下工夫,把产品定位在未来潜在顾客的心中"的定位理论,广告大师们都强调重视广告的受众。在强调受众重要性的同时,更加注重产品在受众心中的"再现",即建构一

---

① 罗纲、刘象愚编.文化研究读本[M].北京:中国社会科学出版社,2000:399,405.
② [美]罗伯特·艾伦编.重组话语频道之第五章:意识形态分析与电视[M].北京:中国社会科学出版社,2000:157.
③ 胡明宇.广告传播的意识形态分析[D].苏州:苏州大学,2003.
④ 杨婧岚.当代广告传播中的意识形态[J].当代传播,2002(1):62~65.

种关于受众及其与商品之间关系的意识,所谓的"联想"、"暗示"、"把产品关联到消费者的需求上",讲的都是"再现"所用的手段。在这里,广告充分发挥意识形态的功能,建构和塑造受众对产品、对广告(甚至是对现实)的意识。从这个角度讲,随着广告传播理论的发展,广告意识形态方面的功能越来越明显,广告自下而上建构受众的价值观念——对产品、对广告、甚至对社会。但是,价值观念、精神信仰等因素本身并不构成意识形态,真正的意识形态必然与"权力"结合。广告之所以能在特定的范围中压倒其他不同的观点,享有特殊的"话语霸权",是因为广告与媒体(特别是大众传媒)相结合。广告与大众传媒结合,大众传媒赋予广告话语霸权。

20年代,美国政治学家李普曼继承和发展了媒介的意义构成功能理论,在《舆论学》一书中,李普曼分析"身外世界与脑中图景"指出,媒介有建构社会环境的独特功能,就是说,在现代社会,媒介有重要的"意义构成功能"。这样,象征互动理论就不限于探索语言在人际传播中的社会意义,而扩大到考察大众传媒建构的"媒介环境"对个人和社会长远的、潜移默化的作用。根据象征互动论的基本假设,人们并不依据客观现实的存在对外界作出反应,而是对自己头脑里建构的世界做出反应。就如何建构头脑中的世界而言,亲身经验自然是一个方面,然而世界如此之大,没有一个人能事事亲身经验,所以媒介是现代社会的主要传播渠道。媒介通过对现实的描述、说明、解释,产生意义构成功能,并对受众施加潜移默化的影响,"人们可以从所读到的、看到的和听到的内容,发展出对物质现实和社会现实的主观及共认的意义构想"[①]。尤其对于没有其他信息来源的社会事件和问题而言,媒介提供的信息以及对这些信息的解释会在很大程度上左右人们的思维和行动。20世纪是大众媒介突飞猛进的时期,除了报刊空前发展外,广播、电视这两大电子媒介先后出现,它们从诞生之日起就在人类社会政治、经济事务和日常生活中扮演重要的角色。可以说,20世纪是人类历史上媒介化程度急速提升的时期。这意味着,一方面,各种媒介提供的信息量剧增;另一方面,人们从大众传媒获取信息的比重日益增加,"媒介现实"成为人们认识世界的主要来源。现代人生活在被媒介制造的"信息洪水"包围的世界里,人们对事物的感知、判断及产生的行动,大都以他们看到的、听到的媒介现实为依据。20世纪也是广告与大众传媒紧密联系的时期。从诞生之日起,广告就与印刷技术、与大众传媒结下不解之缘。广告与大众传媒结合后,现代人更多地生活在被媒体传播的广告信息包围的世界里(人们对于产品、事物的感知,乃至对社会价值观念的判断,大都以他们看到的、听到的广告信息为依据)。广告"话语霸权"形成,广告的意识形态的

---

① [美]M. L. 德弗勒. 大众传播学绪论[M]. 北京:新华出版社,1989:42.

功能日趋完备。

值得注意的是,广告与大众传媒结合,广告全面发挥意识形态功能,媒体也越来越离不开广告,广告对媒体的生存和发展举足轻重。广告与媒体的双向紧密结合,使得广告的"话语霸权"更加强大。

当代广告不只是信息和观点的自由均衡流动,而在其传播过程中呈现出倾斜性与垄断性。在包罗万象的表象下,广告在骨子里提供的是一个修饰过的世界,一个只传达特定价值与观点的单色世界:以消费为中心的世界。在广告传播极其发达的美国,传播学者证明:"广告业……作为销售商、品位制作人、教育家、流行文化创造者以及历史学家,多方面、多层次的影响和塑造着美国人的日常生活。"①广告拥有庞大的能量,它早已成为影响当代文化、制约人们的精神世界和现实生活的重要事物。

广告是一个"意志坚强的媒介",通过它,特殊的群体——商品生产者的逻辑和价值观逐步渗透进受众的全部生活,展开对消费者天长日久、滴水穿石的塑形。被现代传媒360度包围的受众,生活在商业文化高度发展的今天,即使对这一切保持清醒,仍不免被烙上印迹,身处这一语境中,每个人的个性表达和价值选择都不可避免地要受这种独特的社会表达形式的影响。

三、广告的意识形态分析②

广告意识形态化倾向怎样影响现代人的日常生活、整个社会的文化建构,广告的意识形态魔杖会把我们引向何方?为解答这些问题,就要考察这种特殊的意识形态的种种正面和负面的影响。广告的意识形态是由表层意识形态与深层意识形态构成的二元复合结构。表层意识形态是具体广告提出的抽象观点和价值等"由头",比如飘柔的"自信",奇强洗衣粉借用的"做人要干干净净",百事可乐提倡的"年轻一代的选择"。它是明言的观点,总会在具体的广告中出现,直接影响人们的现实判断,为人们当下的生活抉择提供标准和方向。深层意识形态却不明确表现在具体广告中,而通过广告的整体起作用,作为不明言的、更高层次的言说和表达,规范着人们的个体建构和现实行为。它以整体的世界观和生活态度,长期、稳定而深入地从意识深处影响受众。表层意识形态丰富繁杂,却受深层意识形态的决定和限制。将它们看作符号系统,表层意识形态正是此庞大系统的能指,深层意识形态则居于该符号系统的所指

---

① [美]朱丽安·西沃卡.肥皂剧、性、香烟——美国广告200年经典范例[M].北京:光明日报出版社,1999:558.

② 杨婧岚.当代广告传播中的意识形态[J].当代传播,2002(1):62~65.

层面。其特性正如罗兰·巴尔特在其符号学著作《神话——大众文化诠释》中所谈到的那样:从量上讲,能指大量而繁复,而所指则总是被典型化,种类稀少。

(一)表层意识形态

广告借重的表层意识形态五花八门,具体广告的总体语境不同,价值方式也不同。法国学者高龙在其专著《中国传播的崛起——服务于社会主义市场经济的广告和电视》中梳理了中国广告的意识形态,建立了一个价值目录:"这包括激发建立心理生理学秩序的价值框架(食品、休息、保健、性、安全、舒适)、评论角度(评价、友谊、对家庭的爱)、意识形态(政治的、人道主义的例证)、自我意识(独立、完成、承认、自我评估、支配、侵犯)、感情态度(恐惧、害怕、快乐)、游戏心态(刺激、漂亮、幽默、创造性)、认一知结果(知识性)……"①

1. 多元与矛盾——相互对立的意识形态并存

葛兰西的霸权理论认为,社会是由五花八门且相互冲突的阶级利益构成的,社会与文化的冲突表现为争夺霸权的斗争,我们的文化环境可以像论坛,不同立场和观念在这里展开谈判。② 霸权理论对我们全面认识广告意识形态结构有启发作用:广告领域充斥意识形态,呈现多种观念和价值并存、展开竞争的局面。对同一件事物,容许不同的价值和观点并存,不同的审美趣味相互竞争。广告的意识形态在重重矛盾和内部的张力中建立,常常呈现出对抗性的意识形态相互并存的状态。

2. 时代精神的折射

应该说,表层意识形态是时代精神格局、社会意识和心理状态的投影。为向大众消费者推销产品,广告往往借助大众能接受的观念来展开说服工作,这种观念不会是脱离现实的无源之水的想像,而是现实的图画。美国学者朱丽安·西沃卡认为广告中的意识形态只是传统化了的传统,因袭了已经陈陈相因的习俗。沙特·加利指出,广告作为现实表现的反映,不过是从现实反映中抽取出来的一部分……广告形象事实上就是社会现实的一部分。广告中的意识形态往往能反映时代的主旋律,折射人们的精神面貌和生存状态;不同的社会语境,有不同的广告意识形态。

回顾广告的不同时期,我们发现,不同时代,广告意识形态的类型不一样。80年代末、90年代初,广告的意识形态气魄宏大,受政治意识形态影响,强调

---

① 陈卫星.经济改革的形象铭文——解读中国传播的飞跃[J].新闻与传播研究,1999(1).
② [美]罗伯特·艾伦.重组话语频道之第五章:意识形态分析与电视[M].北京:中国社会科学出版社,2000:162.

社会责任和奉献,纠缠着难解的英雄情结,长虹广告广为人知的口号"以产业报国,以弘扬民族精神为己任"代表了这种意识形态。90年代末,随着社会的进一步转型和市场经济的推进,英雄情结受到平民意识的挑战,社会意识关注的重点也从整体过渡到个人,从崇尚牺牲、奉献过渡到注重自我实现和现实的快乐。与时代的精神状态相对应,广告的意识形态也呈现相对狭小化、个体化的趋势。对个体价值和自我梦想的张扬,对享受和愉悦感的重视,多以生活哲学而非道德教条的面貌出现,这是当代广告意识形态的一大特征。

3. 寄生的价值

由于表层意识形态把持着话语的权力,它总是向人们灌输教条,教导人们如何思想、如何生活,在智力和道德上似乎拥有凌驾于受众的绝对优势,但它不是永不枯竭的智慧源泉。作为流行文化的形态,表层意识形态寄生于精英文化,所有的哲学与教条只不过来自已有的文化遗产。广告铺天盖地而来,长篇累牍,却从未创造出什么新的东西,不过一再重复文化惯例,重复自己。

表层意识形态无任何价值创新,只能现实的反映,固化传统,对于现实的改进和革新没有丝毫裨益。表层意识形态的这个缺陷属于先天不足,这与广告的终极任务有关——广告本来就只是物质世界的推销术,染指意识形态只是广告的手段,它并不担负文化建设的重任。

(二)深层意识形态

深层意识形态是"未明言"的观点和立场,它并不体现在具体的广告中,而通过广告的整体言说、持久渗透来影响社会生活及受众的思维方式。理查德·奥曼研究美国的广告意识形态后提出,"正如很多人说过的,广告作为一个整体传达某些重要的意识形态信息",[①]这些被传达的"重要的意识形态信息"就是广告的深层意识形态。

1. 手段:简化——把世界"问题"化

深层意识形态发生作用的基本手段是把世界"问题"化,其操作惯例是,首先,定义人们面临的境况——这是一个"问题";其次,这个"问题"将被我们解决。广告作为整体要传达的信息正如理查德·奥曼所说:"商品能够解决所有的人类问题;商业在满足'我们的'最迫切的需求;美国人的生活方式基本上是良好的;尽管总是存在着问题,但是这些问题会将通过商业与消费者的相互合作得以解决——解决问题就是进步。"[②]于是我们看到广告说:有头皮屑?多么可怕,它令你看上去真不怎么样,工作起来也不顺心,朋友也会离你远去。

---

① 罗纲、刘象愚编.文化研究读本[M].北京:中国社会科学出版社,2000:399.
② 罗纲、刘象愚编.文化研究读本[M].北京:中国社会科学出版社,2000:405.

课时只要用某某洗发水,瞧,一切烦恼全都不见了!还有更多的广告在说:你缺钙,你的皮肤粗糙又没有光泽,你的孩子比不上别人聪明。仿佛在一夜之间,我们的生活就冒出如此多的问题,可是在一瞬之间,我们也能找到解决办法:只要看广告,万事不求人。

广告试图培植一种意识形态,在这种意识形态里,世界虽然充满问题,但都像广告中那样容易解决:"广告发挥了它应有的作用:教育公众,并提出一个信仰——这里的改革无论怎样进行,都会让你的生活更美好。"①万能的广告让我们相信世界是容易定义的,也不需要花太多力气去对付。

2. 价值内核:消费主义价值观

广告的终极目的是推销商品,鼓励人们消费,因此广告是一种消费文化,广告深层意识形态的价值内核是消费主义。广告表层意识形态的所有观点、说法、立场以此为中心建构种种"言语",消费主义则隐藏在所有纷繁甚至对立的表层表达之下。以广告为代表的消费意识形态,以消费主义为中心对人进行改造,使之在消费中寻找价值和意义。

西方消费理论强调广告对于形成消费主义意识形态的作用,波德里亚分析了"物"的性质在消费时代发生的变化,认为作为消费对象的"物"被赋予超出其物质属性之外的意义。它不仅作为日常生活的必需品而被消费,还作为符号同人们的各种认同联系在一起,为地位、身份、品位及与此相关的群体、亚群体提供证明。波德里亚指出,广告利用"物"在消费时代所具有的功能,激起个人的消费欲望,促进并保持社会分层。波德里亚说:"人的'需求'是没有限制的。物的量的吸收是有限的,消化系统是有限的,但物的文化系统则是不确定的。相对来说,它是无关紧要的系统。广告的窍门和战略性价值就在于此:通过他人来激起每个人对物化社会的神话产生欲望。它从不与单个人对话,而是在区分性的关系中瞄准他,好似要俘获其'深层的'动机。它的行为方式总是富有戏剧性的。也就是说,它总是在阅读和解释过程中,把亲近的人、团体以及整个等级社会召唤到一起。"②波德里亚还注意到,广告既不让人去理解,也不让人去学习,而是让人去希望,在此意义上,它是一种预言性话语。它所说的并不代表先天的真相(物品使用价值的真相),由它表明的预言性符号所代表的现实推动人们在日后加以证实。这才是其效率模式。它使物品成为一种伪事件,后者将通过消费者对其话语的认同而变成日常生活的真实事件。

---

① [美]朱丽安·西沃卡.肥皂剧、性、香烟——美国广告200年经典范例[M].北京:光明日报出版社,1999:466.

② [法]波德里亚著,刘成富、全志钢译.消费社会[M].南京:南京大学出版社,2001:53,137.

广告总是为人提供无数的梦想,激发人在现实的生活中去实现。

消费主义价值观的核心是:我消费,故我在。人们在消费中发现自我,确证社会身份,取得社会认同。在广告建立的物质神话里,现代人找到安身立命、立心之所:喝下某种液体代表你是崭新的一代,选择某款手机能显示你的"生命充满激情",消费某种洗发水因为自己"就是那么自信",而拥有宝马名车、高级别墅意味着功成名就,成为社会精英。广告让人们把物质的占有及消费当作符号,直接而明显地建构人生的意义世界。对物的符号的片面依赖走到极端,导致人把生命的价值和体验都归结为具体的物质,生命之花过分黏着于物。

就这样,通过"言外之意"的方式,广告的深层意识形态对当代人进行潜移默化的渗透,人性对物的需要被片面放大,人们成为"单向度的人"。

3. 粉饰——中产阶级的世界观

广告中的世界是最美好的世界,这里云集着最豪华的场景、最浪漫温馨的情感、最激动人心的理想,云集着亮丽潇洒、功成名就的人们,广告总是提供给我们"关于优越的生活和美好的社会等笼统的观点或形象"①。实际上,这种观点或形象总是表现出浓厚的中产阶级倾向。电视广告着意营造着中产阶级的生活方式,以此取得观众的认同。广告中出现的室内家居环境、布置装饰;广告里"白领化"的职业趋势;广告中人们娱乐休闲的方式都具有中产阶级的特征。② 于是,中产阶级的生活方式和生存梦想在成千上万的电视广告中打造出来,又日积月累轮番深入现代人的心灵,最终把广告受众塑造成千人一面,有着千篇一律的消费欲望和生活梦想。

然而世界并不像广告表现的那样美好,中产阶级化的广告给出的只是不完整、不真实的世界,它让人们眼界越来越局限于个人的、虚幻的天地,通过占用人们过多的注意力而有效地误导着人们,让人们的认识日益与现实相偏差。

广告是我们操作符号的方式,这种方式也在塑造我们自己。广告中包裹的价值观和生活态度影响着消费者的现实购买力和长远的、隐性的意识形成,培植着价值观和生活哲学,建构着文化。

这就是广告作为意识形态的威力,它影响这个时代每个人的精神世界,成为我们的文化环境。这个由大众传媒和商业逻辑赋予的特权,它既扮演积极的角色,也有操纵和欺骗的一面。正视广告的意识形态及其影响,将有利于我们对这个庞大的事物保持主动。③

---

① 罗纲,刘象愚.文化研究读本[M].北京:中国社会科学出版社,2000:399,405.
② 郭五林.电视广告中的中产阶级倾向[OL].http://www.cjr.com.cn.
③ 杨婧岚.当代广告传播中的意识形态[J].当代传播,2002(1):62~65.

第二节　广告跨文化传播对中国意识形态层面的影响

广告意识形态的价值内核,是消费主义价值观。那么,消费主义价值观自身走过了怎样的发展历程,中国传统价值观中是否有消费主义的因子?广告,尤其是跨文化传播的广告携媒体的"话语霸权"将这一价值观念输入中国,究竟产生了怎样的影响?我们又该如何看待这种影响?这是本节将要回答的问题。

一、消费主义意识形态的历史演变和本土思想资源[①]

消费主义意识形态是社会世俗化的精神性标志,它最早出现在西方,经过长期演化。中世纪的欧洲社会是非世俗化的神圣社会,按照基督教的教义,人在现世的生活没有意义,人生的价值在彼岸,在上帝的恩宠之中。受这样的神学意识形态制约,自然无法发展出世俗生活的正当意义。马克斯·韦伯认为,到16、17世纪,西欧出现宗教改革运动,基督新教的伦理发生巨大变化,产生入世禁欲说:基督徒能受到上帝的恩宠,是不是上帝的子民,只有通过现世社会的辛勤工作,通过世俗的成就而自我证明。现世生活不再没有意义,它成为通往神圣世界的必经通道。在新教伦理意识形态的支配下,荷兰、英国等新教国家首先出现世俗化的资本主义。不过,在资本主义的早期,虽然积累财富、追逐利润具有伦理上的正当理由,但由于清教传统的强大,并未进一步导致消费上的奢侈,世俗的聚财只是为了荣耀上帝,消费依然以禁欲为导向[②]。

不过,随着资本主义的发展和世俗化的深入,原先只作为手段而存在的工具理性(即对财富和利润的追求)渐渐脱离价值理性(为上帝而工作)的控制,成为目的自身。资本主义祛除了神圣的超越性,彻底显现出其世俗化的本来面目,在工具理性的支配下,无限扩大生产、追逐超额利润成为资本主义内在的驱力。资本主义发展的内在逻辑不仅需要打破清教的禁欲伦理束缚,也需要突破理性的适度限制,它迫切需要消费主义的意识形态,将对欲望、财富和

[①] 许纪霖、王儒年.近代上海消费主义意识形态之建构——20世纪20—30年代《申报》广告研究[J].学术月刊,2005(4):82~90.

[②] [德]马克斯·韦伯著,于晓、陈维纲译.新教伦理与资本主义精神[M].北京:三联书店,1987.

快乐的无节制、非理性的追求看成合理的、正当的,甚至看成人生目的本身。这样的消费主义,到19、20世纪成为西方社会主流的意识形态。

波德里亚认为,消费主义意识形态是工业文明的典型模式,其核心是对物质占有的无穷欲望,为物欲所控制。物成为符号体系,对物的消费是社会结构和社会关系的唯一基础。

这样的物欲关系,不仅是人与物的关系,也是人与人关系本身。正如马克思指出的,资本主义创造了物的异化关系。消费主义意识形态建立在物欲的关系基础上,加拿大政治哲学家麦克弗森认为,资本主义形态下的个人是一个占有性的个人,资本主义的个人既不是道德的主体,也不是社会整体的组成部分,他是孤零零的,是他自身能力和人身的拥有者。个人的幸福、快乐和人生价值就被物化了,可以度量了,看其消费的能力有多强,可以占有和享受多少社会稀缺资源和象征资本。

在现代工业社会中,消费主义意识形态不仅是消费的伦理,而且是社会关系的总和,是个人整体的价值观和自我认同。

正如欧洲中世纪社会为基督教伦理所支配的那样,中国古代社会长期受儒家伦理思想主宰。儒家思想对人生价值的理解虽然不是宗教的,却是道德的,儒家将人看作德性的主体,人生的目的是在现世生活中实践道德,修齐治平,实现"仁"的德性目标。受德性伦理的支配,儒家的消费伦理在整体上奉行重义轻利、以理节欲。社会的功利和人的自然欲望在传统中国有其地位,但始终是第二性的,它们要受仁义和天理的制约和调节。在中国传统思想中,经济生活的目标不在于发展,而是安定而不感到匮乏。无论是儒家、道家还是墨家,都不认为放纵欲望是合理的和正当的。

不过,这并不意味着古代中国人就追求奢华,古代的商人阶层也普遍追求奢华,但商人的奢华意识并未得到社会的承认,无法成为社会普遍的意识形态。相反的,商人的地位一直比较低下,列于四民(士农工商)之末,他们的逐利行为和消费行为都受到道德伦理的强烈排拒。

宋明以后的江南社会,情况发生变化。随着江南经济的发展和商业的繁荣,社会意识形态开始变化。宋以后中国的各大宗教,包括佛教、道教及儒家都发生静悄悄的入世转向,肯定现世和日常生活的意义。在这样的大背景下,商人的地位开始提高,儒者和商人出现身份上和思想上的互动,弃儒就贾和儒商合流成为引人注目的新趋势。与此同时,也出现从功用上肯定商人的奢侈性消费的思想。

晚明出现的纵欲主义思潮,其许多观念同近代的消费主义意识形态更接近。纵欲主义是晚明商人和文人中的极端思潮,与近代消费主义意识形态自然有所不同,它缺乏资本主义生产的物质基础,不可能在一般市民阶层中普世化,但作为本土的奢侈性消费意识,无疑是近代的消费主义意识形态的本土资源。

消费主义虽然也有本土资源,但即使到了近代,资本主义在中国全面发展,依然没有成为整个中国人的意识形态。改革开放之后,中国社会开始深刻转型,加之跨国公司在中国经营日渐深入和广告的蓬勃发展,消费主义的价值观才成为中国社会随处可见且不可忽视的思潮。①

二、广告意识形态的审视②

消费主义引起的争论远没有结束,围绕消费主义形成的主要手段——广告的功过争论也远没有止歇。

(一)批判——广告原罪说

自从法兰克福学派将批评目光转向文化工业以后,广告便成为消费社会下各种原罪的始作俑者。"将消费者并不真正需要的商品交给他们"、"大众……被搞得神魂颠倒"、"消费恶性循环"以及"再也没有比广告更居心叵测深怀偏见的了"等,广告面临的道德指控数不胜数,似乎都是广告惹的祸。当广告渐渐脱离单纯产品信息,转向传播物质形态之上的附加价值,甚至试图建构社会知觉时,批评纷至沓来。1980年,联合国在报告《多种声音一个世界》中指出,"广告作为一种交流形式,已被批评对人的感情施加影响,把人的现实情况简化为固定的框框,利用人的急切心情以及运用密集劝说的技巧达到相当于操纵的地步"③。广告操纵人们的意识,将文化经济化、消费化、极端化,解构并建构新型的消费社会文化形态。新型社会文化理论启动批判,广告首当其冲,成为众矢之的。

广告通过消费构建起虚无的幻像世界,是众多批判的中心问题。"把人的幸福同个人越来越多地占有和消费商品联系起来,以获取物质的东西取代爱、友谊等原来被视为美好而崇高的东西"④;"广告不再仅仅是一种商品宣传、一种购物导向;它同时还是一种时尚,一种与明星共穿一个品牌、共食一种美味的满足。在幻觉中,我们与明星共享同一种生活,他们就在我们的四周,仿佛

---

① 许纪霖、王儒年.近代上海消费主义意识形态之建构——20世纪20—30年代《申报》广告研究[J].学术月刊,2005(4):82~90.

② 聂荣会.解析神话——论广告建构消费意识的方法与意义[D].华东师范大学硕士学位论文,2007.

③ 联合国教科文组织编写,第二编译室译.多种声音一个世界[M].北京:中国对外翻译出版公司,1982:98~105.

④ 黄明哲等.梦想与尘世——二十世纪美国文化[M].台北:东方出版社,1999:242.

我们在举杯时,他们也频频点头与我们共饮……广告就是这样以幻觉的形式号召影响着我们的消费,它以无比温馨和软性的姿态迫使我们缴械投降,这就是商品时代的意识形态,它的无处不在已无言地告诉我们,这个时代具有支配性的力量就掌握在这双隐形之手中,而它背后则清晰地写着'金钱就是一切'"①;"人们开始对广告和商品美学做出反应,因为这些美学语篇提供了通用词汇以及将自我与他人相联系的方法。使用通用的意念、外观和样式的商业词汇,有助于改变从内在的或主观的道德感和伦理价值角度来理解自我认同感。这日益被外在的、表象的、通常看得见的特点来定义的自我认同感所代替"②。马尔库塞认为,"人们在自己使用的商品中认识自我";费瑟斯通声称,我们生活的地方"到处都是现实的'美学'幻觉",甚至有人"忧患着人性的肆无忌惮的贬值,忧患着人类的虚无主义时代的悄然降临"。

广告引起诸多批判,主要针对其广泛的传播性和强烈的渗透性。丹尼尔·贝尔说,汽车、电影和无线电本是技术上的发明,广告术才是社会学上的创新。广告依靠传统的大众传媒,权威而广泛地将商业化消费观植入人们的意识。广告区隔社会群体,量身定做包括媒体在内的独特生活圈层。广告渗入了消费者每一个微小注意力的所在,无孔不入地侵占着消费者的全部感官——视觉、听觉、嗅觉、触觉,室内、户外,乘车、步行、等电梯、看指示标……广告彻底颠覆了人们接收信息的主体性行为,将裹挟着商业本质的信息打造为审美、科技、时尚或阶层标志的知识或观念,或狂轰滥炸,或集中火力,或慢慢渗透,全方位反复传播。商业的隐晦性使接收者放松警惕,传播的主动出击使广告成为受众获取信息的主要途径。戴维·M.波特评论说,不懂广告术就别指望理解现代通俗作家,这就好比不懂骑士崇拜就无法理解中世纪吟游诗人,或者像不懂基督教就无法理解19世纪的宗教复兴一样。③

随着电视的出现,广告得到了爆炸性的发展。广告及广告形象这一问题成为后现代主义的中心问题。④

(二)为广告正言⑤

大卫·奥格威在他《"杜佛盛宴"的报告》中说过这样一段话:

---

① 孟繁华.众神狂欢[M].北京:今日中国出版社,1997:117.
② [英]西莉亚·卢瑞著,张萍译.消费文化[M].南京:南京大学出版社,2003:60,67.
③ [美]丹尼尔·贝尔.资本主义文化矛盾[M].北京:三联书店,1989:115.
④ [美]弗雷德里克·詹姆逊著,胡亚敏等译.文化转向[M].北京:中国社会科学出版社,2000:160.
⑤ 聂荣会.解析神话——论广告建构消费意识的方法与意义[D].华东师范大学硕士学位论文,2007.

我曾发给所有受邀请人士一份问卷,想要知道大体上他们对广告原则及其目的的看法。有19个人填写了问卷,部分结果如下：

19个人同意,"广告的目的,在于销售广告主的产品或服务"。

19个人同意,"每支广告片及每个平面广告都应该向消费者承诺一个利益点"。

19人同意,"我们希望观众产生的反应是多么有趣,我一定要试试那个产品"或是"我应该更常使用那个产品。而不是多么具有娱乐性的广告呀"。

"我们的目的是销售,否则便不是做广告",以推销商品为终极目标的广告活动,其本身便是商业营销中不可或缺的重要环节,是商品与消费者之间信息沟通的重要渠道。在商品短缺时代,以实物型消费和物质性满足为特点的卖方市场,决定了广告在商业活动中的从属地位。随着科技的发展与物质资料的极大丰富,商品的种类繁多、功能的同质化以及竞争的激烈化程度加剧等因素,广告作为信息桥梁的作用得到空前的加强——应如何向目标消费者有效地展示商品的性质、质量、功用、优点,用何种诉求方式才能打动和说服消费者,影响和改变其观念和行为,使产品或服务被推销出去,成为市场营销活动中最具影响力的关键环节。于是,从20世纪50年代早期,大卫·奥格威提出"品牌形象"概念,认为,"除了产品所具有的有形特性,产品的无形特性——支撑着品牌形象的情感价值——也是一项重要的资产"。同期,一大批具有开创性意义的形象诉求成为广告史上的经典：奥格威的哈撒威衬衫独眼男人的高贵神秘气质,李奥·贝纳为万宝路香烟打造的硬汉牛仔形象,BBD将大众甲壳虫塑造为不随波逐流的宠儿、将艾斯出租车定义为更加努力"老二"等,无不为产品赋予文化意义。品牌形象将产品与其他同类同质型产品建立有效的品牌区隔,在市场竞争中脱颖而出。品牌形象论,无疑是广告发展史上的一次巨大跳跃,广告从此摆脱了商品单纯的物质利益性,将商品与情感、意义、符号等文化属性牢牢结合在一起。

品牌形象论的革命性创新,开启了现代广告的新纪元,成为今天常用的广告创作方法；其倡导者大卫·奥格威被评为"现代广告最具创造力的推动者"、"现代广告的教皇"。从此,广告走上了一条与文化相结合的道路,在与商品经济相得益彰的高速发展中,构建新型的消费社会文化观。①

1. 赋予物质文化意义,释放新的市场空间

市场营销学通常将产品这一概念分解成三层含义,第一层含义是核心产品,即指消费者购买产品时追求的利益,是消费者真正要购买的东西；第二层

---

① 聂荣会. 解析神话——论广告建构消费意识形态的方法与意义[D]. 华东师范大学研究生硕士学位论文,2007.

含义是有形产品,指目标市场认定的有形的供应品,通常表现为产品质量水平、外观特色、式样、品牌名称和包装;第三层含义是附加产品,即通常所说的产品的附加值,指在产品的有形实态上获得的附加的利益或价值,它的产生主要依赖于消费者的主观认知心理感受。西奥多·李维特指出,新的竞争不是发生在各个公司在其工厂中生产什么产品,而是发生在其产品能提供什么附加利益(如包装、服务、广告等)。

现代广告正在这种时代潮流中发展壮大,它将商品的诉求重点从物质的实用性转向其所代表的附加性意义,在竞争极端化的情况下,几乎完全脱离其物质实体的本来意义。这也正是批判学派常指责的,广告在营造虚无的幻像世界。

广告的初衷并不是这样的。

首先,广告赋予商品文化附加值,广告制作投放以商品规模化、同质化为前提,以造成产品之间的价值区隔。科技的进步与经济的发展使同类产品的数量激增,使过去单纯依靠技术特性优势或价格促销等物质层面利益的销售方法举步维艰。正是在这种环境中,现代广告将人类普遍存在的情感、审美、阶层表征等意义附加于商品之上,构建物质属性相同、形象内涵迥异的多样性商品特质。无疑,广告对产品附加价值的开拓,避免了商业竞争中的早熟性饱和与价格倾销等破坏性恶果。人们彻底摆脱短缺经济时代的物质匮乏现象——渴了,可以选择走健康之路的汇源果汁、年轻一代的百事可乐、酷酷可爱的酷儿以及补充体能的红牛等多种产品。广告推动的形象定位,为每个产品提供了生存发展的理由,这直接来自于消费者精神层面的认同。

商品符号的多样化,在满足现代人的多重选择的同时,也鼓励并推动着更多新生产品的产生发展,促使市场的高度繁荣发展。同类商品的数量丰富性,使其在争夺消费者眼球的斗争中必然时刻以消费者需求为品牌形象的核心,在不断研究挖掘消费者需求的商品运动中进一步阐释了商品满足人类需求的存在本质。所以,从经济学的角度看,广告张扬商品的文化符号价值,是开拓新市场空间的催化剂,是承载市场丰富多样性的润滑剂,是将商品生产从生产者中心向消费者中心转化的动力。

广告从不试图建立虚幻的世界,它的任务是促进销售。广告建构商品的文化意义,但它从不会离开消费者需求这一中心,广告始终是经济传播工具,在连接商品和消费者的沟通过程中将二者创造性整合在一起。

2. 聚焦社会文化,彰显国家理想

美国广告历史学家理查德·W.波莱指出的,广告是文化和社会的一部分,即使它只反映出文化和社会的价值观,它也已经成为我们自己的重要反

映,因而,我们必须把它当作提高和加强它所描绘的生活的重要因素。

广告意义的产生是编码解码的双向过程,"是通过我们已经知道的知识而完成的",是"让人不知不觉的"接受完成的。广告的销售本质决定了其必须时刻以消费者的心理需求,从人们已有的认知文化出发,使商品获得消费者把握情感的心理认知,是广告编码至关重要的原则。奥格威的哈撒威衬衫广告,将穿着者的高贵、神秘气质与产品交融在一起;李奥·贝纳的万宝路香烟,将人们梦想中的男性气质融入品牌,使冷冰冰的实物型产品获得气质型生命。

人类情感的显现,需要物质性依托而外化:即使在出现广告以前,人们便已经开始了用物质实体代表精神追求的审美过程——贵族着装的款式颜色、馈赠礼品的相互问候、装饰材料的心理满足等,都将人类的精神特质深深植入物质消耗物。广告对意义表征的方法也正来源于此。无论是个人、民族还是国家,都有着或多或少的共同心理需求,亲情、友情、爱情、安全、健康、审美,儿童天真可爱、年轻人朝气蓬勃、中年人睿智稳重等,都有着不同的外化行为和实物表征。广告紧紧抓住这些表征,与具有相关性的产品构成联系,从而培养、发扬这种对销售具有绝对正面意义的联想,获得消费者的认同,刺激购买。所以,广告是社会文化的表现,广告是社会文化的聚焦镜。

广告聚焦社会文化,所以我们很容易从广告中看出国家的理想。广告将社会文化凝缩并传承下来,成为透视各个时期、各国文化等诸多领域的镜子,成为彰显国家文化理想的表达方式。在中国的广告中,我们总能看到一家团圆、其乐融融,商品关联血脉亲情;而在西方广告中,我们更多看到个人感受或二人世界似的个体满足,西方个人主义的身影随处可见。从时间跨度上看,广告内容及价值观的变化,也是社会文化价值观变化的缩影,广告表现了不同时期的审美。广告彰显可以表现社会文化的方方面面——经济水平、教育特点、生活方式、消费休闲、审美活动、人文追求……经济的晴雨表上折射出人文生活的价值观,留下时代风貌最独特的表现印记。

3. 培育新的生活方式,重构社会想像法则

广告对新生活方式的培育和社会想像法则的重构是意义的生成过程,批评也正集中于此。批评者指责广告"将消费者并不真正需要的商品交给他们","对人的感情施加影响……达到相当于操纵的地步","把人的幸福同个人越来越多的占有和消费商品联系起来","以幻觉的形式号召影响着我们的消费"以及"人类的虚无主义时代的悄然降临",广告的意义生成,在批判者眼中,是弥漫在消费主义之上的幻像之源。

但是,心理满足是幻像吗,精神消费就都是虚无主义吗?

广告的彰显作用和建构作用紧密相连、无法分割,广告的彰显作用是因为广告内容源自生活,而广告的建构作用,则是因为广告的大众媒体传播性。广告聚焦社会文化、表现社会理想,将商品融合其中,使人们产生意义联想而促成购买行为。但各地区经济、文化等发展有差异,某些部分认同的价值观在其他地区的某个阶段内还未传播开来;在这种情况下,针对那部分未传播人群,广告的彰显作用多变成倡导性建构作用,最终促成人们的价值认同,促成他们消费。所以,广告的意义建构更是意义传播的过程,广告借助大众媒体频繁地、不厌其烦地传播文化符号,最终获得广泛的社会认同。其实,意义的建构无处不在,人类时刻不停生产、传播着关于生命、家庭、亲情、爱情及物质工具等的意义,通过交谈、演讲、阅读等改变他人的意义建构。广告亦然,但使用大众媒体的反复诉求,将意义建构跨时空的效果最大化。广告不可能拒绝观念,拒绝意义,它只是在传播、改变观念时再造观念,"因为观念仍是消费理由的理由"[1]。

广告传播并更新商品信息,培育新的生活方式。选择商品,实际上是选择生活方式;商品表征意义、代表生活价值观,这种选择是自我塑造和社会认同的一部分。广告通过大众媒体不断传递商品信息,成为塑造现代社会规范、共识、标准的重要力量,有助于生活水平的普遍提高。广告首先是一种商品信息的传播活动,商品的特点、功能、效用等以知识的面孔出现,"一杯牛奶强壮一个民族"、"钻石恒久远,一颗永流传"、"科技使你更轻松"等,无不传递出新产品生活方式的强大优势。广告传递给消费者最新的商品知识,使生活的更新成为习惯。广告还承载审美、时尚、科技、阶层等信息,提高消费者文化鉴赏水平,培育新型的生活方式和价值观。商品是现代社会发展中最活跃的因素,广告通过解读商品来建构消费秩序,通过更新消费秩序培育新的生活方式,促成社会物质、精神均衡交流。

同时,符号化是对物品及生活方式的分类,品牌以其独特的形态对商品符号进行文化意义上分类,创建意义坐标上的相应空间,这种空间意义的表述必然承载着新消费文化。在这种裹挟着审美、科技、时尚及富裕阶层的文化追求中,社会生活的观念、态度及梦想等参照内容必然发生日新月异的变化,为社会的想像法则建立更新标准。广告是最充满想像力的行业,超速更新的商品品类、包装设计、技术内核、使用特性等时时挑战人类的思维速度,精心策划的广告创意、营销创新、内容表现等以触动你脑神经为目标动力。作为市场营销的最前端行业,创新已成为行业赖以生存的不变法则。从各种观念的更新表现,到想像内容的鲜活生动,广告调动消费者内心追求的现实超越感,使社会更加充满想像的空间,"广告作为人类欲望的想像镜像,不仅不应该被诋毁,相反应该被重视。因为它酝酿着未来生活的想像法则"[2]。

---

[1][2] 金定海.价值理性的偏失[J].现代广告,2005(2):22~23.

(三)广告跨文化传播带给中国的机会①

各民族的文化传统目标价值各不相同,且长期积淀、根深蒂固,不可能随着经济标准的统一而统一,文化多元化不会消失。相反,越是经济全球化,文化的渗透与冲突越激烈。这个时代,对作为经济文化先锋载体的广告来说,既是机遇又是挑战,挑战在于广告跨文化传播不可避免地遭遇文化冲突,机遇在于把这种冲突转化为双方共赢的策略。一般来说,强势文化处于主导地位,弱势文化必定拥有突出的民族特色。在全球化的进程中,广告的运作与传播要始终坚持民族化,寻找不同文化区域共通的契合点。通过有效的沟通,不同文化可以很好地参与国际交流,从中吸取营养,不断丰富民族文化的内涵。

(1)通过广告传播借鉴、吸收世界文明的先进成果。发达国家在中国进行的广告传播,给我们带来物质文明与先进理念。万宝路曾在中国策划"万宝路贺岁锣鼓比赛",鼓手鲜红的装饰和震天的锣鼓,象征着吉祥、幸福,与新春的喜庆气氛相融合,既符合中华民族的特点,为中国受众所接受,又渲染了万宝路广告中西部牛仔雄壮、野性的阳刚之气。文化的全球化并不排斥民族化,民族文化的发展也有助于文化的全球化。

(2)通过广告传播,有利于扩大中国文化的影响。广告传播的背后总是伴随着本土文化的输出。中华民族有悠久灿烂的文化,为人类文明做出卓越贡献,应始终把民族精神、民族文化作为广告传播的主要内容,将中国传统的优秀文化传播出去。因此,在广告艺术表现手法上,要多运用中国特有的诗词、民歌、谚语、书法、国画、戏剧、音乐、建筑等艺术形式,将传统文化推向世界,让全球消费者不断认同和了解中国文化。

(3)以积极的态度推动文化体制改革。文化的产业化是发达国家文化扩张的重要政策,是占领世界文化市场的重要手段。发达国家的文化产业给落后国家的文化产业施加压力,广告传播是文化产业化的突出表现,我们已经感到发达国家文化输出的压力。这种外在的压力必然会形成内在的改革文化管理体制的动力,使我国的文化资源得到充分的开发和利用。应按照文化产业发展的要求,不断推进文化体制和机制创新,大力加强我国产品在世界市场上的声音,输出中国人的价值观念。只有主动出击,才能保证民族文化安全,才能自觉抵制西方文化价值观念的渗透。②

---

①② 陈培爱,岳淼.广告的跨文化传播与文化安全[J].湖南大众传媒职业技术学院学报,2006(3):16~20.

第三节 对跨文化广告的意识形态及文化影响的对策

一、广告跨文化传播的宏观控制[①]

跨国广告之所以遭遇巨大的反抗,跟我们不健康、不正当的心态有关。那种对外来文化的一厢情愿的认同、误解和曲解,还有"义和团式"的拒斥,反映出东方文化因居守势而产生的焦虑和浮躁,反映出民族文化重建信心不足的现状。许多广告主看到外国广告巨大的促销能力,不顾实际情况一味模仿。面对这种情况,我们必须调整心态,克服对传统文化简单、片面的认识,挖掘传统文化的精华,进行创造性的转化,从长远利益出发,以公正、平和的心态看待外来广告传播。

(一)做好"把关人",有选择地接纳外来文化

媒介是放大器,更是过滤器,大众传媒应该当好"把关人",把握好取舍原则,有选择地吸收利用。

文化流通格局不合理,在广告业的表现较为明显。外来的广告文化产品呈单向度传播态势,国外广告蜂拥上市,大量挤占本土广告的市场份额。在这种情况下,应做好把关工作,控制外来广告的传播。

(1)跨国广告应符合当代世界文化的主流——理性精神,这是中国广告走向世界,重扬主体文化的必然选择。新加坡大学的 S. H. 阿拉塔斯曾提出一系列阻碍现代科学和东南亚社会发展的人文因素,诸如"权威主义"、"非理性主义"、"缺少对科学的尊重"等,这些传统价值取向中不合理的成分应被抛弃。随着科技的进步,世界的同质化趋势,理性价值必然是人类共有的精神气质。跨国广告中那些合乎世界发展主流的理性传播产品应接受,如政治平等、大众参与;公平竞争、机会均等;信息共享、个性和多元化共存。对于那种非理性的成分,例如大国主义、垄断、独裁、机会主义,唯我独尊、世界警察,灌输、单向传播,我们都应筛选掉。

(2)要适应改革开放的时代潮流和现代市场经济的发展方向。市场经济

---

① 张苗.广告跨文化传播的宏观控制[J].呼兰师专学报,1997(4):20~25.

建设要求适应市场的新型现代化人格。国家的现代化要以人的现代化为前提。对跨国广告的控制要以本国人民整体素质,尤其是广告意识的提高为基础。因此对跨国广告中宣扬的以洋人为主体的"幸福"生活及表现出来的享乐主义倾向,我们要拒之门外。对于跨国广告中宣扬的个人奋斗、个人主义,我们应吸取积极的进取精神,而警惕其个人主义。市场经济既讲分工又讲合作,主体能力的提高不意味着个人奋斗,而要求协作意识,是合作中实现利己利他的高层次的统一。

(3)发挥法律、法规的作用。国家在维护广告的正常传播方面制定了许多法规,它为我们从体制上制约外来广告传播的负面影响提供了法律的依据。各个地区也出台了一些关于广告正常传播的法律法规,我们要善于运用法律,严格依法办事。

(二)借鉴文化传播的原理加强广告控制

现代社会人们的价值意识主要是从大众文化传播系统吸取营养建构起来的。人们通过大众文化传播系统获取各种价值信息、人生价值观念,因此我们可以运用大众传播的原理来控制和影响人们的价值观念。作为大众传播的形式,跨国广告传播当然也在我们的控制范围之内。

(1)维模原则。文化的维模功能是社会文化的基本功能之一。在文化传播中,维模功能使文化圈对外来文化具有选择能力和自我保护能力。当外来文化有益于原有文化模式的维护时,便容易被接受,并被作为营养补充至文化肌体中;如果外来文化危害原有的文化模式,维模功能便起到"守门人"的作用。

中国传统的文化模式、价值取向跟不上时代发展的要求,但这一模式是文化重构的基础。运用它保护传统文化中合理有用的成分;吸取文化重构中缺少的成分,促成文化融合。

(2)适应原则。传播者传播的内容与形式要与接受对象的文化土壤、心理状态相适合;接受者只接受外来文化传播中与自己相适应的那一部分内容。让外国广告逐步适应中国人的口味、习惯,这就是适应原则的应用。让外国的广告在宣传中运用中国的民族传统要素也就是对传统文化的宣扬和升华。例如,麦氏咖啡的"滴滴香浓,意犹未尽"。这个广告语广为流传是因为它符合中国人传统的语言习惯,亲切、上口、易记,更具有一定的文化内涵。"人头马一开,好事自然来"则符合中国人喜圆满、讲趣味的习惯。外国广告越来越注重对中国文化传统特色的运用。例如可口可乐的《风车篇》,还有摩托罗拉的中文手机广告。

(3)优势扩散原理。越是先进、发达、文明的文化,越易得到传播与扩散。

优势的文明会表现出较强的传播力,因为它符合人本性的要求,特别是先进的物质文明。

中国的全面进步需要各种新鲜的养料,需要现代化知识的补给。现代跨国广告,宣传我们以前不了解的先进技术和产品、先进生活方式,运用现代广告的巨大冲击力,再加上现代化的媒体传播,可以传播优秀、健康的生活方式、价值取向改变人们的传统陈腐观念。

(三)振兴民族广告,让中国广告走向世界

从目前的情况看,外国广告之所以大规模进入国内并产生巨大影响,这是由我们的文化消费现状决定的。中国广告起步较晚,创意和制作都缺乏竞争力,满足不了人民日益提高的文化品位,商品宣传也缺少足够的促销力,外国的广告更具感染力。有效控制跨国广告传播,要以提高创作水平为根本。只有我们的广告也具有较高的品质,才能打破广告传播中的单向度态势,让中国的商品走向世界。

中国广告业要想拥有世界水准首先要转变观念,走出民族性的误区,让世界了解中国广告,认识中国的产品。转变之一是:为自己具有国际水准的产品作出国际水准的广告。中国拥有国际质量的产品,却缺少将它们推向世界的广告。只有世界名牌才能成为国际市场上的畅销产品,所以中国必须创造出自己的世界名牌。要让国内的名牌更多地被世界人民认可。转变之二是:广告宣传要以消费者为中心,了解他们的需求、心情和喜好。广告人必须保持着前卫意识,这样才能了解新一代人的需求。

随着广告跨文化传播的不断加深,随着世界经济的同构化趋势,随着中国经济建设的不断成功,随着中国广告业的不断成熟,跨国广告对文化的影响呈现新的特点,我们应立足于本国的经济、文化建设,尤其是中国广告业自身的成熟,让跨国广告向着有利于我国文化体系重构的方向健康发展。[①]

二、跨文化广告传播中的文化安全对策[②]

大规模的广告传播促使全球文化日益融合,其中积极的和负面的因素同时存在。广告传播给国家文化安全造成威胁,在于"如何保持民族文化的个性"。在全球化进程中,我们应接受西方广告文化中的一切积极因素,如企业竞争观念、公平意识及效益原则;扬弃其中的腐朽思想;如拜金主义、商品拜物教及极端个人主义思潮。我们要以优秀文化为后盾,采取积极主动的进取精

---

①② 张苗.广告跨文化传播的宏观控制[J].呼兰师专学报,1997(4):20~25.

神,保护经济全球化背景下我国的文化安全。

(一)立足传统文化,保持鲜明特色

民族文化是一个民族在历史长河的洗礼中凝集沉淀下来的最可贵的东西。中华民族拥有强大的凝聚力、向心力和生命力,其传统文化里出现了大量具有表现顽强不屈、奋勇进取的文化现象,如愚公移山、后羿射日等;表现光明正大而富于仁者情怀的"厚德载物"等;表现中华传统美德的"尊老爱幼"等。这是全人类的共同财富。传统并不是包袱,问题在于如何对待与利用。我们在传播商品信息的同时,应弘扬民族的文化价值观,如孔府家酒广告中的"叫人想家"、红豆衬衫的"红豆诗"等。传统文化是取之不尽的宝藏,广告人要善加利用。跨文化广告传播要以传统文化为依托,兼容外来文化之精粹,在各种不同文化的碰撞、交汇、融合中形成自己的特色。

(二)坚持文化创新,不断有所发展

人类文化发展的历史证明,对于民族文化最有效的保护就是与时俱进、不断发展,最有效的继承就是与母体血肉相连、不断创新。创新是民族进步的灵魂,有创新才有生命力。中华民族优秀的文化只有不断创新,才能更好地参与国际交流。著名的"海尔文化"就是融合东西方文化于一身,在继承中创新,在引进中消化,其根植于本民族文化的土壤。用海尔总裁的话说,就是"海尔文化＝日本文化(团队意识＋吃苦精神)＋美国文化(个人主义＋创新精神)＋中国传统＋中国文化的精华"。

2001年2月8日,中国广东移动通信"沟通从心开始(牵手篇)"荣获第30届莫比广告节影视类第一名。该节是全球最具权威的三大广告节之一,实现了中国广告在莫比广告节广告评比中"零的突破"。在作品中,选择"牵手"来作为表达理念的符号,而载体是儿童。因儿童是纯洁、真诚的标志,儿童是未来的希望。"一种来自中国的声音,引发全球的回应,在童声合唱《欢乐颂》旋律的伴奏下,来自美国、法国、印度、马尔代夫,来自世界各地的孩子突破心灵屏障穿越地域的界限,奔聚在一起,手牵着手连成一体⋯⋯"广告对"以心沟通"的企业理念进行了出色的诠释,其团结友爱的诉求点正好是站在人性的高度。这种对和平、团结的追求,对儿童的关爱之情是世界各国人民所共有的,也与我们中华民族崇尚和平、尊老爱幼的传统美德相一致。

(三)克服思维定式,增强跨文化传播能力

在文化市场中,发展中国家不仅要"引进来",而且要"打出去",不仅要大力出口一般商品,更要积极出口文化商品。要在广告传播中融入独特的中华

文化,形成鲜明的个性特征,不仅能避免广告淹没在信息洪流中,还能使中华文化在世界大放异彩。当然,民族特色应选择各国受众容易理解的方式表现出来。海尔集团1997年曾试图以"海尔:中国造"的核心广告语来塑造其全球化品牌形象,却忽略了这一广告语其实包含了一种民族情绪,仿佛是要为中国人争气,是一种典型的弱民族心态。事实证明,这一广告语成效甚微,海尔不得不回到"真诚到永远"的广告口号上。同样,像"非常可乐,中国人自己的可乐"之类的广告语也暗含了民族排外情绪,对产品和品牌的国际化十分不利。国际品牌可口可乐在中国有"泥娃娃阿福"的系列贺岁广告,丰田有"车到山前必有路,有路必有丰田车"这样妙用中国谚语的广告语,都深深打动了中国消费者的心。因此,在国际广告传播中,我们要增强自己的跨文化传播能力。随着全球经济一体化的到来,"人们的品位和偏好都在趋向统一化,由于任何地方的人群都因为相同的原因而需要相同的产品,因而企业可以通过在全球范围内使用标准化的主题统一广告宣传,获取最大的经济效益。"①

(四)理智地对待全球化与民族化的关系

马克思和恩格斯在《共产党宣言》中论述道,世界文学的形成是资产阶级对世界市场的开拓所带来的文化结果的表现之一。马克思和恩格斯指出了这种文化格局出现的历史必然性:"资产阶级,由于开拓了世界市场,使一切国家的生产和消费都成为世界性的了……过去那种地方的和民族的自给自足和闭关自守状态,被各民族的各方面的互相往来和各方的互相依赖所代替了。物质的生产是如此,精神的生产也是如此。各民族的精神产品成为公共的财产。民族的片面性和局限性日益成为不可能,于是由许多种民族的和地方的文化形成了一种世界的文学。"②

这段文字精彩地影射出当代全球化的意义,即一个民族的经济与文化活动,不仅是单纯地属于本民族,只在本国本民族中得到交流和享用,而是从国家和民族闭关自守状态下摆脱出来,成为具有某种共同共通的经济与文化交往交流的关系。虽然这些国家和民族之间在这种关系中的地位、作用、利益并不相同的,但趋向却是从封闭、隔绝、拒斥而走向超国界的交往与交流,走向全球性的文化共享。世界各国文化正向趋同方向发展。我们对外来文化不能"一棍子打死",毕竟任何文化都有值得借鉴的地方。如果我们只强调"本文化"的纯洁而反对与"他文化"进行交流和交往,就可能发展成为一种以自我为中心、拒斥异质文化存在的"文化孤立主义"。广告传播要在对母国文化与目

---

① 韩中和.品牌国际化战略[M].上海:复旦大学出版社,2003:165.
② 马克思恩格斯选集第一卷[M].北京:人民出版社,1976:254~255.

标市场文化充分了解的基础上,巧妙寻觅文化之间的共同点,并架构起东西方文化连接的桥梁。①

三、小结

强势国家通过广告传播进行文化和意识形态渗透,因为他们有强大的经济实力作后盾。一个国家的文化和意识形态是建立在经济基础之上的,发达国家在经济领域的强势地位必然造成他们在文化领域的强势地位。

广告是经济发展的晴雨表,广告传递的信息也反映了一个国家文化发展的水平。广告传播扩大了人类文明的成果,改变着许多民族原本的文化构架。至于广告传播是否破坏了一个国家或民族的文化安全,一定要把这个问题放在某个历史阶段或历史过程来考察,只要其促进社会的发展与进步,就是对全人类有益的。我们无意极端扩大广告传播的文化力量,但由于广告传播本身的重复性、大批量化,其隐性的文化影响力不可低估。

广告跨文化传播的最终目的是实现全球范围内的信息资源共享,使人类文明的交流突破历史强加的局限;同时,又在世界文化舞台中表现出其独特的价值,形成开放、自由、平衡、多元的国际文化传播新秩序。

本章小结

本章从厘清意识形态的概念入手,概述了广告与意识形态之间密切的联系。我们在理解广告对建构意识形态——与权力相结合的,能影响他人的价值观念——所起的重要作用的同时,要认清意识形态性只是广告的特征之一,广告在市场经济活动中扮演重要角色,其意识形态上的负面作用不宜被过分夸大,尤其在跨文化广告传播实践当中。消费主义的、异文化的意识形态固然包含在其中,但就其对中国的影响来讲,总体上更多是积极、正面的。对于跨文化广告中的意识形态因素,我们也应有自觉的意识,抱着扬弃的态度审视,将意识形态和文化渗透置于控制之下,致力于在跨文化广告传播实践中更多的宣扬积极有益的价值观念,提高中华文化的意识形态影响力。

广告的意识形态是由表层意识形态与深层意识形态构成的二元复合结

---

① 陈培爱、岳淼.广告的跨文化传播与文化安全[J].湖南大众传媒职业技术学院学报,2006(3):16~20.

构。表层意识形态是具体的广告所提出的抽象观点和价值等"由头",它是明言的观点,总会在具体的广告个体中出现,直接影响着人们的现实判断,为人们当下的生活抉择提供标准和方向。深层意识形态却不明确表现在个体的广告中,而通过广告的整体起作用,作为一种不明言的、更高层次上的言说和表达,规范着人们的个体建构和现实行为。同时,它更是以一种整体的世界观和生活态度,长期、稳定而深层的思维方式从意识深处影响受众。

广告跨文化传播的宏观控制有:做好"把关人",有选择地接纳外来文化;借鉴文化传播的原理加强广告控制;振兴民族广告,让中国广告走向世界。

我们要以自己的优秀文化为后盾,采取积极主动的进取精神,保护我国在经济全球化背景下的文化安全。采取的相应对策应当是:立足传统文化,保持鲜明特色;坚持文化创新,不断有所发展;克服思维定势,增强跨文化传播能力;理智地对待全球化与民族化的关系。

【案例】

"消费主义"意识形态在房地产广告中的体现及引发的争议[①]

"见证奢华","新奢宅,彰显财富拥有者的非凡品位"……当买不起房成为大多数人苦恼的时候,铺天盖地的房地产广告用词显得格外刺眼。

这种刺眼的用词甚至引起了城市管理者的注意。5月9日,北京市市长王岐山在市政协召开的"加强城市户外广告设置管理问题研讨会"上表示,许多户外广告除了设置上违规造成环境破坏以外,广告词中反复出

---

① 叶铁桥、郭姗姗.房地产炫富广告刺痛百姓心　政协委员呼吁治理[N].中国青年报,2007-05-14.

现的"至尊"、"豪宅"、"奢侈"、"顶级享受"等字眼也严重影响了首都的和谐氛围。

1. "我觉得我们被排除在外了"

谭先生在北京某事业单位工作,外地来京的他虽已年届三十,却迟迟不敢结束与女友的爱情长跑步入婚姻殿堂,原因就在于房子,女友和女友家人都表明了没有房子不结婚的态度。结果,2004年就在盼房价下降的他,如今等到的却是房价翻番。

"房子都是为百万富翁盖的,我们哪买得起房子。"谭先生说,他现在厌恶谈到房子,一些房产广告也让他颇为不爽,"豪宅、巨筑、巅峰钜献,一看到这些字眼,我心里就不舒服,我想要的只是一套便宜舒适的居室而已。"

眼下在北京,人们时刻被这样的广告所包围着。走在大街上,随处可见标注着"奢华"、"豪宅典范"、"上流人家"、"世家"、"公馆"、"皇家"、"至尊"、"国际高尚住宅"、"高尔夫"等用词的户外广告牌上,往往还有美轮美奂如天堂般的效果图做注脚。而打开报纸杂志,一些广告中也不乏"正统龙脉"、"稀有尊贵生活"、"现代新贵生活主张"等充满诱惑力的词语。网站上的房产广告用词就更花哨了,"百里黄金动脉,操纵城市繁华"、"熙来攘往,只为仰视那无限尊崇时刻"、"品位,源自尊贵血统"等词语,伴随着Flash做的盛景,张扬着奢华与富贵。

北京市朝阳区东四环附近的一处楼盘就打出"见证奢华"的口号,还用了一系列广告用语来加深这种感觉,比如"万乘钦仰,只因享此一席"、"袭封地,承爵品,隐贵胄,奢华品质不见古人"、"天下,唯君"等。

"每次看到这些广告,我都有深深被刺痛的感觉。"在媒体工作的崔小姐说,这些广告把人分为了三六九等,"我觉得我们被排除在外了"。

2. 打什么样的广告是房地产商决定的

陈晓宇(化名)曾经在一个房地产代理公司工作,该公司代理过北京多个楼盘的整体营销,他向记者介绍了这些广告是怎么出笼的。

他说,现在房地产开发商一般都将楼盘的整体营销工作交给房地产代理商来做,代理商可能通过自己的广告公司,或找专业的房地产广告公司来负责楼盘的广告制作。一般来说,是由代理公司出方案,将大致想法告诉广告公司,至于用词、图片和设计图,则由广告公司负责创意。"其实,是房地产开发商或者代理商决定着楼盘整体营销的大方向和卖点,由他们来提方向性要求,广告公司只能拿具体方案或者提出建议。"

陈晓宇表示,从现在的楼市广告来看,除了会突出区位优势、自然风景和房屋品质等方面外,奢华、富贵确实也是房地产商喜欢突出的。其中一个做法是将房子与"高尔夫"、"欧洲"、"皇家"、"贵族"、"庄园"等联系在一起,广告中打出"意大利雕塑庄园"、"高尔夫公园"、"好莱坞贝弗利山庄"、"巴黎卢浮宫"等概念,而用的广告图,则往往是一些世界级风景名胜地的图画。还有些楼盘会以"洋名字"打广告,如"柏林"、"德国"、"莱茵"、"加州"、"英格兰"等,也是为了显富、显贵、显高尚。不过广告公司大多并不喜欢这个方向,因为做这类广告并不需要多少创意。

北京益言堂地产服务机构执行董事韩涛也表示,广告创意最终要由广告主来拍板,"有时候我们有很好的创意,也非常符合审美标准,但是却被房地产商给否决了"。

他表示,做得最好的房地产开发商并不见得是最有文化的,当然也有好的开发商做出好广告的。"有些不错的广告,不会那么赤裸裸,广告语用得很巧妙。"

韩涛承认,确实有些广告的用词不理想,但最主要的原因是社会的总体欣赏和接受水平还停留在这个阶段:"如果不使用某些词语,广告主是不会同意的,可能社会大众也会觉得不能接受。"现在是一个炫耀的年代,这跟经济发展水平和相应的文化氛围是相吻合的。

他认为,刺眼的并不只有房地产广告,很多其他的商品广告也体现这一特征。因为豪宅的广告多一点,表现出了一种奢华的氛围,所以更引人注目。

3. 广告词导致社会心理失衡

虽然韩涛认同房地产商任志强的看法,即有些商品就是为满足高收入层次需求的。但他同时也承认,在当前这样的时代背景下,某些广告确实可能导致社会心理上的失衡,因为毕竟很多人被买不起房子所困扰。

北京青年报"广厦时代"房产周刊的记者周宏就表示,平日里见多了这类广告,反而觉得有些恶俗。"用这种字眼标榜自己,其实并不是聪明的做法。所谓的'奢侈'、'豪华'其实都是很虚的概念,现在无论中高低档的房子都打这种广告,实际交房之后是什么样还真不一定。"他认为,虽然这些广告迎合了一部分客户的心理,但工薪阶层的客户普遍对此感到很反感。"既然大家都消费不起,这样的广告打出来又有什么必要呢?"

而同样供职于京城某媒体房产周刊的一位记者则认为,这不仅是让人反感的问题,更重要的是,房地产商通过这些广告,制造出来种种梦境般的假象,似乎购买了他们的房子就能实现广告词中所展示的生活。"事实上这些广告符号只是房地产商们吹起的美丽肥皂泡而已,虽然一戳就破,但却具有十足的迷惑性。"从营销的角度来看,采用这样的广告用词的确能让人想入非非。

他认为,这些广告很大程度上不仅是房价高涨的制造者,而且是维持者和推动者。"这些广告压根儿就不准备把目光投射到普通市民身上,反而要摆脱他们,以显示自己的高贵价值。渐渐地所有的房地产商都看到了这一点有利可图,纷纷效仿,市场上就再也没有标榜自己价廉物美的房子了。"

他的这一看法得到了北京市房地产现状的佐证。目前,在北京四环内,绝大多数楼盘的价格都已达到每平方米上万元,总价在50万元以下的房子在五环内可以用稀罕来形容。而根据国家发改委、国家统计局公布的调查数据显示,2007年3月,北京商品住房销售价格以9.9%的涨幅位列全国第四,这是北京房价在去年连续7个月两位数增长后,在今年头3个月继续保持接近10%的高涨幅。

目前,一些看起来收入还算丰厚的家庭和个人,在面对高房价时也会感觉无奈,更别提收入低的社会阶层了。有网友评论说,这些广告词是有些问题,但却部分地反映了社会现实。因为不仅是广告词看起来不和谐了,更重要的是这些广告中的房子通过与普通市民割裂开来的姿态,彰显自己的尊贵不凡,有些甚至还要用"拥有了即引来万人仰视"等类似的话语加大割裂感。

4. 政协委员呼吁治理

户外违规广告的治理是今年北京市政协的重点督办提案之一。许多政协委员对房产的广告用词也提出了质疑。

北京市政协委员、政协城建环保委员会副主任白崇智表示,房地产开发商为了自身的利益,往往在宣传上不惜采用这些极具诱惑性的字眼。"这些广告倡导的通常是'崇洋媚外'的住房观念,追求国外生活,忽视精神文明。所谓的'欧洲生活',大部分人根本追求不起。"

政协委员吴文凯曾经做过关于电视广告语言的提案。他认为,这类广告所宣扬的观念与当今实际的社会状况是背道而驰的。"真实的社会状况是,穷人占社会人口的大多数,大部分人买不起房子,何谈奢侈住宅?"

吴文凯委员认为,这类广告折射出强烈的贫富反差,给人非常不好的感受。"在城市拥有一套房子,尤其在北京上海这样房价飙升的地方,是穷人可望而不可即的梦想。穷人买不起房子,富人却可以享受上百万元甚至几百万元的'豪宅',穷人就会对富人的财富来源感到愤愤不平,这将增加社会的不和谐。"

他认为,如今的大学毕业生不是真的找不到工作,而是找不到高薪的工作。"毕业后走向社会,要生活、要买房,受到高额房价的奴役,就不得不依靠高薪的工作。这是对大学生们一种非正常的物质引诱。"

吴文凯表示，这类广告的背后，说到底还是房地产商之间的商业竞争。越豪华的房产，报价、定价越高，其中的利润就越高。房地产商纷纷把目光投向豪华房产，其中的暴利驱动是最大的原因。而当这些高价楼盘建成之后，又必须把楼推销出去，不得不依靠这些广告的效应。

武汉大学社会学研究所所长周运清教授也认为，一旦社会心理不平衡加剧，将是一件非常危险的事情："房地产商的广告行为虽然不违法，但是炫富广告所造成的社会心理不平衡，也是一种信誉不良的表现，最终还是会失去人心、影响市场。"

周运清表示，和谐的社会需要和谐的社会心理，穷人的"仇富心理"对社会和谐有很消极甚至危险的影响。"老百姓最痛恨的就是富人的炫耀。商家要懂得怎样露富，不要加剧这种冲突，引起人与人之间的不和谐。"他认为，房地产商应该提高素养，做到实现经济效益和社会效益的双赢："从社会和谐的角度来看，商家应该看重长远利益"。

不过就目前而言，北京市整顿户外广告的行动，还不能有效杜绝这些刺眼广告。

据白崇智委员介绍，虽然目前市政管理委员会已经根据《北京市户外广告设置管理办法》对户外广告进行治理，但还只是针对广告的违规设置，并不涉及广告的内容。

吴文凯委员也表示，目前对于广告的监管，还停留在广告产品的真假和广告设置是否违规等方面，对广告词合适与否，还没有法规上的界定。

参考文献

国外

[1]Carolyn A. Lin. Cultural Values Reflected in Chinese and American Television Advertising[J]. *Journal of Advertising*,2001,4(4):86.

[2]Carolyn Thérèse White. *Comparative Advertising Across Culture: Investigating the Effects of Alternate Execution Styles*[D]. The Darla Moore School of Business University of South Carolina,2001.

[3]Cheng, H. & Schweitzer, J. C. Cultural Values Reflected in Chinese and US Television Commercials[J]. *Journal of Advertising Research*,1996, 36(3):27~44.

[4]Chinese Culture Connection. Chinese Values and the Search for Culture-Free Dimensions of Culture[J]. *Journal of Cross-Cultural Psychology*, 1987(18):143~164.

[5] Chingching Chang. Seeing the Small Picture:Ad-self Versus Ad-culture Congruency in International Advertising[J]. *Journal of Business and Psychology*,2006,20(3):460.

[6]Clarke L. Caywood and Frederick W. Langrehr. Definitional Issues Related to Using the Seven Sins and Seven Virtues as Model for Advertising Analysis[J]. *Current Issues and Research in Advertising*,1990:43~62.

[7] Condit ,C. Hegemony in a Mass-mediated Society:Concordance about Reproductive Technologies[J]. *Critical Studies in Mass Communication*,1994,11(3):205~230.

[8] Dana L. Alden, Jan-Benedict E. M. Steenkamp & Rajeev Batra. Brand Positioning Through Advertising in Asia,North America,and Europe: The Role of Global Comsumer Culture[J]. *Journal of Marketing*. 1999(1): 84.

[9]Debra MerskinAdolescence. Advertising,and the Ideology of Menstruation[J]. *Sex Roles*,1999:941~957.

[10]Fukuyama,Francis. The End of History? [J]. *The National Interest*,1989(16):3~19.

[11] Hall, E. T. *The Hidden Dimension*[M]. New York: Doubleday. 1966.

[12] Han, S. & Shavitt, S. Persuasion and Culture: Advertising Appeals in Individualistic and Collectivistic Societies[J]. *Journal of Experimental Social Psychology*, 1994(30):325~350.

[13] Hellmut Schütte, *Deanna Ciarlante. Consumer Behavior in Asian*[M]. New York University Press, 1998:60~71.

[14] Hofstede, Greert. *Culture's Consequences*[M]. Beverly Hills, CA: Stage Pubilications, 1980:99.

[15] Hofstede, Geert. The Cultural Relativity of Organizational Practices and Theories[J]. *Journal of International Business Studies*, 1983(14):75~89.

[16] Hofstede, Geert and Michael Bond. The Confucius Connection: From Cultural Roots to Economic Growth[J]. *Organizational Dynamics*, 1988,16(4):4~21.

[17] Jennifer L. Aaker, Patti Williams. Empathy Versus Pride: The Influence of Emotional Appeals Across Cultures[J]. *Journal of Consumer Research*, 1998,25(12):98.

[18] Jing Li. *On the Relationship between National Culture and Advertising Effectiveness: China and American*[D]. McAnulty College and Graduate School of Liberal Arts, Duquesne University, 2001.

[19] Kara Chan. Cultural Values in Hong Kong's Print Advertising: 1946—1996[J]. *International Journal of Advertising*, 1999(18):537~554.

[20] Kindle, I. A Partial Theory of Chinese Consumer Behavior: Marketing Strategy Implications[J]. *Journal of Business Management*, 1982(1):97~109.

[21] Kluckhohn, F. R. and Strodtbeck, F. L. *Variations in Value Orientations*[M]. Evanston, Ⅲ: Row-Peterson, 1961:66.

[22] Lynn R. Kahle, Ruiming Liu, Harry Watking. *Psychographic Variation Across United States Geographic Regions*[M]. Advances in Consumer Research, 1992(19):346~352.

[23] Oliver H. M. Yau. *Consumer Behavior in China: Customer Satisfaction and Cultural Values*[M]. T. J. Press(Padstow) Ltd, Padstow Cornwall, 1994:148.

[24] Ran Wei & Jing Jiang. Exploring Culture's Influence on Standardiza-

[25] Steven M. Kates & Glenda Shaw-Garlock. The Ever Entangling Web:A Study of Ideologies and Discourses in Advertising to Women[J]. *Journal of Advertising*,1999:33~49.

[26] Markin,J.,Jr. *Consumer Behavior:A Cognitive Orientation*[M]. New York:Macmillan Pubishing Co.,1974:124.

[27] Miltor Rokeach. *The Nature of Human Values*[M]. New York: The Free Press,1973:89.

[28] Oliver H. M. Yau. *Consumer Behavior in China:Customer Satisfaction and Cultural Values*[M]. T. J. Press(Padstow)Ltd, Padstow Cornwall,1994:111.

[29] PeterNewmark, *More Paregraphs on Translation*, Multilingual Matters LTD, Frankfurt Lodge, Clevedon, Hall, Victoria Road, Clevedon, England, 1998:176.

[30] Walker,Chip. Can TV Save the Planet[J]. *American Demographics*,1996,18(5):42~49.

[31] Warren J. Bilkey, Erik Nes. Influence on Evaluation of Product by Original Countries[J]. *Journal of International Business Studies*. 1982 Spring/Summer:89~99.

[32] Xin Zhao. *Adeology:Advertising as a Battlefield of Rival Ideology in Transitional China*[D]. David Eccles School of Business,the University of Utah,May,2005.

[33] Yih Hwai Lee & Elison Ai Ching Lim. What's Funny and What's Not-The Moderating Role of Cultural Orientation in Ad Humor[J]. *Journal of Advertising*,2008,37(2):71~83.

[34] Yong Zhang & Betsy D. Gelb. Matching Advertising Appeals to Culture:The Influence of Products'Use Conditions[J]. *Journal of Advertising*,1996,25(3):29.

国内著作

[1][奥]弗洛伊德著,林尘等译. 弗洛伊德后期著作选[M]. 上海:上海译文出版社,1986:162.

[2]北京大学汇丰商学院跨国公司研究项目组. 与中国一起成长:宝洁公司在华 20 年[M]. 北京:北京大学出版社,2009:41~42.

[3]包惠南.文化语境与语言翻译[M].北京:中国对外翻译出版公司,2001:19.

[4]曹明逸.体验西方礼仪[M].上海:上海社会科学院出版社,2003:98.

[5]陈国明、[美]威廉J·斯特罗斯塔.跨文化敏感[A].文化模式与传播方式[C].北京:北京广播学社,2003.448~454.

[6]陈培爱.广告策划[M].北京:中国商业出版社,1996:36.

[7]陈培爱.广告学概论[M].北京:高等教育出版社,2005:8.

[8]陈月明、金涛.文化广告学[M].北京:国际文化出版公司,2002:45~46.

[9]辞海编辑委员会.辞海[M].上海:上海辞书出版社,1989:4022.

[10][德]米夏埃尔·兰德曼著,张乐天译.哲学人类学[M].上海:上海译文出版社,1988:1.

[11][德]哈贝马斯等.全球化与政治[M].北京:中央编译出版社,2000:74~75.

[12][德]黑格尔.哲学史演讲录第一卷[M].北京:商务印书馆1981:161.

[13][德]马克斯·韦伯著,于晓、陈维纲译.新教伦理与资本主义精神[M].北京:三联书店,1987.

[14]姚鹏等.中国思想宝库[M].北京:中国广播电视出版社,1990.

[15]邓小平.邓小平文选第三卷[M].北京:人民出版社,1993:44.

[16]邓炎昌、刘润清.语言与文化[M].北京:外语教学与研究出版社,1989:1~2.

[17][法]路易·阿尔都塞.列宁与哲学[M].伦敦:1971:152.

[18]葛维春.我国意识形态领域的新变化及其对策研究[J].科技信息,2008(36):249.

[19]关世杰.跨文化交流学[M].北京:北京大学出版社,1995:15.

[20]郭庆光.传播学教程[M].北京:中国人民大学出版社,1999:272~275.

[21]韩中和.品牌国际化战略[M].上海:复旦大学出版社,2003:165.

[22]华梅.上海市服饰情怀[M].天津:天津人民出版社,2000:58.

[23]黄光国.中国人的权力游戏[M].台北:台北巨流图书公司,1991:13.

[24]黄合水.广告心理学[M].北京:高等教育出版社,2005:74.

[25]黄明哲等著.梦想与尘世—二十世纪美国文化[M].台北:东方出版社,1999:242.

[26]黄能馥、陈娟娟、钟漫天.中西服饰文化比较[M].北京:文化艺术出

版社,1998:16.

[27]贾玉新.跨文化交际学[M].上海:上海外语教育出版社,1997:98～100.

[28]金惠康.跨文化交际翻译[M].北京:中国对外翻译出版公司,2003:296.

[29]乐黛云.跨文化之桥[M].北京:北京大学出版社,2002.67.

[30]李明星.世界500强在中国—跨国公司在华发展案例[M].北京:企业管理出版社,2007:229.

[31]李颖生.跨国公司的中国市场谋略[M].南昌:江西人民出版社,2005:100.

[32]联合国教科文组织编写,第二编译室译.多种声音一个世界[M].北京:中国对外翻译出版公司,1982.

[33]刘世雄.中国消费区域差异特征分析:基于中国当代文化价值的实证研究[M].上海:上海三联书店,2007:44.

[34]刘绍庭.广告运作策略[M].复旦大学出版社,2001:57.

[35]刘双、于文秀.跨文化传播:拆解文化的围墙[M].哈尔滨:黑龙江人民出版社,2000:21.

[36]刘首英.对话:倾听46位世界级商业领袖的声音[M].北京:中国发展出版社,2002:93.

[37]刘云德.文化论纲——一个社会学的视野[M].北京:中国展望出版社,1988:17.

[38]卢泰宏、何佳讯.蔚蓝智慧[M].广州:羊城晚报出版社,2000:401.

[39]卢泰宏.跨国公司行销中国[M].广州:广东旅游出版社,2002:479.

[40][美]罗伯特·艾伦编.重组话语频道之第五章:意识形态分析与电视[M].北京:中国社会科学出版社,2000:157.

[41]罗纲、刘象愚.文化研究读本[M].北京:中国社会科学出版社,2000:399,405.

[42]罗文东.中国特色社会主义文化理念论[M].北京:中国法制出版社,2003:110.

[43][美]M·L·德弗勒.大众传播学绪论[M].北京:新华出版社,1989:42.

[44]马宁.宝洁与联合利华:全球两大日化帝国的品牌行销策略[M].北京:中国经济出版社,2005:17.

[45][美]梅尔文·L·德佛勒、埃雷特·E·尼斯著,颜建平译.大众传播通论[M].华夏出版社,2003:78.

[46][美]朱丽安·西沃卡.肥皂剧、性、香烟——美国广告200年经典范例[M].北京:光明日报出版社,1999:558.

[47][美]威尔伯·施拉姆、威廉·波特著,陈亮、周立方、李启译.传播学概论[M].重庆:新华出版社,1984:67~72.

[48][美]罗伯特·艾伦.重组话语频道之第五章:意识形态分析与电视[M].北京:中国社会科学出版社,2000:162.

[49][美]戴维·阿什德,邵志择译.传播生态学——控制的文化范式[M].北京:华夏出版社,2003:52.

[50][美]丹尼尔·贝尔.资本主义文化矛盾[M].北京:三联书店,1989:115.

[51][美]弗雷德里克·詹姆逊著,胡亚敏等译.文化转向[M].北京:中国社会科学出版社,2000:160.

[52][美]西摩·马丁·李普塞特著,张绍宗译.政治人——政治的社会基础[M].上海:上海人民出版社,1997:491.

[53][美]J.Z.爱门森.国家跨文化传播精华文选[M].浙江:浙江大学出版社,2007:20.

[54][美]丹尼尔·贝尔著,张国清译.意识形态的终结——五十年代政治观念衰微之考察[M].南京:江苏人民出版社,2001:6~7.

[55]马克思、恩格斯选集第一卷[M].北京:人民出版社,1976:254~255.

[56]马宁.宝洁与联合利华:全球两大日化帝国的品牌行销策略[M].北京:中国经济出版社,2006:71.

[57]孟繁华.众神的狂欢[M].北京:今日中国出版社,1997:117.

[58]农华西等.意识形态与核心价值体系建设[M].长沙:湖南人民出版社,2007:64~68.

[59]全志钢译.消费社会[M].南京:南京大学出版社,2001:53.

[60]饶德江.广告策划与创意[M].武汉:武汉大学出版社,2003:342.

[61][日]小林太三郎等著,谭琦译.新型广告[M].北京:中国电影出版社,1996:36.

[62][苏]斯大林.斯大林全集第二卷[M].北京:人民出版社,1953:294.

[63][苏]斯大林.斯大林全集第11卷[M].北京:人民出版社,1995:286.

[64]王绍臣.意识形态与社会主义市场经济研究[M].天津:天津人民出版社,2002:20.

[65]王松亭.上海市西方服饰史[M].长春:吉林美术出版社,1993:109.

[66]王志乐、蒋姮.2009跨国公司中国报告[M].北京:中国经济出版社,2009:13~14.

[67]王玉芝.中西文化精神[M].昆明:云南大学出版社,2006:40.

[68]乌日娜.意识形态概念的探讨[D].哈尔滨:黑龙江大学,2006:13.

[69]杨国枢.我们为什么要建立中国人的本土心理学[C].台北:中国台湾桂冠图书公司,1993(1):24.

[70]杨中芳.中国人的人际关系、情感及信任[M].台北:远流出版事业股份有限公司,2001.

[71][英]大卫·麦克里兰著,孔兆政、蒋龙翔译.意识形态[M].长春:吉林人民出版社,2005:2.

[72][英]费瑟斯通著,刘精明译.消费文化与后现代主义[M].南京:译林出版社,2000:1.

[73][英]雷蒙·威廉斯著,刘建基译.关键词:文化与社会的词汇[M].上海:三联书店,2005:217~218.

[74][英]西莉亚·卢瑞著,张萍译.消费文化[M].南京:南京大学出版社,2003:67.

[75][英]勃洛尼斯拉夫·马林诺夫斯基著,黄健波译.科学的文化理论[M].北京:中央民族大学出版社,1999:52.

[76]俞吾金.意识形态论[M].上海:上海人民出版社,1993:197~199.

[77]余英时.士与中国文化[M].上海:上海人民出版社:2003.余英时.现代儒学论[M].上海:上海人民出版社,1998.

[78][美]尤金·奈达.语言、文化与翻译[M].上海:上海外语教育出版社,1993:22

[79]张才国.新自由主义意识形态[M].北京:中央编译出版社,2007:17.

[80]张岱年.文化与哲学[M].北京:教育科学出版社,1988:81~82.

[81]张法.中西美学与文化精神[M].北京:北京大学出版社,1994:30.

[82]张秀琴.论意识形态的功能[J].教学与研究,2004(5):26.

[83]赵静.广告英语[M].北京:外语教学与研究出版社,2003:98~102.

[84]赵向军、陈树梅.马克思主义中国化的理论与实践[M].北京:中国科学技术出版社,2006:377~378.

[85]郑春苗.中西文化比较研究[M].北京:语言学院出版社,1994:178.

国内期刊

[1]陈海洋.文化价值观与国际广告[J].现代交际,1995(01):38~39.

[2]陈静静、孙斌华.跨文化传播的民族主义解读——丰田"霸道"广告个案研究[J].新闻大学,2004(4):38~42.

[3]陈凌.历史上中西方教育目标的差异比较[J].丽水学院学报,2005

(2):96.

[4]陈牧.英语广告中双关语的运用技巧及翻译[J].才智,2008(5):65.

[5]陈培爱、岳淼.广告的跨文化传播与文化安全[J].湖南大众传媒职业技术学院学报,2006(3):16~20.

[6]陈祁岩.视觉传播符号在跨文化广告传播中的解读[J].武汉大学学报(人文科学版),2009,62(1):123~126.

[7]陈卫星.经济改革的形象铭文——解读中国传播的飞跃[J].新闻与传播研究,1999(1).

[8]陈新文.全球化语境下的文化多样性与多元化教育[J].襄樊学院学报,2008,1(29):84.

[9]曹顺发.广告用语的翻译[J].中国科技翻译,2002(15):43~45.

[10]党芳莉、唐禾.跨文化传播中的语用失误研究[J].上海财经大学学报,2006(6):24~30.

[11]丁树德.产品广告的英译应简洁[J].中国翻译,1995(16):42~43.

[12]丁衡祁.翻译广告文字的立体思维[J],中国翻译,2004(1):75.

[13]范红、黄瑞熙.中西方广告中的文化价值观——符号、语篇与文化价值取向[J].当代传播,2005(6):64.

[14]方军."意识"与"形态"——潜意识广告的传播形态分析[J].中国广告,2002(11):66~68.

[15]冯建民、许丽红.略论中西广告文化差异及其翻译策略[J].呼和浩特职业学院学报,2009(4):25~27.

[16]耿阳、陈燕.浅析跨文化背景下的广告设计本土化[J].艺术与设计,2008(6):102.

[17]郭自嘉.跨文化商标广告翻译[J].重庆科技学院学报,2008(10):138~139.

[18]傅慧芬.辨异和适应——国际广告跨越文化障碍初探[J].对外经济贸易大学学报,1992(4):39~43.

[19]何佳讯、卢泰宏.聚焦跨国广告公司十五年中国路[J].国际广告,2002(3):49.

[20]贺雪飞.潜在陷阱:关注跨文化广告传播的变量[J].中国广告,2005(6):6.

[21]胡作友、任静生.从视界融合看跨文化交流中的广告翻译[J].学术界,2007(5):216~222.

[22]皇甫尚华、陈丽娜、肖亮.试论中西服饰文化[J].内江师范学院学报,2008,第三卷(增):72.

[23]蒋磊.谈商业广告的翻译[J].中国翻译,1994(15):38~41.

[24]金定海.价值理性的偏失[J].现代广告,2005.

[25]柯卓英.跨文化因素中广告对文化传播的促进作用[J].人文杂志,2005(2):184~186.

[26]黎凡.谈广告翻译的变通[J].中国翻译,1992(12):29~31.

[27]兰芹.影响议程设置效果的因素[J].当代传播,2002:5.

[28]李东山.婚姻、家庭模式探讨[J].婚姻与家庭,1989(10):68.

[29]李金英.广告语言的跨文化探析[J].石家庄经济学院学报,2001(5):528~534.

[30]李克兴.论广告翻译的策略[J].中国翻译,2004(11):64~65.

[31]李萍.借鉴发达国家经验发展我国跨国公司[J].广西商业高等专科学校学报,2001(3):14.

[32]李思屈.广告中的女性符号:一种跨文化的比较[J].西南民族学院学报(哲学社会科学版),2000,21(10):75~78.

[33]李秀平.英语广告翻译常见问题分析及对策思考[J].西华大学学报(社会科学版),2006(6):99.

[34]李冀.谈广告的可译性限度[J].西北大学学报,1999.29:126~129.

[35]李冀、马彩梅.国内广告翻译研究一览[J].中国科技翻译,2005(18):2.

[36]林升梁等.媒介购买公司的中国十年[J].现代广告,2007(8):35~37.

[37]刘春雷.中国跨文化广告研究十年生态[J].商场现代化,2008(6):247~248.

[38]刘全福、胡媛媛.近年来国内广告翻译得失例话[J].上海科技翻译,1996(3):22~24.

[39]罗志芬.当跨文化广告传播遭遇"民族化"[J].中国广告,2004(6):54.

[40]马瑞.跨文化广告传播中的符号解析[J].新闻爱好者,2009(10):38~39.

[41]马中红.文化敏感与广告跨文化传播[J].深圳大学学报(人文社会科学版),2007(06):137~139.

[42]聂艳梅.广告公司在跨文化广告传播中的地位和对策[J].广告大观(综合版),2001(1):18~21.

[43]农德昌、邓李肇.跨文化商业广告对高职广告专业教学的启示[J].文教资料,2008(1):190~191.

[44]彭辉、朱华.浅析道家文化对跨文化广告设计的启示[J].青年文学家,2009(8):71.

[45]秦祖辉、黄红英、万晓文.论广告的跨文化传播策略[J].商场现代化,2008(32):166~167.

[46]尚恒志.跨文化广告传播策略探析[J].河南工业大学学报(社会科学版).2007,9(3).

[47]施叶丽.功能等效论与跨文化广告翻译[J].浙江海洋学院学报(人文科学版),2001,6(2)

[48]苏淑惠.广告英语的问题功能和翻译标准[J].外国语,1996(2):51~56.

[49]孙慧英.广告传播中的跨文化思考[J].当代传播.2004(2):68~70.

[50]陶岩.广告传播中的语言和文化的障碍与跨越[J].上海理工大学学报(社会科学版)2002,9(3):48.

[51]谈炳和、何俐浅.议中西建筑文化的若干差异[J].社会科学,1997(7):49.

[52]唐艳芳.谈广告翻译的美学策略[J].浙江师范大学学报(社会科学版),2003(2):112~116.

[53]阳林.文化差异与跨文化广告传播[J].武汉科技大学学报,2001,6(3):33.

[54]杨婧岚.当代广告传播中的意识形态[J].当代传播,2002(1):62~65.

[55]杨明刚、李凤援.可口可乐在中国的营销策略[J].中国广告,2001(4):92.

[56]袁媛.接受美学对英汉广告翻译之启示[J].西华师范大学学报(哲学社会科学版),2009(01):102.

[57]汪文格.谈商业文字翻译中美的再现与拓展[J].湖南大学学报(社会科学版),1999(2):86~89.

[58]万桂香.跨文化交流下中国广告的未来探索[J].科技资讯,2008(10):197~198.

[59]王怀明等.广告诉求形式与消费者心理加工机制[J].心理科学,1999(22):475~476.

[60]万明刚.族群认同、族群认同的发展及测定与研究方法[J].世界民族,2007(3):1~9.

[61]王晓光.关于中国古代服饰的等级观念问题[J].黑龙江社会科学,2007(04):54.

[62]王玉武.海外市场需求呈现多样化[J].国际市场,1994(3):9.

[63]王战、罗莹.国际广告在跨文化传播中遇到的问题及对策[J].新闻传播,2009(6):93~94.

[64]魏允哲、何凯.新世纪中国跨国公司发展[J].企业研究,2001(5):55.

[65]韦福祥.品牌国际化经营中国国际化与本土化矛盾之平衡[J].天津商学院学报,2000(3):33.

[66]谢许玚.对立邦漆广告《龙》的跨文化解读[J].时代金融,2007(8):128.

[67]许宏强、黄余海.跨国公司在中国的投资和影响[J].云南财贸学院学报,2001(1):17~20.

[68]许纪霖、王儒年.近代上海消费主义意识形态之建构——20世纪20—30年代《申报》广告研究[J].学术月刊,2005(4):82~90.

[69]王东风.解构忠实——翻译神话的终结[J].中国翻译,2004(6):12.

[70]王新华,任军莉.试论中西方思维方式差异及其文化根源[J].江西社会科学,2002(9):44.

[71]韦福祥.品牌国际化经营中国国际化与本土化矛盾之平衡[J].天津商学院学报,2000(3):27.

[72]闻俊红.企业产品占领国际销售市场的广告翻译策略——英汉广告的跨文化差异和翻译策略[J].企业经济,2008(12):77~79.

[73]尹洁.跨文化广告传播中的文化扩张[J].声屏世界,2003(10):19~20.

[74]翟学伟.本土的人际传播研究:"关系"的视角与理论方向[J].新闻与传播研究,2008(3):40~95.

[75]张传平.市场逻辑与文化价值观念的建构[J].学海,2006(2):15.

[76]孙慧英.广告传播中的跨文化思考[J].广告与发行,2004(2).

[77]张苗.广告跨文化传播的宏观控制[J].呼兰师专学报,1997(4):20~25

[78]张男.中国企业的海外传播亟需加强主动性——专访新华美通中国区总监陈玉劼[J].传播,2005(10).

[79]张淑燕、沈华峰.文化适应与文化转换——广告跨文化传播中的两条路径[J].吉林省经济管理干部学院学报,2008,3(2).

[80]张素敏、杨丽华.跨文化背景下意识形态与广告和广告人的辩证关系比较[J].现代企业教育,2007(20):131~132.

[81]张小乐.文化差异与跨文化广告传播策略初探[J].商场现代化,2008(8):115.

[82]张泽芬.论汉英广告翻译的原则[J].现代教育,2006(12):203.

[83]赵有田.构建有中国特色社会主义价值观念体系[J].长白学刊,2001(1):16.

[84]邹建林.期待视野与接受美学[J].中国音乐学(季刊),2007(3):135.

[85]周茂君,姜云峰.跨国广告公司进入中国的心路历程[J].广告大观(理论版),2008(3):88~94.

[86]朱光.中英日常生活禁忌比较[J].郧阳师范高等专科学校学报,2003(12):122.

[87]朱月昌.广告传播中的民族特色与文化互跨[J].中国广告,1995(1):7~8.

硕博论文

[1]蔡春影.跨国公司中国市场广告的跨文化传播策略研究[D].广州:暨南大学,2002:25~26.

[2]曹玉月.跨国广告公司中国化历程探析[D].武汉:武汉大学硕士学位论文,2005.

[3]陈婧怡.跨文化广告传播中本地与标准化策略研究[D].硕士论文.上海:上海外国语大学,2009.

[4]杜向涛."中国元素"广告的跨文化传播研究[D].硕士论文,西安:西北大学,2009.

[5]胡明宇.广告传播的意识形态分析[D].苏州:苏州大学,2003.

[6]吉峰.中国广告跨文化传播障碍及策略思考[D].硕士论文,长春:东北师范大学,2008.

[7]李婧.快速消费品行业美跨国公司中美广告沟通的跨文化研究[D].硕士论文,广州:广东外语外贸大学,2008.

[8]刘海波.跨文化广告传播伦理问题研究[D].硕士论文,苏州:苏州大学,2008.

[9]刘娜.跨文化广告传播引起的冲突之研究[D].硕士论文,上海:上海外国语大学,2007.

[10]刘知洪.从跨文化传播角度看广告翻译[D].硕士论文,四川:四川外国语大学,2006.

[11]罗潇潇.跨文化视角下的中英文环保公益广告[D].硕士论文,南宁:广西大学,2008.

[12]马大龙.沃尔玛本土化战略研究——以济南市场为例[D].济南:山东大学 2006:6.

[13]聂荣会.解析神话——论广告建构消费意识形态的方法与意义[D].华东师范大学研究生硕士学位论文,2007.

[14]栗丹丹.中英广告翻译中跨文化语用失误的原因及策略[D].硕士论文,呼和浩特:内蒙古大学,2007.

[15]熊蕾.跨文化广告的符号学研究[D].硕士论文,武汉:武汉大学,2005.

[16]王洁.环球化语境下的跨文化广告传播:冲突与和谐[D].武汉:华中科技大学,2006.

[17]王晶.从跨文化交际角度看广告翻译[D].硕士论文,太原:太原理工大学,2008.

[18]吴英劼.从奢侈品广告文本看跨文化广告传播[D].成都:四川大学,2006:29.

[19]吴瑾.中英广告幽默的跨文化比较[D].硕士论文,上海:华东师范大学,2009.

[20]尹倩.异文化中的广告宣传:德国在华企业跨文化广告(杂志广告)分析[D].硕士论文,北京:北京外国语大学,2008.

[21]张琳.跨文化层面的中英文广告语对比研究[D].硕士论文,青岛:中国海洋大学,2008.

[22]张韬.跨国公司在中国的广告标准化与本土化策略分析[D].广州:暨南大学,2002:19.

网络资料

[1]百度百科.福娃[OL].http://baike.baidu.com/view/130908.htm.(2009-11-11).

[2]百度百科:民族文化[OL].http://baike.baidu.com/view/147908.htm.(2009-09-10).

[3]百度百科.文化[OL].http://baike.baidu.com/view/3537.htm?fr=ala0,(2009-12-11).

[4]北京商报.肯德基今日起早餐时段开始卖油条售价每根3元[OL].http://news.sohu.com/20080121/n254775058.shtml.(2009-12-11).

[5]广告的直译和意译[OL].http://yy.lw61.com/yyfy/200903/42.html.[2009-3-27].

[6]郭五林.电视广告中的中产阶级倾向[OL].http://www.cjr.com.cn.

[7]胡岩.民族与民族概念的发展.人民网[OL].http://www.people.com.cn/GB/guandian/8213/28144/28155/2082220.html.(2003-09-10).

[8]警惕德国留学广告的"翻译错误"[OL]. http://www.100wai.com/html/112/waiyu_BE_AF_CC_E8_B5_112996.htm. (2007-10-17).

[9]秦宇雯.2008中国最具影响跨国企业评选揭晓[OL]. http://www.ce.cn/xwzx/gnsz/gnleft/mttt/200903/13/t20090313_18493752.shtml. (2009-03-13).

[10]王宇.广告协会报告:外资广告公司加快在华"入市"[OL]. http://www.sina.net. (2009-10-12).

后 记

一个多世纪以来,世界经济一体化的进程不是减弱了,而是大大向前发展了。随着科学技术的进步和生产的发展,没有哪一个国家能够拥有发展本国经济所必需的全部资源、资金和技术,也没有哪一个国家能够生产自己所需要的一切产品,因此必须进行交流和相互合作。开放的世界使世界各国原有的"一国经济"正在走向"世界经济",从而形成了"全球相互依赖"的经济格局。而世界经济的形成,需要广告的推动参与,在此背景下,跨文化广告传播的研究尤为必要。

本书按照八章分别展开,厦门大学新闻传播学院八位硕士参与了本书的编写:第一章跨文化广告传播研究概况(黄海红负责),第二章跨文化广告传播理论基础(余秋华负责),第三章跨国公司在华活动情况(倪彩虹负责),第四章中西文化差异对比(王丽丽负责),第五章跨文化广告传播的语言翻译问题(许慧芳负责),第六章跨文化广告传播的民族情感问题(李文瑾负责),第七章跨文化广告传播的整合策略问题(常育华负责),第八章跨文化广告传播的意识形态问题(王嵩负责)。其中第八章第一节主要参考杨婧岚《当代广告传播中的意识形态》一文(《当代传播》2002年第1期),第八章第二节主要参考许纪霖和王儒年《近代上海消费主义意识形态之建构》一文(《学述月刊》2005年第4期),在此再次感谢。本书前四章为概述部分,后四章专门针对跨文化广告传播过程中的四个问题进行深入阐述。目前,在中国大陆尚无跨文化广告传播方面的教材,希望本书的出版能够在跨文化广告传播领域起到抛砖引玉的作用。

林升梁

2011年1月于福建师范大学旗山校区

图书在版编目(CIP)数据

跨文化广告传播学/林升梁著.—厦门:厦门大学出版社,2011.9
ISBN 978-7-5615-3932-3

Ⅰ.①跨… Ⅱ.①林… Ⅲ.①广告学:传播学-教材 Ⅳ.①F713.80

中国版本图书馆 CIP 数据核字(2011)第 186935 号

厦门大学出版社出版发行

(地址:厦门市软件园二期望海路 39 号　邮编:361008)

http://www.xmupress.com

xmup @ public. xm. fj. cn

沙县方圆印刷有限公司印刷

2011 年 10 月第 1 版　2011 年 10 月第 1 次印刷

开本:787×1092　1/16　印张:18　插页:2

字数:322 千字　印数:1～3000 册

定价:40.00 元

本书如有印装质量问题请直接寄承印厂调换